基礎から学ぶ

国際経済と地域経済

【第2版】

Ryuhei Wakasugi

若杉 隆平

［編著］

文眞堂

第2版へのはしがき

　本書は，これから経済学を学ぼうとするときに最初に理解しておきたい基礎的な知識と考え方を解説することを目的とした経済学の入門書である。経済学を学ぶ学部学生だけでなく，経済学以外の分野を専門とする学生や改めて学び直す社会人の方々であっても経済の基礎を理解することができるように，エッセンスを初心者向けに出来るだけ平易に説明することを意図している。本書は，経済学に関する基礎的知識や考え方を紹介する入門書であるとともに，「国際経済」，「地域経済」，「統計・データサイエンス」の3分野については，今後専門を深めたいとする読者の期待にある程度応えられるように，必要とされる基礎的知識や考え方について立ち入った解説を行うことに特徴がある。

　国際経済の歴史的変化を振り返ると，ブレトン＝ウッズ体制の下での世界経済の復興，OECD諸国の経済成長，GATT/WTOを基礎とした自由でオープンな国際貿易の拡大，東西冷戦の終結による国際貿易の発展，新興国の経済発展，特にWTO加盟後の中国の経済発展，現在のグローバル・バリュー・チェーンによる国境を越えた経済活動の拡大などに見られるように，国際経済は大きく変化してきた。

　消費者が購入する財・サービスには他国の生産者によって提供されるものが少なくない。衰退する産業がある一方で新たな産業が成長する産業の転換は，地域内・国内にとどまらず，国際的規模で見られる。また，地域間に見られる衰退と発展を国内の経済活動だけで説明することは困難である。今日の財・サービスの生産，消費，あるいは投資など多くの経済活動は，限られた地域や国の内部に閉ざされたものではなく，国際的にオープンに行われていることから，地域経済は国際経済とは密接不可分の関係にある。現代の経済活動はグローバルな視点から捉えることが不可欠であることが，入門書ながらも国際経済と地域経済を重視する理由である。

　さらに統計データや情報をもとに経済事象を数量的・定量的な角度から理解し，分析することは，現実の問題をより深く理解する上で重要である。データ

サイエンスを基礎としたビッグデータの利活用は現代社会に新たな価値をもたらすであろう。統計学やデータサイエンス分野における基礎的な知識や考え方を学んでおくことは，経済学を学ぶ入り口に立つ多くの読者に期待されていることのように思われる。

　本書の構成を簡潔に紹介しておきたい。第Ⅰ部では，経済学の考え方を学ぶうえで不可欠な基礎的項目を取り上げて解説する。消費者の行動，企業の行動，市場における競争，経済活動における人々の行動原理等，経済主体の基本的な行動を説明するミクロ経済学の基礎やゲーム理論の考え方を紹介する。また，市場での効率的な取引が実現されない場合の失敗例や公共財の特徴について取り上げる。後半では，マクロ経済学的視点からの経済の見方を紹介する。特に，経済の豊かさを示す国民所得の概念，経済成長のメカニズム，金融と資金循環，社会保障を含む財政や経済政策に関する基本的事項を取り上げて説明する。また，イノベーションは経済発展の鍵となることから，イノベーションへの投資や知的財産の保護に関する基礎的内容を解説する。さらに，日本経済が国際経済との関わりの中でこれまでどのように発展したかを知るために，経済の歴史的変化をレビューする。

　第Ⅱ部は国際経済を理解する上で必要となる基本的な事項を取り上げる。前半では，国と国との経済取引を理解する際の基礎となる貿易理論，国際貿易のメカニズムや貿易がもたらす利益，多国籍化する企業，為替レートの決定要因や国際金融制度，GATT/WTO をはじめとする世界貿易のルールなど，グローバル経済を理解する上で欠かすことのできない内容を紹介する。また，農産品が生産・消費において鉱工業品と異なる特徴を有することから，農産品の国際貿易のメカニズムを取り上げて解説する。

　後半では，注目すべき国や地域の経済発展を取り上げ，その特徴を解説する。ASEAN を中心とする東南アジア諸国の経済発展や生産ネットワークの形成，中国・韓国の経済発展と貿易の拡大，WTO 加盟後の中国経済の成長の原動力となったイノベーションのメカニズム，新興市場経済国・移行経済国の特徴，途上国の経済開発と経済援助への国際的取り組みについて，基本的な知識や分析に必要な視点を紹介する。また，COVID-19 のパンデミック，ウクライナへの軍事侵攻後に，覇権主義や地政学的リスクによって国際経済は自由貿易

の後退と市場の分断に直面していることを指摘する。

　第Ⅲ部は，地域経済の発展メカニズムを基礎から学ぼうとする読者へのガイド役となることを意図している。空間経済学は地域経済を捉える上で多くの手法を与えてくれる。ここでは空間経済学の視点から捉えた地域経済と国際経済の関わり，地域産業集積の形成メカニズム，グローバル経済の中で発展する地域企業の特徴を紹介する。また，地域経済の発展や衰退は地域の持つ固有の条件によって影響される。本書では新潟を例に取り上げ，地域特性と経済・産業の発展がどのように関わるかを例示する。

　さらに公害防止や温室効果ガスの排出抑制といった環境の保全はグローバルな課題であると同時に地域的課題でもある。環境変化の実態と環境を保全するための政策手段を説明する。

　第Ⅳ部では，経済の諸現象を統計的・計量的視点から捉える上で必要とされる基礎となる知識を紹介する。ここでは統計データの成り立ちや利用方法などを紹介した上で，統計データを用いて経済分析を行う際に理解しておきたい統計上の基礎知識，実際に統計的，計量的分析を行うときに用いられる統計ソフトの利用に関する基礎的内容について解説する。さらにデータサイエンスを学ぶ上で必要とされる基礎的知識として，デジタルデータ，プログラミング，知識処理等を取り上げ，紹介するとともに，ビッグデータ処理に関する入門的知識を説明する。

　インターネットをはじめとする情報通信の発達によって，どこにいても世界の各紙やメディア媒体から統計や経済情報を入手することが可能になりつつある。本書の最終章では，世界の統計や情報を観察しようとする読者に対して，アメリカ紙，ヨーロッパ紙，中国，韓国，ロシアのメディア媒体を例にあげ，どのように一次情報にアクセスすることが出来るかを簡単に紹介する。

　本書の初版が出版されたのは 2020 年春，世界に新型コロナウイルスのパンデミックが発生した時である。コロナの感染拡大によってグローバル・バリュー・チェーンは寸断され，世界経済は大きく混乱することになった。その後，ウクライナに軍事侵攻を行うロシアへの経済制裁や米中の経済的対立等により，これまで統合への歩みを続けてきた国際経済は一転して分断へと変化する事態が生じつつある。一方，新興国，とりわけ中国経済の拡大は国際経済に

大きな影響をもたらし，途上国への経済援助・開発協力の国際的取り組みに変化が見られている。こうした国際経済の変化は本書・初版が出版された時期には想定されなかった。第 2 版のいくつかの章においては，こうした国際経済の変化を踏まえた改訂がなされている。

　各執筆者の分担内容は巻末の執筆者リストに示す通りであるが，2023 年 4 月には筆者の研究の場である新潟県立大学に北東アジア研究所が新設され，所属する教員 6 名の方々を新たな執筆陣として迎えることが出来た。このことにより北東アジア経済に関する内容は第 2 版において一段と豊かなものとなっている。

　最後になったが，初版に引き続き第 2 版を刊行する機会を与えて下さったのは前野隆氏（文眞堂・社長）である。多岐にわたる内容を所収する書籍であることから，執筆・編集に長い期間を要したにもかかわらず，辛抱強くお待ちいただいた。また，山崎勝徳氏（同・編集部）には，大幅改訂という複雑な作業を伴う出版に際してひとかたならぬお世話をいただいた。執筆者一同を代表して感謝の気持ちを申し述べたい。

　令和 6 年 2 月

若杉隆平

目　　次

第Ⅰ部
経済の基礎を学ぶ

1 消費者利益と経済

1.1 財

　私たちは日常生活においてさまざまなモノを購入して利用している。こうしたモノを経済学では，財（goods），あるいは，商品（commodities）と呼ぶ。財の中で，食料品や衣類，電化製品といった，形があって目に見えるモノ，手に触れることのできるモノを，財貨（または狭義の財）と呼ぶ。一方，電車を利用して移動する鉄道サービスや病院に行って治療してもらう医療サービスのように，形がなく目に見えないモノ，手に触れることのできないモノをサービスと呼ぶ。サービスとは，他人に何かをしてもらうこと，変化がもたらされることと考えることもできる。多くの経済学に関する書籍では，「財やサービス」，あるいは，「財・サービス」と書くときの「財」は狭義の財（財貨）を指し，「財」とだけ書くときの「財」は財貨とサービスを含んでいる。

1.2　消費者としての家計（個人）

　このような財・サービスを消費，生産，取引したりすることを，経済活動という。そして，こうした経済活動をする単位を経済主体と呼ぶ。経済主体の集まりが経済である。経済学では経済主体には3つあると考える。家計（個人），企業，そして，政府である。まず，消費者としての家計（個人）について考えてみよう。

　家計（個人）が財を消費するためには所得が必要である。所得を得るために，我々は多くの場合，会社などに勤めて，働く。つまり，労働を企業に提供し，その対価として賃金（所得）を得るのである。そうして得た所得を使って，私たちは，生活に必要なもの，欲求を満たしてくれるものを購入している。

　そして，私たちは，財を購入した時，例えば，好きな食べ物を食べた時，非常においしいと感じ，満足感を得る。財を消費することから得られるこのような喜びや満足感を，経済学では，効用と呼ぶ。

　ここで経済学では，私たち消費者は，所得が限られているという問題に直面していると考える。所得が無限にあれば，買いたいものを好きなだけ買うことができる。しかし，私たちの所得は限られているのが普通だ。経済学では，消費者は，限られた所得のもとで，最も多くの効用が得られるように，何をどれだけ購入したらよいかを考えると仮定する。つまり，経済学では，消費者の目的は，限られた所得のもとで自らの効用を最大化することであると考える。さらに，経済学では，消費者は合理的に行動すると仮定する。合理的な行動とは，ある目的が与えられたとき，その目的を達成するために取るべき最も適した行動というような意味である。

　企業と政府に関する詳細な説明は他章に譲るが，ここでは企業について簡単に触れておこう。企業は，生産要素（資源）を利用して，財・サービス（生産物）を生産する。生産要素には労働と土地，そして資本が含まれる。土地は，文字どおり土地を意味する場合もあれば，水や石油，鉄鉱石といった天然資源を含む場合もある。資本には，企業が生産活動を行うために必要な建造物や機械，設備などが含まれる。

1.3　希少性，トレードオフ，機会費用

　上述のとおり，私たちの所得や生産要素は限られているのが普通だ。このように利用可能な資源の量が限られているとき，資源は稀少であると言う。そして，資源が稀少であるがゆえに，選択の問題が生じる。所得が限られているので，家計（個人）はどの財をどれだけ購入するかを選択しなければならない。利用可能な生産要素の量が限られているので，企業はどの財をどれだけ生産するかを選択しなければならない。どれだけの所得をどの財の購入に配分し，どれだけの資源をどの財の生産に配分すれば良いのか。こうした資源配分に関する経済問題は，資源が稀少であるがゆえに生じるのである。

　私たちの所得は限られているので，ある財をより多く手に入れようとする

と，他の財の購入に使える所得は少なくなる。企業にとっても利用可能な資源の量は限られているため，ある財の生産により多くの資源を使えば，他の財の生産に使える資源の量は少なくなる。学生にとっては，限られた1日の勉強時間のうち，より多くの時間を経済学の勉強に使えば，他の授業科目に使える時間は少なくなる。(時間も資源の1つである。) このように，経済学における選択には常にトレードオフが伴うのである。

　ここでもう1つ，重要な経済用語が登場する。それは機会費用である。私たちの所得は限られているので，ある財をより多く手に入れるためには，他の財の購入をあきらめなければならない。あるものを得るために断念したものの価値を，経済学では，機会費用と呼ぶ。ある選択をすれば，当然，選ばれなかった選択肢（機会）が存在する。機会費用とは，そのような選択されなかった選択肢の価値である。言い方を変えると，機会費用とは，もしもその資源を他の機会に運用したならば得られたであろう利益である。複数の機会を断念したときは，断念した利益の中で最も大きい利益が機会費用となる。

　経済学上の費用にはこの機会費用も含まれるということを忘れないようにしよう。例えば，次のような仮想的な例を考えてみよう。A氏は年収500万円だったサラリーマンを辞めて，喫茶店を始めることにした。元手として貯金の1,000万円と，店舗として自分が所有していたマンションの一室を利用した。1年間で，店の改装費や，商品の仕入れ，電気代や水道代といった光熱費に600万円，アルバイトを雇用するのに200万円かかったとすると，A氏にとっての喫茶店を経営することに対する1年間の経済学上の費用はいくらになるだろうか。店の経営に直接かかった費用800万円（600万円＋200万円）[1] に加えて，A氏がサラリーマンをしていたら得られたであろう年収500万円と，1,000万円を銀行に預けていたら得られたであろう利子所得，そして，自分のマンションを誰かに貸していたならば得られたであろう家賃収入[2] といった機会費用を加えた額が，この場合の経済学上の費用となる。

1.4　インセンティブ

　このようなトレードオフに直面し，まさに選択しようとしている家計・個人

や企業（そして政府）が反応するもの，それはインセンティブである。学校の
テストで良い点をとって親からご褒美がもらえたら，次のテストでも頑張ろう
とするだろう。そのご褒美がまさにインセンティブである。経済学におけるイ
ンセンティブとは，経済主体にある特定の行動をとらせるように動機づける利
益（あるいは費用の減少）である。インセンティブに影響を与えるものの中で
最も重要なのは価格である。ある財の価格が下がれば，消費者にとってはその
財を購入するインセンティブが高まる。ある財の価格が上昇すれば，生産者に
とってはその財を生産するインセンティブが高まる。このように，経済学では
経済主体はインセンティブに反応すると考える。

　過去の例を見てみると，ノーベル経済学賞受賞者の一人，ミルトン・フリー
ドマンは，所得税をごまかす人が多かったため，源泉徴収という制度を考案し
た。また，政府がアパートメントの家賃を低い価格で固定したために，大家に
とっては低い家賃ではアパートメントを提供したくないというインセンティブ
が働き住居不足が発生したという例や，かつてイギリスでは窓の数に応じて税
額が決まる「窓税」を課したら，節税対策によって窓のない家が増えてしまっ
たという例もある。このように成功例もあれば失敗例もあるが，経済学とはイ
ンセンティブの仕組みがうまく働くような社会的仕組みを考える学問であると
も言える。

1.5　市場経済

　現在世界の多くの国や社会で採用されている経済体制は市場経済である。資
本主義とも呼ばれる。市場経済（資本主義）の最大の特徴は，家計（個人）と
企業による分権的な経済活動である。分権的とは，市場経済では，家計と企業
は，労働や消費，生産に関する自分自身の意思決定を通じて，自分自身の目的
を達成しようとし，またそうすることが可能であるという意味である。市場経
済では資本の私的な所有が認められている。市場で，価格を通して，財や生産
要素を購入するかしないか，購入するとすればどれだけ購入するか，を個々の
経済主体が判断している。市場経済においては，何を，どれだけ，どのように
生産するか，という経済学の資源配分に関する基本問題を解決するのは政府で

はなく，市場であり，市場で相互に関わりあっている多数の家計（個人）と企業であり，また市場価格である[3]。

一方，計画経済と呼ばれる経済体制を採用している国や社会がある。その代表例は北朝鮮やキューバ，旧ソ連である。計画経済は社会主義または共産主義としても知られている。計画経済では，中央集権的な政府がほとんどの財産や資源を所有し，経済活動を管理している。

市場経済において個々の経済主体による分権的な意思決定を可能にしているのは，所有権の存在である。所有権があることによって，自由に契約を結ぶことができる市場経済では，双方が合意した経済取引が行われ，人々が自分が望むものを手に入れたければ，所有者がそれを手放しても良いと思うだけの価値があるものを見返りに提供しなければならない。所有権が法的に確立していなければ，強者が弱者から何でも好きなものを何の見返りを提供することなく略奪するような世界になってしまうだろう。所有権があることによって，新たに土地を耕し農作物を育てたり，イノベーションが生まれ，投資をし，新たな工場を建設したりすることを通じて，企業の規模・市場の規模が拡大し，経済は成長する。同様に，特許や著作権といった知的所有権があることによって，そのアイデアを発明した人の利益が守られ，新しい技術や新しい製品を生み出そうとするインセンティブが働くのである。こうした所有権を保護する制度を提供することは政府の役割の1つであるのだが，政府の経済学的な役割については5章で説明する。

所有権と前節で説明したインセンティブが市場経済では重要であることを覚えておこう。繰り返しになるが，ある財の価格が下落すれば，市場のより多くの人がその財を購入するようになる。ある財の価格が上昇すれば，生産者は市場でより多くの財を販売するようになる。インセンティブは市場を動かす誘因であり，市場を動かす力と言えるかもしれない。そして，インセンティブの働きを可能にしているのが所有権の存在である。

市場経済のもう1つ重要な点を挙げておこう。それは，ある意味当たり前のことではあるのだが，財を購入するのは消費者であるということである。消費者が買いたいと思う機能やデザイン，そしてそれらに見合う価格を提供しなければ，企業は商品の売り上げをのばすことはできない。アップルやトヨタと

いった大企業はすべて，ベンチャー企業から出発し，消費者が買いたいと思う製品を次から次へと発売することで成長していった。消費者が購入したいと思う財は引き続き生産され，そうした財がより多く売れるようになれば，市場に新たな企業が参入し，産業は大きくなっていき，経済は成長していく。消費者が購入したいと思わない財は市場から淘汰され，そのような財を引き続き生産している企業の売り上げは減り，やがては市場から退出していき，ひいてはその市場そのものが衰退していく。このように，どのような財が市場で生き残るのか，産業を成長させるのかが決まる際に決定的に重要なのは，消費者主権である（伊藤 2018, 155 頁）。

1.6　支払い用意と需要曲線

　消費者が財に対する需要をどのようにして決定するのかを考えよう。いま，ある消費者 A が，アイスクリームを購入するかどうかを考えているとする。簡単のために，消費者 A は 2 個以上のアイスクリームは消費せず，1 個のアイスクリームを購入するかしないかであるとしよう。いま，消費者 A は，アイスクリームに対して最大限 200 円支払ってもよいと考えているとしよう。アイスクリームの価格が 100 円であれば，アイスクリームに対して最大限支払ってもよい額が，アイスクリームを手に入れるために支払う額を上回るので，アイスクリームを購入するだろう。これに対して，アイスクリームの価格が 300 円であれば，アイスクリームを手に入れるために支払わねばならない額が，アイスクリームに対して最大限支払ってもよい額を上回るので，購入しない。一般に，アイスクリームの価格を P としたとき，P≦200 円であれば購入し，需要は 1 個であり，P>200 であれば購入せず需要は 0 となる。

　このような財に対して支払ってもよいと思っている最大額を，その財に対する支払い用意（willingness to pay）という。価格が支払い用意以下であれば，財を購入し，支払い用意を上回れば購入しないことになる。

　さて，次に A，B，C という 3 人の消費者がいるケースを考えよう。A のアイスクリームに対する支払い用意は 500 円，B の支払い用意は 300 円，C の支払い用意は 200 円であるとする。アイスクリームの価格 P>500 円であれば，P

は A，B，C 全ての人の支払い用意を上回るので，誰も購入しようとしない。したがって，アイスクリームへの需要は 0 となる。500 円≧P＞300 円であれば，A さんは購入するが，B さんと C は支払ってもよいと思っている額を上回るので，購入しない。したがって，需要量は 1 個となる。300 円≧P＞200 円であれば，A さん，B さんは購入するが，C さんは購入しないので需要は 2 個となる。200 円≧P であれば，A さん，B さん，C さんの 3 人が購入するので，需要は 3 個となる。

　価格と需要量との関係を，縦軸に価格をとり，横軸に市場の需要量をとって描いたものが，市場需要曲線（market demand curve）である。この場合のアイスクリームの市場需要曲線は，図 I–1–1 のようになる。

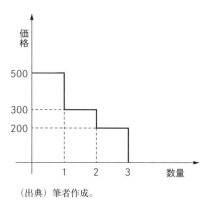

（出典）筆者作成。

図 I–1–1　アイスクリームの市場需要曲線

　さて，この需要量の決定と曲線の導出を別の角度から考えてみよう。いま，A さん，B さん，C さんの支払い用意を，図 I–1–2 のように高い順から並べて図示しよう。ここで，各消費者の支払い用意は，高さがその消費者の支払い用意，幅が 1 の長方形として表されている。

　いま，価格が 250 円であるとし，250 の高さの水平な直線を書き入れよう。以前に説明したように，この 250 円という価格に対して，A さんと B さんは支払い用意が価格を上回るのでアイスクリームを購入し，C さんは購入せず，需要量は 2 となる。すなわち，支払い用意が直線「価格＝250」より上に位置している人は，支払い用意が価格以上であるのでアイスクリームを購入する。すな

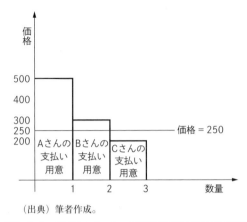

（出典）筆者作成。

図Ⅰ-1-2　アイスクリームへの支払い用意と市場需要曲線

わち，価格がＰであるときに，Ｐの高さの水平な直線と，A，B，C 3 人の支払い用意を高い順に並べたグラフの交点において，需要量が決まることになる。これは，支払い用意を高い順から並べたグラフを描き，縦軸に価格をとれば市場需要曲線となることを意味している。

　　多数の消費者が存在する一般のケースを考えよう。各人の支払い用意を高い順から並べたものが，図Ⅰ-1-3 である。価格が P_1 のとき，支払い用意が P_1 以上の X_1 人が購入するので，需要量は X_1 となる。価格水準の高さの水平な直線を価格線とよぶことにしましょう。さまざまな価格水準に対して，その価格水準の価格線と各消費者の支払い用意を高い順に並べたグラフの交点において，需要量が決まる。したがって，支払い用意を高い順から並べたグラフを描き，縦軸に価格をとれば市場需要曲線となることが分かる。価格が P_1 から P_2 へと上昇すれば，支払い用意が価格以上である消費者は X_1 人から X_2 人へと減少し，需要量は X_1 から X_2 へと減少する。すなわち，市場需要曲線は右下がりであり，価格が上昇すれば需要量は減少する。

　　ここでの市場需要曲線は，消費者の財の購入単位が 1 単位であり，より小さな単位へと分割できないため，階段状になっている。多くの現実の市場においては，市場に多数の消費者が存在し，市場全体に比べて財 1 単位は非常に小さいため，市場需要曲線の階段状の凹凸は非常に小さくなる。このため，階段状

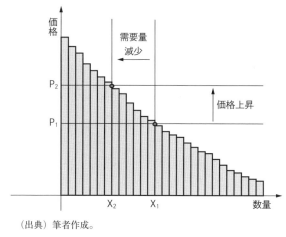

（出典）筆者作成。

図 I-1-3　支払い用意と市場需要曲線，価格変化の効果

　の凹凸を無視し，市場需要曲線を階段状の凹凸がない曲線として扱っても差し支えない。多くの経済学の議論において，財はいくらでも分割できるとして分析を行っている。

　なお，ここでは1人の消費者が財を1個だけしか購入しない場合を考え，市場需要曲線は右下がりになることを確認した。1人の消費者が財を複数個購入する場合も，各人の需要曲線（これを個別需要曲線と呼ぶ。）と市場需要曲線はともに右下がりになる。需要曲線が右下がりになること，すなわち，財の価格が下がれば需要量が増え，財の価格が上がれば需要量が減るとことを需要の法則という。個別需要曲線と市場需要曲線の関係については，第3章で説明する。

1.7　消費者余剰と交換の利益

　市場で財を購入することによって，消費者がどのような利益を得ているのかを考えることにしよう。

　支払い用意は消費者が財に対して支払ってもよいと考えている最大の額である。支払い用意と財を手に入れるために実際に支払った価格との差が，市場

での財の購入によって消費者が得る利益であり，各消費者の消費者余剰（consumer surplus）である。

　先ほどのＡさん，Ｂさん，Ｃさんの３人の消費者が存在するアイスクリームの例で考えよう。Ａさん，Ｂさん，Ｃさんの支払い用意は，それぞれ500円，Ｂの支払い用意は300円，Ｃの支払い用意は200円である。アイスクリームの価格が250円であるとき，Ａさん，Ｂさんはアイスクリームを購入し，Ｃさんは購入しない。Ａさんは最大500円支払ってもよいと考えていたアイスクリームを250円で手に入れたのだから，500円－250円＝250円だけの利益を得たことになり，消費者余剰は250円となる。同様にＢさんの消費者余剰は300－250＝50円，Ｃさんは価格が支払い用意を上回っているので財を購入しないので，消費者余剰は0である。

　市場において全ての消費者が得る利益の総和は，市場での消費者の消費者余剰の総和である。これを市場消費者余剰（market consumer surplus）と呼ぶ。価格が250円のとき，市場消費者余剰は250＋50＝300円である。

　このケースについて，消費者余剰と市場需要曲線との間の関係を見てみよう。市場需要曲線の高さが各消費者の支払い用意であることに注意すれば，図Ⅰ-1-4に示されているように，各消費者の消費者余剰は需要曲線の高さと価格との差になる。（ただし，支払い用意が価格以上であり，財を需要する消費者

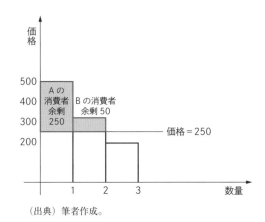

（出典）筆者作成。

図Ⅰ-1-4　アイスクリームの市場需要曲線と市場消費者余剰

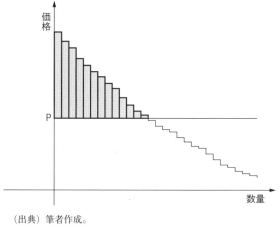

（出典）筆者作成。

図Ⅰ-1-5　市場需要曲線と市場消費者余剰

に限る。）したがって，市場消費者余剰は，図中の灰色の部分の面積となる。すなわち，市場消費者余剰は市場需要曲線と価格線によって囲まれる面積となることが分かる。

　多数の消費者が存在する一般のケースを考えよう。市場需要曲線が各人の支払い用意を高い順から並べたものであるので，各消費者の消費者余剰は需要曲線の高さと価格との差となる。したがって，図Ⅰ-1-5の灰色の領域で示されているように，市場消費者余剰は，市場需要曲線と価格線によって囲まれる部分の面積となる。価格が上昇すれば，市場需要曲線と価格線によって囲まれる部分の面積が減少し，市場消費者余剰は減少する。

【注】

1　この費用は，経済学上の費用と対比して，会計上の費用と呼ばれる。
2　これらはそれぞれ帰属賃金，帰属利子，帰属家賃と呼ばれる。
3　市場とは何か，市場でどのように価格が決まり，取引量が決まるのかについては3章を参照されたい。

【参考文献】

『日本経済新聞』2019年9月14日。
伊藤元重（2018）『ミクロ経済学』第3版，日本評論社。

2 企業と生産

2.1 企業の生産関数

　経済学では，企業をさまざまなもの用いて自分が販売する財を生産する主体と考えている。経済学における生産とは，一般の人が生産としてイメージしている物的な財を作り出すものよりも広く，サービスやソフトウェアなど，人々にとって有用なものやサービスを生み出す活動全てを含んだ概念である。例えば，理髪店は散髪というサービスを生産しており，大学をはじめとする学校も教育というサービスを生産している。

　生産のためにものやサービスを用いることを，投入（input）するという。生産に投入されるものやサービスを生産要素（production factor）という。生産要素としては，労働，機械設備などの資本，材料・原料・部品などの中間財などがあげられる。企業の生産活動は，生産要素の組み合わせと生産物の生産量によって表現することができる。

　企業がその生産要素の投入を変化させると，その生産物の生産量が変化する。生産要素の投入と生産量の関係を表したものが生産関数（production function）である。ここでは，生産要素として労働，生産のための機械設備である資本の2種類が存在するケースについて説明する。生産関数 F は，K を資本，L を労働の投入量，Y を生産量として，K と L の組み合わせの投入がなされたときに生産される生産物の生産量を与える関数

$$Y = F(K, L)$$

である。

　他の生産要素の量を一定として，1つの生産要素の投入量を増やしていくとして，それに伴う生産量の変化を考えよう。資本の量を一定として，投入される労働の量を増やしていくと，労働の量が増えるにつれて，同じだけの労働の

増加がもたらす生産量の増加は減っていき，生産量は次第に頭打ちとなる。他の生産要素の量を一定として，1つの生産要素の量のみを増やしていくと，同じ生産要素の増加に対して得られる生産量の増加は減少していく。これを収穫逓減（diminishing return）という。

さまざまな生産要素は，その投入量の調整に要する時間が異なる。例えば，製鉄会社において，製鉄所の溶鉱炉はその建設に莫大な時間がかかり，生産量が変動してもすぐには規模を調整できない。他方，コークスはより短い時間で投入を調整することができる。このように，生産量が変動してもその投入量をすぐには調整できない生産要素のことを固定的生産要素（fixed production factor）という。これに対して，生産量に応じて投入量を調整できる生産要素を可変的生産要素（variable production factor）という。全ての生産要素が調整できる期間を長期という。他方，短期においては，固定的生産要素の投入は一定であり，投入を変化させることができるのは可変的生産要素のみである。

本章では，固定的生産要素の量が調整できない短期における企業の行動を説明することにする。

2.2　生産要素としての労働

生産に投入される生産要素としては，さまざまなものがある。例えば，鉄鋼を製造している企業では，製鉄所の建物や機械設備などの資本，鉄鉱石，石炭，コークスなどの原材料，製鉄所や本社などのオフィスなどで働く人の労働など多くの種類の生産要素が投入され，生産活動が行われている。また，レストランは，店舗，肉，魚，野菜などのさまざまな素材，調味料，ガスや電気，コックやウェイターなどの労働を投入され，外食サービスを生産している。

このような多くの生産要素の中で最も重要なものの1つが労働である。労働が重要である理由としては次のようなことが挙げられる。1つは，あらゆる生産活動には労働が必要であり，労働はあらゆる生産において生産要素として投入されているという点である。二番目は，労働が受け取る所得である賃金のシェアはGDPの中で大きな割合を占めており，量的な面においても労働は重要であるからである。三番目の点として，二番目の点とも関連しているが，ほ

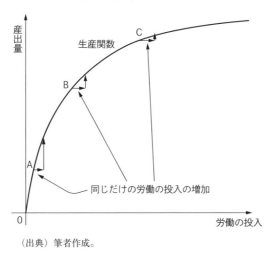

（出典）筆者作成。

図Ⅰ-2-1　短期の生産関数

とんどの家計にとって，労働から得られる賃金が所得の非常に大きな割合を占めているからである。

　そのような労働の重要性を考慮し，以下では企業の生産は唯一の可変的生産要素である労働と固定的生産要素である資本によって行われるとして説明を行うこととする。なお，労働の投入量は雇用した人の数ではなく，労働時間を考慮し，全ての労働者の労働時間を総計した形で測る。したがって，雇用されている人数が同じであっても，残業が増えれば，労働投入は増加することになる。

　企業の生産は労働と生産のための機械設備である資本の投入によって行われるが，資本は固定的生産要素であり，その量は短期においては一定であるとし，労働が唯一の可変生産要素であるとしよう。このとき，固定的生産要素である資本の量は一定であるので，図Ⅰ-2-1のように生産量は可変的生産要素である労働の投入によって定まり，これを関数としてあらわしたものが短期の生産関数である。

　先に説明した収穫逓減により，投入されている労働の量が多いほど，同じ労働の増加に対して生じる生産量の増加分は小さくなる。

2.3 費用と利潤最大化

さて，以上のような設定の下で，企業の行動を考えることにしよう。企業は，市場で成立している価格や賃金を所与として行動するというプライス・テイカーの仮定を置くことにしよう。この仮定については，次の「市場と競争」において詳しく説明される。

企業は利潤を最大化することを目的とする。企業の利潤は，収入から生産のための費用を差し引いたものである。

収入は，生産物の販売であり，

$$収入 = 価格 \times 生産量$$

である。

費用は，生産のために投入される生産要素の費用である。可変的生産要素の費用を可変費用（variabke cost），固定的生産要素の費用を固定費用（fixed cost）という。可変費用は可変生産要素の投入が生産量とともに変化するため，生産量に応じて変化する。これに対し，固定的生産要素の投入量は生産量が変化しても一定であるため，固定費用は生産量に関わらず一定である。ここでの設定では，労働が唯一の可変的生産要素であるので，可変費用は労働に関する費用，すなわち賃金×労働量となる。また，資本が唯一の固定的生産要素であるので，固定費用は資本に関する費用となる。資本に対する費用は，機械設備の費用であるが，機械設備を購入した際に要した額に対する利子支払いと年々の機械設備の減耗に対する減価償却費が固定費用となる。

費用を可変費用と固定費用に分けると，

$$利潤 = 収入 - 可変費用 - 固定費用$$

となるが，固定費用は一定であるので，利潤の最大化は

$$収入 - 可変費用$$

を最大化することと同値であり，企業は

$$価格 \times 生産量 - 賃金 \times 労働量$$

を最大にする労働の量を選択すればよいことになる。

企業の利潤最大化を説明するためには，生産関数をそのまま使うよりは，生

産量に対して必要とされる労働投入量を対応させて考える方が便利である。図
I-2-2 に示されているように，生産関数のグラフの縦軸と横軸を入れ替える
と，各生産量に，その生産量を対応させるグラフを得ることができる。

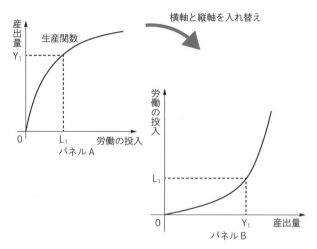

（出典）筆者作成。

図 I-2-2　生産関数の横軸と縦軸の入れ替え

　各生産量を生産するのに必要な労働投入量に賃金をかけることにより，その
生産量に対応する可変費用を得ることができる。各生産量に対応する可変費用
は，図 I-2-2 のパネル B の高さを賃金倍したものになる。このようにして得ら
れる可変費用と生産量との間の関係を示す曲線を可変費用曲線（variable cost
curve）という。

　図 I-2-3 に示されているように，同じ大きさの生産量の増加によって生じる
可変費用の増加は，生産量が多いほど大きいことが分かる。

　1 単位の生産量の増加によって生じる可変費用の増加を限界費用という。正
確には，生産量が Y であるとき，Y からの 1 単位の生産量の増加によって生じ
る可変費用の増加，すなわち生産量が Y+1 の可変費用と Y の時の可変費用と
の差が，Y における限界費用である。生産量が多いほど 1 単位の生産量の増加
がもたらす可変費用の増分は大きい。すなわち，生産量が大きいほど，限界費
用は高くなる。これを限界費用は逓増するという。

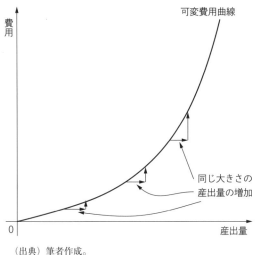

(出典) 筆者作成。

図 I-2-3　可変費用曲線

　理解を容易にするために，表 I-2-1 のような数値例で説明を行う。表の 1 段目と 2 段目に生産量と労働の投入の関係が与えられているとし，賃金は 2 であるとしよう。表の 3 段目に，賃金×労働投入量，すなわち可変費用が示されている。生産量が 0 から 1 へ増えると可変費用は 0 から 2 に増えるので，0 における限界費用は 2-0=2 である。1 から 2 へ生産量が増えると可変費用は 2 か

表 I-2-1　企業の費用と生産量の選択：数値例

生産量	0	1	2	3	4	5	6	7	8	9	10
労働投入量	0	1	3	6	11	17	25	35	48	64	81
可変費用 ＝賃金(2)×労働量	0	2	6	12	22	34	50	70	96	128	162
収入 ＝価格(16)×生産量	0	16	32	48	64	80	96	112	128	144	160
収入 －可変費用	0	14	26	36	42	46	<u>46</u>	42	32	16	－2
限界費用	∨	∨	∨	∨	∨	∨	∨	∨	∨	∨	
	2	4	6	10	12	16	20	26	32	34	

(出典) 筆者作成。

ら6に増えるので，1における限界費用は6−2＝4である，等々の計算によって
もとめられた限界費用が表の最下段に示してある。労働の投入量が増加する，
すなわち表の右に行くほど限界費用が大きくなり，限界費用が逓増している。
　利潤の最大化が，収入−可変費用の最大化と同値であり

$$価格×生産量−可変費用$$

と同値であることことを念頭において，利潤最大化の条件を考えよう。表2–1
の数値例において，生産物の価格が16であるとしよう。各労働の投入量に対し
て，収入＝価格×生産量，可変費用＝賃金×労働投入量，収入＝価格×生産
量，輸入−可変費用が示されている。表の数値より，生産量労働の投入量6が
利潤を最大化していることが分かるが，この生産量において価格と限界費用が
一致している。
　限界費用が価格より低い生産量3を考えよう。このとき，限界費用は10であ
るので，1単位の生産の増加は10の費用の増加をもたらす。価格は16である
ので収入は16増加し，生産量1単位の増加による費用の増加は10であるので，
収入の増加が費用の増加を上回る。したがって，生産量を増加させることによ
り，利潤が増加する。次に生産量8の場合を考えよう。8から7に生産量を減
らすことによって収入は16減少する。しかし7における限界費用は26である
ので，生産の減少による費用の減少は26であり，費用の減少が収入の減少を上
回るので，労働の投入量を減少させることにより利潤が増加する。利潤が最大
となる生産量においては，このような生産量の調整による利潤の増加が不可能
でなければならず，

$$価格＝限界費用$$

が成立していなければならない。
　企業の労働の需要量は，生産関数によって与えられる利潤最大化の生産量を
生産するのに必要な労働投入量となる。

2.4　企業の供給曲線

　利潤最大化をもたらす生産量決定を図示することにしよう。図Ⅰ–2–4におい
て，表Ⅰ–2–1の例における利潤最大化と産出量の決定が図示されている。

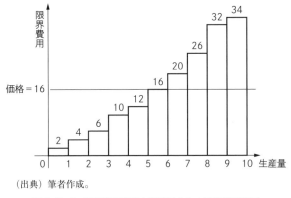

（出典）筆者作成。

図 I-2-4　限界費用曲線と利潤最大化：数値例の図示

　図中において，生産量と限界費用との関係が，生産量を横軸，限界費用を縦軸にとって描かれている。YとY+1の間の長方形の高さがYにおける限界費用である。限界費用の逓増により，限界費用と生産量の関係のグラフは右上がりである。このように横軸に生産量，縦軸に限界費用をとって描かれた生産量と限界費用との関係のグラフを限界費用曲線という。価格水準16より限界費用が低い場合には，生産量を1単位増やすことによって得られる収入の増加16が費用の増加を上回るので，生産量を1単位増やすことにより利潤を増加させることができる。また，限界費用が価格水準16を上回る場合には，生産量を1単位減らすことによる費用の節約分が，収入の減少16を上回るため，生産量を1単位減らすことによって，利潤を増加させることができる。利潤が最大となるのは，このような調整によって利潤を増加させるのが不可能な生産量においてであり，価格水準16の高さで水平な直線と，限界費用曲線の交点である6の生産量において利潤が最大化される[1]。

　図 I-2-5には，一般的なケースにおける限界費用と生産量との関係が描かれている。価格水準の高さの水平な直線を価格線とよぶことにしましょう。価格水準がP_1のとき，利潤最大化の労働投入量は，P_1に対応する価格線と限界費用曲線の交点で定まりY_1となる。さまざまな価格水準に対して，その価格水準の価格線と限界費用のグラフの交点の生産量を企業は選択することになる。価格を縦軸にとり，各価格に対して企業が生産し，供給する量を描いたものを企業

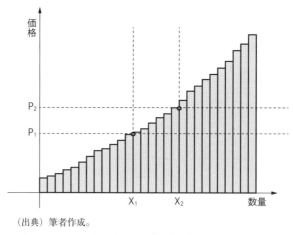

（出典）筆者作成。

図Ⅰ-2-5　企業の供給曲線

の供給曲線（supply curve）という。限界費用のグラフを描き，縦軸に価格を
とれば企業の供給曲線となることが分かる。限界費用は逓増するので，価格が
P_1 から P_2 へと上昇すれば，生産量は Y_1 から Y_2 へと増加する。すなわち，供
給曲線は右上がりであり，価格が上昇すれば供給量は増加する

2.5　生産者余剰

　企業は市場で取引を行うことによってどのような利益を得ているだろうか。
これを，考えるために，可変費用と限界費用曲線との関係から始めることにす
る。表Ⅰ-2-1と図Ⅰ-2-4の数値例で考えよう。生産量4の場合の可変費用は
22であるが，生産量0のときの可変費用が0であることに注意すれば，
　生産量4のときの可変費用（22）
　＝（生産量4のときの可変費用−生産量3のときの可変費用）
　＋（生産量3のときの可変費用−生産量2のときの可変費用）
　＋（生産量2のときの可変費用−生産量1のときの可変費用）
　＋（生産量1のときの可変費用−生産量0のときの可変費用）
　＝0における限界費用（2）＋1における限界費用（4）＋2における限界費用（6）
　＋3における限界費用（10）

であり，0から4までの間の限界費用曲線と横軸に挟まれる領域の面積は，4単位を生産するときの可変費用となることが分かる。一般に，0からYまでの間の供給曲線と横軸に挟まれる領域の面積は，Y生産するときの可変費用となる。

　価格Pの下で企業はYの量を供給しており，これにより企業はPYだけの収入を得る。固定費用は生産を行うか否かに関わらず生じる費用であるので，企業は収入PYとYの量を生産するのにかかる可変費用の差額だけ，市場で取引を行うことによって利益を得ている。これを生産者余剰（producer surplus）という。生産者余剰は利潤と固定費用の和である。供給曲線は限界費用曲線であるので，可変費用は0からYまでの間の供給曲線と横軸に挟まれる領域の面積である。したがって，生産者余剰は図I-2-6に示されているように供給曲線と価格線と縦軸によって囲まれる領域の面積となる。

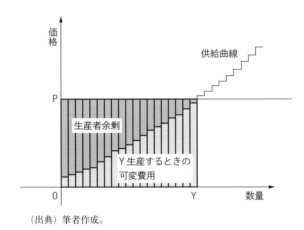

（出典）筆者作成。

図I-2-6　企業の供給曲線と可変費用

【注】

1　正確には，利潤最大化の生産量量をY*とすると，価格≦Y*における限界費用，価格≧Y*-1における限界費用がともに成立していなければならないので，Y*における限界費用≧価格≧Y*-1における限界費用が成立していなければならない。

【参考文献】

Mankiw, N. G. (2017), *Principles of Microeconomics,* 8th Edition, Cengage Learning.（足立英之他訳『マンキュー経済学I　ミクロ編』第4版，東洋経済新報社，2019年。）
奥野正寛（2008）『ミクロ経済学』東京大学出版会。

3 市場と競争

3.1 市場とは

　市場とは何か。経済学における市場とは，ある財の売り手と買い手の集まりのことである。市場という言葉を聞いてまず皆さんが思い浮かべるのは，築地市場（2018年から豊洲市場に移転）といった魚や野菜等が取引されている特定の卸売市場だったり，あるいは，東京証券取引所といった株式が売買される株式市場や，週末に広場で開催されるマーケットだったりするかもしれない。これらは完全に間違いとは言えないが，経済学における市場とはむしろ，広い意味での取引の場を指すことが多い。われわれは日常生活において，アマゾンや楽天など，インターネット上でさまざまな商品を購入したり，飛行機のチケットを買ったりしているが，こうした取引も市場の取引であり，この場合われわれ買い手は，ある財の売り手と買い手の集まりの一部を構成している。

　さらに，1つの財につき，1つの市場があると考える。話し手はしばしば，何の断りもなく，市場を広く定義したり，狭く定義したりする。1つの財につき，1つの市場があると考えるので，どのように市場を定義するのかは，どのように財を定義するのかと同じことである。例えば，あるときは財を広く定義して，靴の市場を考え，またあるときは，財をより狭く定義して，ある特定のブランドの靴（例えば，ナイキ靴）の市場を考えたりする。また，日本の市場や世界の市場のように，範囲が変わることもしばしばある。市場はこのようにさまざまに定義されるので注意が必要な概念である。

3.2 財・サービス市場と生産要素市場

　経済学では，大きく分けて2つの市場を扱う。財・サービス市場と生産要素

市場である。財・サービス市場では，企業が生産した財やサービスが取引される。生産物市場とも言う。一方，生産要素が取引されるのが生産要素市場である。生産要素の労働，土地，資本が取引される市場がそれぞれ，労働市場，土地市場，資本市場である。

　財・サービス市場と生産要素市場との関係について労働に焦点を当てて少し考えてみよう。1.2で述べたとおり，家計（個人）は，労働を企業に提供し，その対価として賃金（所得）を得る。すなわち，家計は，労働市場で，労働を企業に売って，その対価として賃金（所得）を受け取る。そして，家計は，生産物市場で，その所得を使って，生活に必要なさまざまな財やサービスを購入する。一方，企業は，労働市場で，家計から，生産するために必要な労働を購入して，財やサービスを生産する。そして，生産した財やサービスを，生産物市場で家計に売って収入を得る。そうして得た収入を使って，労働市場で家計から労働を購入する。このように，家計と企業は生産物市場と生産要素市場で相互に関連しあっており，生産物市場と生産要素市場を通じて経済は循環しているのである。

3.3　完全競争市場

　多くのミクロ経済学の教科書では最初に完全競争市場を学ぶが，完全競争市場の条件を完全に満たす市場は現実にはあまり存在していないため，経済学の初学者にとってはイメージするのがやや難しいかもしれない。完全競争的な市場では，きわめて多くの売り手と買い手が同質の財を取り引きしていて，企業の市場への参入や市場からの退出は自由である。完全競争市場の例は，農産物市場である[1]。

3.4　市場需要曲線と市場供給曲線

　例えば，市場に，Ａさん，Ｂさん，Ｃさんの３人の消費者だけがいると仮定しよう。図Ⅰ-3-1に示すように，Ａさん，Ｂさん，Ｃさんそれぞれの需要曲線を個別需要曲線と呼ぶ。そして，これら個別需要曲線を水平方向に足し合わせ

ると市場需要曲線が得られる。例えば，価格が100のときのAさんの需要量300，Bさんの需要量330，Cさんの需要量370を足し合わせると，市場全体の需要量1,000になる。他のそれぞれの価格についても同じように計算できる。

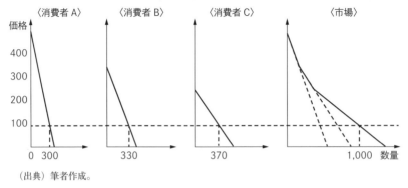

（出典）筆者作成。

図Ⅰ-3-1　市場需要曲線の導出

　同様に市場供給曲線も個別供給曲線を水平方向に足し合わせたものである。図Ⅰ-3-2のように，市場に3つの企業，企業A，企業B，企業Cだけがいると仮定しよう。それぞれの企業の供給曲線を個別供給曲線と呼ぶ。そして個別供給曲線を水平に足し合わせると，市場供給曲線が得られる。例えば，価格が200のときの企業Aの供給量250，企業Bの供給量150，企業Cの供給量100を足し合わせると，市場全体の供給量500が得られる。他のそれぞれの価格についても同様である。

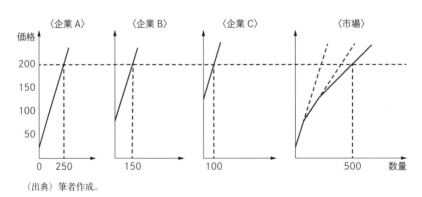

（出典）筆者作成。

図Ⅰ-3-2　市場供給曲線の導出

3.5　市場均衡

　財の価格と取引量は図Ⅰ-3-3に示す市場需要曲線（D）と市場供給曲線（S）の交点で決まる。この交点を均衡（あるいは市場均衡）と呼ぶ。均衡をEquilibriumの頭文字Eで表そう。このときの価格を均衡価格と呼び、これをP*で表そう。そして、そのときの数量を均衡取引量と言う。これをQ*で表そう。つまり、市場では、財の価格と取引量が決まるのである。

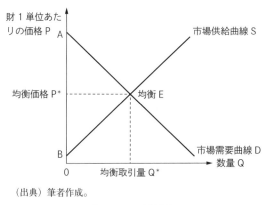

（出典）筆者作成。

図Ⅰ-3-3　市場均衡

　このとき、市場の外で何らかの変化が起こったとする。例えば、人々の所得が増加したとする。すると市場では何が起こるだろうか。人々の所得が増加すると、需要曲線そのものが右側へシフトする。所得が増えると、同じ価格の下で、以前よりもより多く買えるようになるからである。需要曲線をシフトさせるその他の要因には、所得以外にもさまざまな事がらが考えられる。例えば、人々の好みの変化、人口の増減、自然条件の変化（例えば猛暑のときは飲料水に対する需要が高まる）などである。一方、供給曲線をシフトさせる要因もさまざま考えられるが、最も重要なのは、投入物（生産要素）の価格の変化と生産技術の向上である。生産要素の価格が下落したり生産技術が向上したりすると、以前と同じ費用でより多く生産できるようになるので供給曲線が右にシフトする。

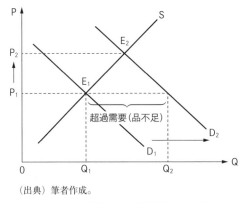

（出典）筆者作成。

図Ⅰ-3-4　価格による市場調整メカニズム

　では，所得が増えたために，需要が増加して，需要曲線が右側にシフトしたら，市場でどのようなことが起こるかを考えて見よう。図Ⅰ-3-4 に示すように，変化が起こる前の均衡は，需要曲線 D_1 と供給曲線 S との交点の E_1，均衡価格は P_1，そのときの取引量は Q_1 である。ここで，所得が増加し，需要曲線が D_1 から D_2 に右側にシフトしたとする。需要曲線は D_1 から D_2 にシフトしたけれど，価格は P_1 のままだとしよう。価格が P_1 のとき，供給量は供給曲線に沿って決まり Q_1，需要量は需要曲線に沿って決まり Q_2 である。価格が P_1 のとき，供給量は Q_1 しかないのに，需要量は Q_2 もある。需要量が供給量を上回っている。このように，需要量が供給量を上回っている状態を，超過需要と言う。ものが不足している状態である。財の価格が低すぎて，財が不足し，すべての需要量を満たす前に売り切れてしまう状況である。このとき，買い手は，競って，少し高くても財を買おうとするだろう。お店の前に行列ができているという状況である。一方の売り手は，価格を引き上げても，以前と同じように売れることに気づき，価格を引き上げようとする。

　このように，市場に超過需要，すなわち，もの不足が存在していると，価格は新しい均衡価格に向かって上昇する。財の価格は，市場から超過需要がなくなるまで，つまり市場が均衡するまで上昇する。価格が上昇すると，数量も均衡取引量に向かって増加する。つまり，市場の均衡は E_1 から E_2 へとシフトする。逆に，市場の供給量が需要量を上回っている状態を超過供給と言い，詳細

な説明は省略するが，市場に超過供給が存在していれば，価格は均衡価格に向かって下落する。また，ここでは需要が変化した場合を考えたが，供給が変化した場合も，同様の価格による調整メカニズムが働き，市場は新しい均衡を達成する。

　このように，市場の需要と供給に何らかの変化が生じて，市場が均衡から離れたとしても，市場は新しい均衡へと自動的に導かれる。完全競争市場では，もし何らかの理由で，価格が均衡価格よりも高ければ，市場に超過供給が存在し，価格は均衡価格に向かって下落する。逆に，もし何らかの理由で，価格が均衡価格よりも低ければ，市場に超過需要が存在し，価格は均衡価格に向かって上昇する。数量は価格に従って変化し，やがては需要量と供給量が一致するという均衡が再び達成される。

3.6　完全競争市場で達成されるすぐれた成果（見えざる手）

　では，市場が均衡した状態は社会的に望ましいのだろうか，望ましくないのだろうか。ここで言う社会的に望ましいかどうかというのは，資源配分の観点から見て望ましいかどうか，つまり，社会の稀少な資源が無駄なく有効に使われているかどうか，という観点から評価するということである。この評価はどのように行えばよいのだろうか。

　経済学では，資源配分の望ましさを総余剰（社会的余剰，経済厚生）の大きさで判断する。消費者余剰と生産者余剰を足し合わせたものを総余剰，社会的余剰，または経済厚生と呼ぶ。図Ⅰ-3-5の三角形 AEP* の面積が消費者余剰を表し，三角形 P*EB が生産者余剰を表わしている。結論を先に言うと，市場均衡では，総余剰は最大になる。そして，ある市場で，総余剰が最大化されている時，資源配分は効率的である，と言う。社会の限られた資源が無駄なく利用されている状態，すなわち，社会的に望ましい状態である。

　市場で取引される数量が，均衡取引量より多くても少なくても総余剰の大きさは完全競争市場の場合より小さくなる。例えば，図Ⅰ-3-5において，価格が P_1 のときには数量は Q_1 となり，消費者余剰は三角形 ACP_1，生産者余剰は四角形 P_1CFB となる。そしてこのとき，消費者余剰と生産者余剰を足し合わせた総

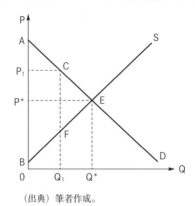

（出典）筆者作成。

図Ⅰ-3-5　消費者余剰と生産者余剰，死加重

余剰は，均衡の場合と比較すると，三角形 CEF の部分だけ小さくなっていることがわかる。図Ⅰ-3-5 は均衡取引量より少ない場合を表わしているが，市場で取引される数量が均衡取引量より多くても，総余剰は均衡の時より小さくなる。ちなみに，三角形 CEF は死荷重（厚生損失）と呼ばれ，資源配分の非効率性を測る尺度である。

　市場が完全競争の状態にある時には，市場は需要量と供給量が一致する均衡へと自動的に導かれる。市場だけに任せておけば，つまり，自分自身の効用を最大化しようとして合理的に行動する多数の家計と，自社の利潤を最大化しようとして合理的に行動する多数の企業だけに任せておけば，均衡では，総余剰（社会的余剰）が最大となり，望ましい資源配分，社会的に望ましい状態が達成される。

　この命題は，次のように言いかえることができるだろう。

　市場が完全競争の状態にある時には，それぞれ個々の企業と個々の家計が，自らの利益を最大化しようとして合理的に行動すると，思いがけず，社会全体の利益が最大化される。

　この一文こそが，アダム・スミスが 1776 年に著書『国富論（*An Inquiry into the Nature and Causes of the Wealth of Nations*）』の中に記した「見えざる手（invisible hand）」が意味することだと言えるだろう。個々の企業は，自らの利潤を最大化しようとして，新しい商品を開発したり，既存の商品を改善したり

など，より良い商品をより安く販売するよう努める。なぜなら，そうすることで販売量が増え，利潤の増加が期待できるからである。より高性能でより低価格な製品が手に入ることは，消費者の利益にもなる。企業はまた，生産技術を向上させ，製品の製造費用をできるだけ低くしようとする努力もする。利潤は収入（＝価格×生産量）と費用の差であることを思い出そう（2章参照）。費用を小さく出来ればその分利潤を大きくすることができるからだ。こうしたコスト削減に努めない企業は，質が同等の財を生産している企業よりも必然的に高い価格を設定せざるを得なくなり，消費者が離れて行き，やがては，市場から退出することになってしまうだろう。個々の企業が費用削減に努めれば，社会全体の費用も当然少なくすることができる。

　個人（個々の経済主体）が自分自身の利益を追求すれば，あたかも「見えざる手」に導かれるように，社会にとっても良い結果をもたらすことになる。アダム・スミスが「見えざる手」を発表したときから経済学は始まったと言われている。経済学とは，個々の経済主体が自分自身の利益を追求することは社会全体の利益につながるかどうかという大きな問い（Big Economic Question）に取り組む学問であるとも言える。

3.7　独占と不完全競争

3.7.1　売り手の数と競争

　前節までの議論は，完全競争を前提としていた。完全競争とは，市場における売り手と買い手ともに多数であり，個々の売り手や買い手の市場全体での取引量に占める割合が極めて小さく，個々の売り手や買い手が自分の取引量を変化させても市場価格に対してほとんど影響を与えることができない状況である。この状況では，個々の売り手や買い手は市場で成立している価格を所与として行動するプライス・テイカーである。このような状況が成立していない市場は数多く存在する。買い手が少数である市場は，部品や労働などの生産への投入として用いられるものの市場の場合に比較的多い。ここでは，主に消費者が消費する最終財を念頭に置いているため，買い手は多数存在するとして議論を進める。

　まず，完全競争ではない市場を分類しておくことにしょう。まず，売り手の数に注目しよう。極端な例として市場に1つの売り手しかいないケースがある。これは独占（monopoly）である。完全競争と独占の間の状況が不完全競争（imperfect competition）である。

　市場に比較的少数の売り手が存在する場合を，寡占（oligopoly）という。このような状況では，売り手はプライス・テイカーとして行動しない。寡占の場合，企業は自分だけでなく，他の企業がどのように行動するのかを考えて自分の行動を決定しなければならない。

　市場に多数の売り手が存在していても，市場で成立している価格に影響を与えることができるという状況も存在する。この状況を理解するためには，市場価格に影響を与えることができないということについて，別の角度から説明しておくことが有益である。市場価格に影響を与えることができないとは，もし売り手が自分の価格を市場で成立している価格よりも少しでも引き上げたならば，そこの売り手の販売量は0となってしまうということである。すなわち，売り手が価格に影響を与えることができるとは，売り手が需要を全て失うことなしに自分のつけた価格を引き上げることができることを意味している。

3.7.2　独占，不完全競争と経済厚生

　さて，市場が完全競争ではないときに，価格と産出量がどのように決定され，経済厚生はどのようになるのかについて考えることにしよう。

　市場に1つの売り手である企業しか存在しない独占の場合を考えよう。この市場には，この独占企業1つしか存在しないため，独占企業の販売量がこの市場への財の販売量となる。したがって，独占企業が販売する量を増やそうとすると，この市場の市場需要曲線にしたがって，価格を低下させないといけない。図Ⅰ-3-6を用いて，この独占企業の産出量と価格の決定と総余剰で測った経済厚生への影響を説明することにしよう。ここで，Dは需要量，Pは財の価格であり，簡単のため市場需要曲線は直線であるとしている。

　完全競争である，すなわち同じ費用を持つ多数の企業が存在するのならば，cの水準で水平な限界費用曲線が個々の企業の供給曲線となり，市場供給曲線も限界費用であるcの高さで水平となり，利潤はゼロである。独占の場合，独

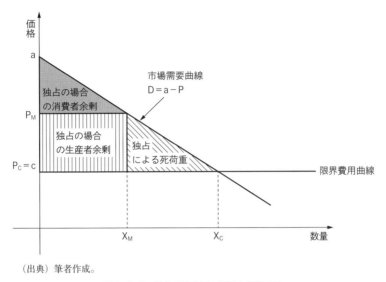

（出典）筆者作成。

図 1-3-6　独占の産出量，価格と経済厚生

占企業が価格を a まで引き上げると需要がなくなるため，利潤も得られない。独占企業の得る利潤は四角形の面積で示されるが，独占企業がこの面積を最大にするための設定する価格は a と c との中間のどこかに存在する。したがって，完全競争の場合に比べ，産出量は小さく，価格はより高くなっている。

　さて，経済厚生は完全競争の場合と比較するとどうなっているだろうか。価格が c から P_M に上昇することに伴い，消費者余剰は縦線と斜線の範囲の面積だけ減少し，灰色の範囲の面積となっている。他方，この例においては完全競争の場合の生産者余剰は 0 であったが，独占企業に $(P_M - c) \times X_M$ の利潤が生じるので，生産者余剰は縦線部分の面積だけ増加する。生産者余剰と消費者余剰の和である総余剰は，結果として斜線の三角形の部分だけ減少する。この斜線の三角形の部分の面積は，独占による経済厚生の損失であり，独占による死荷重とよばれる。この独占による死荷重は，価格の限界費用からの乖離によって生じていることに注意して欲しい。

　一般に，不完全競争においても価格は限界費用を上回る。ここで説明した独占の場合と同様に，価格の限界費用からの乖離によって，不完全競争における総余剰は完全競争の場合よりも減少することになる。

【注】

1　伊藤（2018），100-101 頁を参照。

【参考文献】

伊藤元重（2018）『ミクロ経済学』第 3 版，日本評論社。

4 ゲーム理論の考え方

4.1 戦略的状況下の意思決定とゲーム理論

　寡占の市場においては，企業の利潤は自分の生産量だけではなく，他の企業の生産量等にも依存している。例えば相手企業の生産量がより大きければ，自分の利潤はより小さくなる。寡占企業が自分の行動を決定するには，他の企業の生産量等も考慮しながら行わなければならない。このような複数の相互に影響を与えあう利害が一致しない主体が存在する状況を戦略的な状況という。ゲーム理論（game theory）とは，このような戦略的な状況において，合理的な意思決定主体がどのように行動するかを研究する分野であり，経済学のみならず，政治学，社会学などの社会科学分野で近年広く応用されるようになっている。ゲーム理論におけるゲームとは，遊戯としてチェスや将棋などだけではなく，複数の利害が一致しない意思決定主体が存在している状況における意思決定の問題一般を指している。本章では，このような経済学をはじめとする社会科学分野で応用されているゲーム理論について，その基本的な考え方を説明する[1]。

　一般に複数の利害が一致しない主体がいる状況を記述するためには，どのような意思決定主体が存在するのか，それぞれに意思決定主体がとりうる行動の範囲は何であるのか，全意思決定主体が選択した行動の結果として各主体の利得はどのように決まるのかを特定化することが必要である。

　ゲーム理論においては，意思決定主体をプレイヤー（player），意思決定主体がとりうる行動を戦略（strategy）と呼ぶ。複数の利害が一致しない主体がいる状況であるゲームは，

　　（1）　プレイヤーの集合 $N = \{1, 2, \cdots n\}$
　　（2）　プレイヤー $i \in N$ の戦略の集合 S_i

（3）プレイヤー i∈N の利得関数（payoff function）$u_i(s_1, s_2, \cdots s_n)$

　　　ただし，$s_k \in S_k (k \in N)^2$

によって構成される[3]。

やや定義が抽象的なので説明を加えると，（1）はどのような意思決定主体が存在するのか，（2）は各主体がとりうる行動の範囲は何であるのかに対応している。（3）各意思決定の利得は全ての意思決定主体の行動に依存するが，全ての意思決定主体が選んだ行動の結果として各意思決定主体の利得がどのように決まるのかを特定化している。

また，プレイヤーの数が2人で，各プレイヤーのとりうる戦略が有限個の場合には，利得行列（payoff matrix）をつかって，ゲームを記述することが便利である。プレイヤー1の戦略が{U, D}，プレイヤー2の戦略が{L, C, R}である場合の利得行列を，表Ⅰ-4-1にしめしている。上から1行目，2行目に，それぞれプレイヤー1の戦略U，戦略Dをとり，左から1列目，2列目，3列目に，それぞれプレイヤー2の戦略L，戦略C，戦略Rをとる。対応する戦略の組み合わせのセルに，プレイヤー1の利得，プレイヤー2の利得の順に並べて書き入れたものが，この場合の利得行列である。

表Ⅰ-4-1　利得行列

1＼2	L	C	R
U	$u_1(U, L),\ u_2(U, L)$	$u_1(U, C),\ u_2(U, C)$	$u_1(U, R),\ u_2(U, R)$
D	$u_1(D, L),\ u_2(D, L)$	$u_1(D, C),\ u_2(D, C)$	$u_1(D, R),\ u_2(D, R)$

（出典）筆者作成。

さて，ゲームにおいてプレイヤーはどのような戦略を選ぶのであろうか。プレイヤーによって選ばれると考えられる戦略の組み合わせをゲームの解という。まず，次のような例からスタートすることにしよう。ある市場に企業1, 2が存在し，共謀して価格を高く維持（戦略C）するか，裏切り低い価格を付けるか（戦略D）どちらかの選択肢があるとし，利得行列は表Ⅰ-4-2のようであるとする。

この場合，2がCを選んでも，Dを選んでも，プレイヤー1はDを選ぶ方が

表 I -4-2　共謀と裏切り

1 ＼ 2	C	D
C	100,　100	20,　140
D	140,　20	50, 50

（出典）筆者作成。

利得は高いことが分かる。このように，他のプレイヤーのどのような戦略に対しても最も高い利得を与える戦略を支配戦略（dominant strategy）という。1にとってDが支配戦略である。同様にして，2にとってもDが支配戦略である。支配戦略が存在する場合，相手のどのような戦略に対しても支配戦略が最も高い利得を与えるので，プレイヤーは支配戦略を選択するのは当然である。このゲームにおいては，1も2もDを選択し，利得はともに50となる。すなわち，両者ともに裏切りを選択する。このような全てのプレイヤーが支配戦略を選ぶゲームの解を支配戦略均衡（dominant strategy equilibrium）という。このゲームでは，支配戦略均衡において両者が得る利得50は，両者ともにCを選択するときの利得100に比べて両者ともに利得が小さくなっている。両者ともに合理的に行動した結果，両者にとって良くない結果が得られてしまっているのである[4]。

4.2　ナッシュ均衡

さて，全てのプレイヤーに支配戦略が存在するゲームであれば，全てのプレイヤーが支配戦略を選ぶのは当然と考えられるが，全てのプレイヤーに支配戦略が存在するゲームは例外的である。例えば，表 I -4-3 のゲームにはプレイ

表 I -4-3　支配戦略が存在しないゲーム

1 ＼ 2	L	C	R
U	5,　3	3,　2	3,　1
D	4,　3	6,　4	2,　5

（出典）筆者作成。

ヤー1，2ともに支配戦略が存在せず，支配戦略均衡が存在しない。

　このような支配戦略均衡が存在しないゲームにおける解が，ナッシュ均衡（Nash equilibrium）である。簡単のため，1と2の2人にプレイヤーが存在する場合について示すと，ナッシュ均衡とは

$$\text{全ての } s_1 \in S_1 \text{ に対して}\quad u_1(s_1{}^*, s_2{}^*) \geq u_1(s_1, s_2{}^*)$$

$$\text{全ての } s_2 \in S_2 \text{ に対して}\quad u_2(s_1{}^*, s_2{}^*) \geq u_2(s_1{}^*, s_2)$$

を同時に満たす戦略の組$(s_1{}^*, s_2{}^*)$である[5]。言い換えれば，$s_1{}^*$は$s_2{}^*$を所与としてu_1を最大にしており，$s_2{}^*$は$s_1{}^*$を所与としてu_2を最大にしている。さらに言い換えると，ナッシュ均衡とは，他のプレイヤーの行動が不変であれば，自分1人が行動を変えることによって利得を上昇させることができない状態であり，自分一人が行動を変える動機を持たない状態である。なお，支配戦略均衡はナッシュ均衡であることに注意を与えておく。

　表 I -4-3のゲームにおいて，（プレイヤー1の戦略，プレイヤー2の戦略）＝(U, L)がナッシュ均衡である。プレイヤー2がLをとるとき，プレイヤー1が戦略Uをとれば利得は5，Dをとれば利得は4であり，Uが最も高い利得を与える戦略である。プレイヤー1が戦略Uをとるとき，プレイヤー2が戦略Lをとれば利得は3，Cをとれば利得は2，Rをとれば利得は1であり，Lが最も高い利得を与える戦略である。UはLを所与としてプレイヤー1の利得を最大にしており，LはUを所与としてプレイヤー2の利得を最大にしているので，(U, L)はナッシュ均衡である。このゲームにおいては，(U, L)以外のナッシュ均衡は存在しない。

　このゲームのナッシュ均衡(U, L)によって得られるプレイヤー1の利得は5，プレイヤー2の利得は3であり，(D, C)によって得られる両者の利得である6，4と比べて，両者ともに低くなっている。すなわち，両者ともに合理的に行動した結果，両者にとって良くない結果が得られるということがここでも生じている。

4.3　時間を通じての意思決定と後ろ向き推論

　前節までの分析では，全てのプレイヤーが同時に決定を行うとしていた。し

かし，現実の経済においては，時間を通じての意思決定が問題となる場合が多い。そのようなケースにおいては，どのような順序でプレイヤーが意思決定を行うのかが重要となる。

　次のような例を考えよう。1つの既存企業が独占している市場へ，1社の新規企業が参入しようとしている参入ゲームと呼ばれる状況を考えよう。まず，最初に新規企業が参入する（E）か，しない（N）を選ぶ。新規企業が参入しなければ，既存企業の利潤は100，新規企業の利潤は0である。参入新規企業が参入した後において，対抗策として既存企業は価格戦争（W）をしかけるか，共存（C）を選択することができる。価格戦争となった場合，参入した新規企業は-50，既存企業-10という損失を受ける。共存（C）を選んだ場合には，既存企業は参入がなかった場合よりも利潤が減少するが40という利潤を得，新規企業も40の利潤を得る。新規企業は，参入した場合に既存企業がどのような選択をするかを考えて，参入するかどうかを決めることになる。この状況を図示したのが図Ⅰ-4-1である。

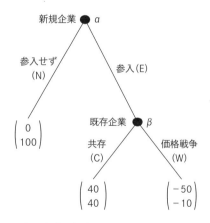

（出典）筆者作成。

図Ⅰ-4-1　参入ゲーム

　このように，時間を通じたゲームは逆さまにした木のような図として表すことができる[6]。図中において●で示されている分岐点はノードと呼ばれ，意思決定がなされるタイミングをしめしている。木の根元に近いノードほど，早い

タイミングで意思決定を行われる。各ノード α，β の横に誰がその時点で意思決定をするのかを示されている。さらに，各意思決定の時点での選択肢がノードから枝分かれする枝として表され，枝の一番先に2つの企業の利得である利潤が，新規企業，既存企業の順で記入されている。

　このような設定においては，各プレイヤーの戦略とは，全ての状況においてどのような選択をするのかをあらかじめ定めた計画である。既存企業のノード β における W か C かの選択は，新規企業がノード α において N を選択すれば実際には実行されない。既存企業の戦略とは，実際には選択を行わない可能性があっても，自分が意思決定を行うノード β においてどのような選択を行うのかを定めておくこととなる。

表Ⅰ-4-4　参入ゲームの利得表

既存企業 新規企業	β において C		β において W	
α において E	40	40	-50	-10
α において N	0	100	0	100

（出典）筆者作成。

　戦略と利得をまとめて，このゲームを利得表で表現したものが，表Ⅰ-4-4である。各プレイヤーの戦略とは，どのノードにおいてどの選択を行うのかを定めるものであるので，ノードとそこにおける選択の組み合わせを明示した形で，戦略を表記している。新規企業が α において N（参入しない）を選んだ場合，ノード β は到達されないので，利得は β における既存企業の選択には依存せずに $(0, 100)$ となる。

　このゲームにおいて，ナッシュ均衡は（α において E，β において C）と（α において N，β において W）の2つが存在する。このうち，後者のナッシュ均衡はもっともらしくない。

　（α において N，β において W）がナッシュ均衡となる理由は次のようなものである。既存企業が β で価格戦争 W を選ぶことを所与とすれば，新規企業が α において参入 E を選べば価格戦争となり，新規企業に損失が生じるため，新規企業は N（参入しない）を選ぶ。新規企業が α において N（参入せず）を選ぶことを所与とすれば，既存企業が β において価格競争を選ぼうと共存を選

ぼうと，新規企業は参入しないので，利潤は 100 で同一となる。よって，価格競争 W から共存 C に選択を変更することによって利潤は増加しない。したがって，（α において N，β において W）から自分のみが離脱することによって利得を増加することはできないので，（α において N，β において W）がナッシュ均衡となる。新規企業が参入した場合に既存企業が価格戦争を選択することが脅しとなっていることが，（α において N，β において W）をナッシュ均衡としているのである。

しかし，既存企業が β において W を選択する，すなわち新規企業の参入に対して価格戦争を選択するということは，説得的ではない。図表 I−4−1 から分かるように，もし新規企業が参入してしまったならば，既存企業は価格戦争を選べば −10 の損失であるのに対し，共存を選べば 40 の利潤を得ることができ，既存企業は共存を選ぶことが合理的であるからである。参入に対する価格戦争は，空脅し（incredible threat）であり，新規企業の参入を阻止するすることは疑問符がつく。このように，時間を通じてのゲームのナッシュ均衡には，適切とは考えられないものが含まれていることになる。

このような適切ではないナッシュ均衡を排除するために使われるのが後ろ向き推論（backward induction）である。後ろ向き推論では，ゲームの最後のノードから先にプレイヤーの選択を決定し，前のノードへと遡りながら，後のノードでの選択を所与にして前の選択を決定する形でプレイヤーの選択を決定していく。

参入ゲームの例で説明しよう。

(1)　まず，最後の新規企業の参入後のノード β での既存企業の選択を考える。新規企業が参入した後では，既存企業にとって C の利潤 40 が，W の利潤 −10 よりも，高いため C を選択する。

(2)　次に，最初のノード α での新規企業の選択を考える。新規企業は，自分が E を選んだときに既存企業が C を選ぶことを所与として，E と N の間の選択を行う。後のノードで既存企業は C を選ぶという選択を所与としているので，E を選ぶ場合の利潤は 40 である。N を選んだ場合の利潤は 0 であるので，新規企業は E を選ぶことになる。後ろ向き推論の結果，（α において E，β において C）が得られることになる。

このようにして得られた(αにおいて E，βにおいて C)は，ナッシュ均衡に含まれていることに注意して欲しい。後ろ向き推論を用いれば，(αにおいて N，βにおいて W)のような空脅しを含むもっともらしくないナッシュ均衡を排除することができる。

後ろ向き推論は，動学的な設定の下でのゲームを分析する上での最も基本的な考え方である。しかし，ある時点で複数プレイヤーの同時に行動を選択するようなゲームではこの考え方は直接には利用できない。このような場合の扱いには，後ろ向き推論をより一般化した部分ゲーム完全均衡（subgame perfect equilibrium）の概念が利用されている。より詳しく勉強したい読者には，神取（2016）や渡辺（2008）等を読むことを薦める。

【注】

1　ゲーム理論は，フォン・ノイマンとモルゲンシュテルンの2人による研究によって始まったが，現在の経済学をはじめとする社会科学分野で応用されている内容は，数学者ナッシュの研究からスタートしている。ゲーム理論に大きな貢献をしたナッシュの伝記である Nasar（1998）は，映画化もされており，極めて感動的な内容を含んでおり一読をお薦めする。

2　正確には，$S = S_1 \times S_2 \times \cdots S_n$ として，$u_i : S \to R$ である。ただし，R は実数の集合である。

3　正確には，この形式のゲームの表現は戦略形という。戦略形は時間を通じての決定を含まないゲームの表現に適している。これに対して，4節のような時間を通じての決定を含むようなゲームには，展開形というゲームの表現が適している。詳しくは，神取（2016），渡辺（2008）を参照してほしい。

4　すなわち，ゲームのもたらす結果がパレート効率的とは限らないということである。このゲームのような状況は，「囚人のジレンマ」と呼ばれる。

5　正確には，ここでの定義は純粋戦略のナッシュ均衡である。純粋戦略のナッシュ均衡は，必ずしも存在するとは限らない。確率的な行動の選択を含めて戦略の概念を拡張した混合戦略を考えれば，ナッシュ均衡は必ず存在する。

6　このような図はゲームの木と呼ばれる。ゲームの木は上記の展開形ゲームを視覚化したものである。詳しい説明は，渡辺（2008）を参照してほしい。

【参考文献】

Nasar, Sylvia (1998), *A Beautiful Mind: A Biography of John Forbes Nash, Jr., Winner of the Nobel Prize in Economics,* Simon & Schuster.（塩川優訳『ビューティフル・マインド：天才数学者の絶望と奇跡』新潮文庫，2013年。）

神取道宏（2016）『ミクロ経済学の力』日本評論社。

渡辺隆裕（2008）『ゼミナール　ゲーム理論入門』日本経済新聞社。

5 公共財と市場の失敗

5.1 市場の失敗

　3章で，市場が完全競争的であるときには，自らの効用を最大化しようとして合理的に行動する多数の家計（個人）と，利潤を最大化しようとして合理的に行動する多数の企業にまかせておけば，市場メカニズムを通じて，資源が無駄なく利用され，効率的な資源配分が達成されることを確認した。そこで登場したのは，経済主体である家計（個人）と企業だけであり，政府は登場しなかった。これは，市場が完全競争的であれば，効率的な資源配分を達成するためには政府は必要ないということを示唆している。

　このことを逆に考えれば，政府が必要になるのは，市場の多数の家計と企業だけに任せておくだけでは社会的に望ましい資源配分を達成できないときであると言えるだろう。市場にまかせておいては効率的な資源配分が達成されないことを市場の失敗と呼び，政府の市場への介入に経済学の観点から合理的根拠が与えられる。政府の市場への介入が経済学的に正当化される例として以下の5つをあげたい[1]。

　①．不完全競争

　②．公共財

　③．外部性

　④．不完備市場

　⑤．情報の失敗

それぞれの項目について簡単に確認しておこう。

①．不完全競争（Failure of competition）

　市場が完全競争的ではない場合，つまり，不完全競争，あるいは，独占の状

態にあるときには，市場だけに任せておいても望ましい資源配分を達成することはできない（3.7参照）。独占による非効率な結果を避けるために，政府は独占禁止法とその法律を運用するための機関である公正取引委員会を通じて市場に介入し，独占を規制しているのである。

②. 公共財（Public goods）

　国防や灯台，街灯，打ち上げ花火といった公共財の供給を市場にまかせると非効率な水準しか供給されない。具体的には，効率的な水準に比べて過少にしか供給されないため，政府が供給する必要がある。公共財については，次のセクション5.2以降で詳しく検討する。

③. 外部性（Externalities）

　市場に外部性が存在していても，市場は効率的な資源配分に失敗する。ある個人やある企業の行動が，ほかの個人や企業に損害を与えているにもかかわらず，その補償をしなかったり，あるいは，ある個人やある企業が他人や他の企業にプラスの影響をもたらしているのに，その報酬を受け取っていなかったりする場合がある。このことを経済学では外部性と呼ぶ。

　例えば，騒音や煙，化学物質を排出している工場を考えてみよう。近隣の住民は，それらの騒音や大気汚染，水質汚染に迷惑している。近隣の住民は，頼んでもいないのに，騒音や煙を受け取っている。この時，工場は迷惑料を払わずに周囲の住民に迷惑をかけている。すなわち，騒音や煙には市場が存在していない。市場を通さずに，他の経済主体に悪い影響を与えることを，負の外部性と言う。

　逆に，ある経済主体の行動が，市場での取引を通じることなく，別の経済主体にプラスの影響を与えることを正の外部性と言う。正の外部性の例は私たちの身近なところにも多く存在している。例えば，あなたの隣の家の住人が自分で楽しむために庭にきれいな花を植えたとしよう。そして，あなたもその花を見て心が和んだとしよう。このとき，あなたがその花に対して対価を支払う（または何らかの御礼をする）ことがなければ，正の外部性が存在することになる。

④. 不完備市場（Incomplete markets）

　不完備市場とは，ある財やサービスを供給するための費用が，個人が支払ってもよいと思っている金額を下回っているにもかかわらず，市場でそれらが供給されないケースを指す。このときには，政府が代わりにそれらの財やサービスを供給することになる。例えば，1967年に暴動がアメリカ国中に広がった際には，スラム街で火災が発生するリスクが高まり，民間の保険会社は火災保険の供給を拒否したため，代わりに政府がスラム街での火災保険を供給した（Stiglitz 2000, p. 81）。同様に，政府はこれまで，高齢者の医療保険や学生ローン，中小企業向け融資制度といった保険やローンの供給を行なってきた[2]。

⑤. 情報の失敗（Information failure）

　財の売り手も買い手も，その財の価格や品質に関する情報をよく知っていることが，市場が完全競争的であるための条件の1つである[3]。しかし，売り手や買い手にとって，取引に必要な情報をすべて知っているという情報の完全性が満たされているとは限らない。売り手と買い手の間で，財について持っている情報量に差があることを，情報の非対称性と言う。情報の非対称性が存在すると，市場の失敗が生じる。

　まず，売り手が買い手よりもより多くの情報を持っている場合を考えよう。例えば，中古車の売買では，売り手は，販売する車についてよく知っているが，買い手は，その車についてよく知らないことが多い。この時，レモンの問題が起こると言われる[4]。中古車市場に出回るのはレモン（品質の悪い車）だけになり，品質の良い車の市場取引が存在しなくなるという問題である。レモンの問題に対処するために，全米のほとんどの州には市場に出回る中古車の一定の質を保証する「レモン法（lemon laws）」があるし，さらに民間にも，中古車に関する情報提供を専門に行う企業が存在する[5]。

　逆に，買い手の方が売り手よりもより多くの情報を持っているという情報の非対称性が問題になるのは保険市場である。ここでは2つのケースが考えられる。1つ目のケースは，保険会社（保険の売り手）が被保険者（保険の買い手）の属性に関する情報を持っていない場合である。この場合，逆選択（adverse selection）が生じる。逆淘汰とも言う。例えば，保険会社が自動車保険の保険

料を，ドライバーが事故を起こす平均的な確率を計算して決定すると仮定しよう。事故を起こす確率の低い安全運転をするドライバーにとっては，保険料が高すぎるためにこの自動車保険には加入しないだろう。その結果，この自動車保険に加入するのは事故を起こす確率の高いドライバーばかりになってしまう。保険会社は事故を起こす確率が低いドライバーを被保険者として選択しようとしているのに，逆に事故を起こす確率の高いドライバーを選択してしまうという意味で，逆選択と呼ぶ。保険に加入する人の中で事故を起こす確率の高いドライバーの割合が高まり，保険会社がさらに保険料を引き上げなければならなくなれば，保険を購入する人はいなくなり，最悪の場合，自動車保険市場は存在しなくなるだろう。したがって，日本で自動車を購入する際に加入を義務づけている自動車損害賠償責任保険（自賠責保険）のように，政府の市場への介入が必要となるのである。

　2つ目のケースは，保険会社が被保険者の*行動*に関する情報を持っていない場合である。この場合，モラル・ハザード（moral hazard）が発生する。例えば，事故を起こした時の修理代が自動車保険によってカバーされることになると，事故を起こしたときにかかる費用の自己負担が少なくなるので，ドライバーは保険に加入する前よりも安全運転をしなくなる可能性がある。こうした保険契約等が人々のインセンティブや行動に与える逆効果をモラル・ハザードと呼ぶ。

5.2　公共財とは

　では，公共財について詳しく見てみよう。そのためにまず，競合性と排除性（排除可能性）とはどのような性質なのかを見てみよう。まず，競合性とは，ある人がある財を消費した時，他の人はもはやその財を消費できない性質である。ある財が競合的であるとき，ある人がその財を消費したら，他の人の消費量が減ってしまう。食料品や衣類といった日用品は競合的である。他の人にも財を提供するためには，それらを生産しなければならない（それらを生産するためには資源や費用が必要になる）。

　反対に，ある財が非競合的であるならば，誰かがその財・サービスを消費し

ても，他の人も同様に消費できる。例えば，灯台の例を考えてみよう。灯台の明かりをある船が利用しても他の船も同じだけ利用できる。別の船が灯台を利用できるようにするために，新たな費用はかからない。

次に，排除性（排除可能性）とは，対価を支払わない人をその財・サービスの消費から排除することができるという性質である。通常，市場で取引される財・サービスは，いったん購入されると他人がそれを自由に利用したり消費したりすることはできない。警察などの行政と裁判所などの司法といった，所有権を保護する制度がある限り，食料品から衣類，自家用車，自宅に至るまで，対価を支払って購入した財はすべて排除可能である。

反対に，ある財が排除不可能ならば，対価を支払わない人をその財・サービスの利用や消費から排除することはできない（対価を支払わない人たちの利用や消費を排除するための費用が非常に高い）。この意味では，灯台を通りかかる船がその灯台を利用するのを排除することはできないし，通りの街灯から得られる便益をある人に与えないようにすることもできない。国防や打ち上げ花火から得られる便益をある特定の人に与えないようにすることはおそらく不可能だろう（長岡大花火大会で一部有料となっている席は，料金を支払わない人を排除可能である）。

排除不可能で非競合的な財を公共財と呼ぶ。公共財から得られる便益は非競合的で排除不可能である。完全に非競合的で完全に排除不可能な財を純粋公共財（pure public goods）と呼ぶ。政府は，警察や裁判所等を通じて，国民の生命，財産や所有権を保護したり，さまざまな法令を施行したりといった市場経済が成り立つための基盤となる制度を提供する。ある個人をこうした制度の利用から排除するのは不可能である（排除不可能）し，こうした制度から誰でも同じだけ便益を受けることができる（非競合的）ため，政府が提供するこうした制度は公共財（純粋公共財）と考えられる。

完全ではないがある程度非競合的である程度排除不可能な財を準公共財（impure public goods）と呼ぶ（Corns and Sandler 1996, p. 9）。準公共財から得られる便益は，部分的に競合的かつ（または）部分的に排除可能である。例えば，利用者が増えて混雑が発生した一般道路や公園は，利用者が増えて混雑が発生すると，ある人の消費量が他の人の消費量を減らすという部分的に競

合的な財となるため準公共財の定義があてはまる。

　一方，競合的で排除可能な財を私的財と呼ぶ。一本のペットボトルの飲料水やリンゴ一個から得られる便益は競合的で排除可能である。公教育は公的に供給される私的財と考えられる[6]。また，医療や介護サービスといった私的財は，費用の大部分を政府が負担している。逆に，民放のテレビ放送のように民間が供給する公共財もある。このように，公共財の「公共」と私的財の「私的」は，供給主体が公的部門と私的部門と必ずしも対応していない点に注意しよう（Rosen and Gayer 2014, p. 56）。

5.3　公共財の最適供給

　では，公共財は適切な量が供給されるだろうか。図Ⅰ-5-1 には個人 A と個人 B の公共財に対するそれぞれの需要曲線，D_A と D_B，が描かれている。縦軸には公共財 1 単位の価格，横軸には公共財の数量が測られている。

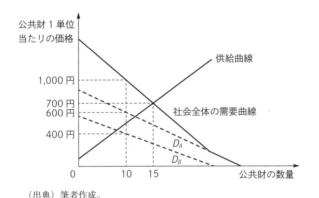

（出典）筆者作成。

図Ⅰ-5-1　公共財の最適供給

　私的財の消費においては，消費量が 1 単位追加的に増えるにつれて，消費から得られる効用の増加分はだんだん小さくなっていく。これを限界効用逓減の法則と呼ぶ。限界効用が逓減すると，支払い意欲額も消費量が多くなるにつれてだんだん低くなるため，需要曲線は右下がりになる。

　公共財においても個々の消費者にとっては限界効用逓減の法則が働くため，

需要曲線が右下がりになる。打ち上げ花火や街灯といった公共財においても私的財と同様に消費量が増加するにつれて支払い意欲が低下するからである。

　最適な公共財の水準は，公共財の需要曲線を垂直方向に足し合わせた社会全体の需要曲線と公共財の供給曲線と交わるところで決まる。なぜなら，公共財は複数の個人が同時に消費することができ，公共財から得られる便益を複数の消費者が同じだけ得ることができるので，社会全体として支払っても良いと考える額は，すべての個人が支払っても良いと考える額の合計となるからである。3章で私的財の市場需要曲線を求める際に個別需要曲線を水平方向に足し合わせたのとはことなる。

　図Ⅰ-5-1には具体的な数値例も記載している。例えば，AさんとBさんが打ち上げ花火を計画していて何発打ち上げるかを相談していると仮定しよう。Aさんは10発目の打ち上げ花火に対しては最大限600円まで支払ってもよいと考えている。Bさんは10発目の打ち上げ花火に対しては400円までなら喜んで支払う用意がある。この打ち上げ花火は非競合的なため，AさんとBさんは同時に消費する。したがって，10発目の打ち上げ花火に対する2人の支払い意欲の合計額は1,000円である。10発目の花火の費用が500円のとき，社会全体で支払ってもよいと考える価格の方が費用を上回るため2人は10発目の花火を購入する。2人の支払い意欲の合計額と費用が等しくなるのは700円で15発のときなので，この社会は15発の打ち上げ花火まで購入するだろう。このとき総余剰（消費者余剰と生産者余剰の合計）は最大となり，社会的に望ましい状態が達成される。消費者余剰は社会全体の需要曲線の下側で700円の上側の三角形の面積であり，生産者余剰は供給曲線の上側で700円の下側の三角形の面積である。

5.4　フリーライダー問題

　では，市場にまかせると効率的な公共財の数量は供給されるのだろうか。その答えは，各消費者が本当に自分の望む公共財の数量を正直に表明するかどうか次第である。私的財が完全競争的な市場で取引される場合，各消費者はどれくらいその財を評価しているのかについて偽りを表明するインセンティブは存

在しない。しかし，公共財に対しては，ある人が公共財（例えば打ち上げ花火や街灯）を調達する費用を負担してその公共財が供給されれば，別の人も同時に同じだけ消費できるし，利用から排除されるわけではないため，その人は費用を負担することなく消費すること（ただ乗り，フリーライド）が可能である。したがって，自分の負担を軽くしようとするインセンティブが働くため，公共財に対して自分が支払っても良い額を正直に申告しようとしない。もちろん，他の人達も同じように考えるので，市場では公共財の供給量は社会的に望ましい最適な数量よりも過少になってしまう。

5.5　クラブ財と共有資源

　競合性と排除性（排除可能性）を用いて財を分類する場合，公共財と私的財に加えて，クラブ財と共有資源という4つのカテゴリーに分類できる。（表Ⅰ-5-1参照。）

　非競合的で排除可能な財をクラブ財と呼ぶ。例えば，スイミングプールやゴルフコースは，利用者が同時に楽しむことができる（非競合的）が，サービスを利用するためには料金を支払わなければならない（料金を支払わなければ利用から排除される）。あるいは，新潟・信濃川にかけられている万代橋のような一般道路の橋は，多くの人が同時に利用している（非競合的）し，橋のたもとに料金所を設けることは不可能ではないため排除可能だろう。また，クラブ財には，利用者数が多くなれば混雑が発生し，ある人の消費量が他の人の消費量を減らすという部分的には競合的となる特徴がある。

表Ⅰ-5-1　競合性と排除性による財の分類

	競合的	非競合的
排除可能	私的財 例）食料品，衣料品，家，自動車	クラブ財 例）スイミングプール，高速道路，学習塾，橋，トンネル，インターチェンジのある一般道路
排除不可能	共有資源 例）公海にいる魚	公共財 例）国防，灯台，警察，打ち上げ花火，テレビ放送（民放），混雑していない一般道路

（出典）筆者作成。

　排除不可能で競合的な財を共有資源と呼ぶ。例えば，ウナギの稚魚やサンマといった共有資源の日本における漁獲高が減少している大きな原因は乱獲であると言われている[7]。公海にいる魚には1章で説明した所有権が確立していないため，料金を設定することができず，価格によって漁獲量をコントロールすることができないし，海は広大なため誰かが漁を行うのを排除することは非常に困難である。このように希少な共有資源に無料で無制限にアクセスできるために生じる過剰利用（乱獲）を共有地の悲劇（the tragedy of the commons）と呼ぶ。

　表I-5-1による競合性と排除性を用いた財の分類は，さまざまな財を分類する際に便利な，経済学における分類方法の1つと考えるとよい。最後に，この分類方法に関する注意点を2つ挙げておこう。まず1つ目は，競合的か非競合的か，排除可能か不可能かの程度は，それぞれ個々の財ごとにケースバイケースでさまざまに異なるため，同じ財でも場合によって異なるカテゴリーに分類されるという点である。例えば，本章で何度か例として取り上げた一般道路をより厳密に分類してみよう。まず，混雑していない一般道路は，多くの人が同時に利用している（非競合的）し，対価（利用料金や税金）を払っていないからと言って排除するのは不可能なため公共財と考えられる。しかし，利用者が増えて混雑した一般道路は，利用者を排除することは依然として不可能であるものの，利用者が増えるにつれて時間やガソリン代で測った費用も上昇するため，部分的に競合的となり，準公共財のうち共有資源に分類される。また，一般道路の橋は，前述のとおり，非競合的で排除可能なクラブ財である。

　2つ目に，表I-5-1で公共財に分類されるものは，世間一般で公共財といわれるものと必ずしも一致しないという点にも注意しよう[8]。例えば，公教育は，前述のとおり公的に供給される私的財であり，表I-5-1でも私的財に分類されるが，世間一般では公共財と呼ばれることがある。前述の一般道路も経済学的にはクラブ財等に分類される場合があるが，世間一般ではそのように区別されることはない。

【注】

1　Stiglitz（2000），pp. 77-87 を参照。

2　Stiglitz（2000），pp. 81-82 を参照。

3　佐々木（2012），47 頁；岩田（1993），133 頁を参照。

4　この問題を最初に理論化したジョージ・アカロフは「レモンの原理」と呼んだ。

5　Goolsbee et al.（2016），pp. 616-620 を参照。

6　公教育は私的財と考えられる。というのは，教育の質（クラスサイズなど）を維持しつつ生徒の数を倍にすると，公教育費はほぼ倍になると考えられる（Stiglitz 2000, p. 136）ので競合的であり，また，排除可能だからである。さらに，義務教育は価値財の 1 つでもある。価値財とは，政府が社会的に重要であるとみなして個人に強制的に消費させようとする財である。

7　『日本経済新聞』（電子版）2019 年 7 月 26 日・9 月 5 日を参照。

8　神取（2014），275 頁を参照。

【参考文献】

Corns, Richard and Todd Sandler（1996），*The Theory of Externalities, Public Goods and Club Goods,* Second Edition, Cambridge University Press.

Goolsbee, Austin, Steven Levitt and Chad Syverson（2016），*Microeconomics,* Second Edition, Worth Publisher.

Rosen, Harvey and Ted Gayer（2014），*Public Finance,* 10th Edition, McGraw-Hill Education.

Stiglitz, Joseph E.（2000），*Economics of the Public Sector,* Second Edition, W. W. Norton & company.

岩田規久男（1993）『ゼミナール　ミクロ経済学入門』日本経済新聞社。

神取道宏（2014）『ミクロ経済学の力』日本評論社。

佐々木康史（2012）『事例で学ぶ　ミクロ経済学』文化書房博文社。

『日本経済新聞』（電子版）2019 年 7 月 26 日・9 月 5 日（2019 年 9 月 27 日アクセス）。

6 成長と豊かさ

6.1 国の豊かさをどう測るか

　国や国民の豊かさとは何かと問われたら，数多くの近代的な建物や高性能の新しい商品に囲まれた国は豊かだと答える人もいれば，多くの自然に囲まれ時間的な余裕のある国の方が豊かだと答える人もいるだろう。他にも，家族や信頼できる友人に囲まれていること，健康状態がよいこと，あるいは日々の生活に満足できていることなど，豊かさを感じ得る要因はさまざまある。実際に，これらの要素を取り入れて国の豊かさ，あるいは国民の幸福度を測る試みは行われている。

　しかし，豊かさや幸福度の定義は必ずしも一義的ではないので，何を重要視するかについて意見が一致しておらず，さまざまな指標が存在している。統一した指標が用いられていなければ，国が現在どのような状態にあるか，国の豊かさがどのように推移したか，また豊かさの国際比較を行うことは難しい。

　そのため，現状では物質的な側面のみに焦点を当てた指標が用いられており，その代表的なものが国内総生産（Gross Domestic Product, GDP）である。GDP が国の豊かさを測る世界的に統一された指標として受け入れられている。将来的には物質的な側面だけでなく，心的な側面まで含めた統一的な指標が開発されることが期待されるが，現在のところ GDP に代わるものは存在していない。

6.2 国内総生産（GDP）とは何か

　国内総生産（GDP）は，財・サービスという物質的な側面に注目して豊かさを測る。そして，多くの財・サービスが生み出されている国が豊かであると判

断する。では，多くの財・サービスが生みだされている状況を実際に計測するのはどのような方法だろうか。

　世の中には建物や機械，自動車，道路，PC，スマートフォン，机，りんご，牛肉，鉛筆，インターネット，大学の授業など数多くの財・サービスが存在している。これらの財・サービスの生産量の合計が多いほど豊かだといえそうだが，例えば自動車2台とりんご1,000個を生産するA国とスマートフォンを40台と牛肉を30 kg生産するB国があったとすると，どちらの国を豊かと判断するだろうか。一口に財・サービスといってもそれぞれの計測単位は異なり単純に足し合わせることができないため判断は難しい。たとえ同じ計測単位であっても，りんご100個とみかん50個は合わせて150個とはならず，あくまでもりんご100個とみかん50個である。種類の異なる財・サービスは足し合わせることはできない。

　種類の異なる財・サービスの生産量を足し合わせるには単位を統一する必要がある。その方法として，経済学では価値を用いており，

$$価値 = 数量 × 価格 \tag{5.1}$$

と定義される。自動車1台200万円やりんご1個150円というように，あらゆる財・サービスには計測単位ごとの価格がついているので，数量に価格をかけると生産量に対する価値を表現し，集計することができる。日本では価値を円で表記するが，アメリカであればUSドル，中国であれば元というように，その国で用いられている貨幣単位で価値を表記する。国内の状況を把握するだけであれば，その国の通貨単位を用いればよいが，異なる国同士の比較を行うにはさらに通貨単位を統一する必要がある。その場合，異なる通貨の交換比率である外国為替レートを用いてUSドルに統一するのが一般的である。

　価値を集計することで一国の生産活動を測ることができるが，集計には注意が必要である。それは，財・サービスの価値には原材料として使用された他の生産物の価値が含まれていることが多いからである。例えば，農家がりんごを生産し，それを用いて飲料メーカーがりんごジュースを生産し市場で販売する場合を考えよう。このとき原材料としてのりんごを中間生産物（中間財）といい，りんごジュースを最終生産物という。最終生産物とは市場で家計や企業が最終的に需要し，中間投入物としては使用されない財のことである。ここの例

で生産された財はりんごとりんごジュースであるが，りんごは中間生産物として最終生産物であるりんごジュースを生産するために用いられるので，その価値はりんごジュースの価値に含まれている。したがって，りんごとりんごジュースの価値を単純に足し合わせると，りんごの価値を二度計算することになり，生産活動を正しく測定できない。これを二重計算の問題という。

二重計算を避けるために現在用いられている方法が，各生産者が原材料を利用・加工することで付け加えた生産物の新たな価値，すなわち付加価値のみを計上するというものである。これは次のように計算される。

$$付加価値 = 最終生産物価値 - 中間生産物価値 \qquad (5.2)$$

GDP の計算には付加価値が用いられ，つぎのように定義される。GDP とは，「一定期間（通常は1年か四半期）中に国内で生み出された付加価値を合計したもの」である。国内というのは，例えば日本を考えると，日本国内で新たに生産された財・サービスのみを対象としている。つまり，それらを生産した企業が日本企業と海外企業のいずれでもかまわない。逆に，海外で生産し日本に輸入された財・サービスの付加価値は，それが海外にある日本企業の生産であっても GDP に含めない。

また，GDP は最終生産物の価値のみを合計しても導出することができる。りんごジュースの例でいうと，最終生産物であるりんごジュースの価値の中には中間生産物であるりんごの価値が含まれているため，りんごジュースの価値さえ分かればよい。ただし，海外から輸入した中間生産物の価値は，「国内」という概念には含まれないので除く必要がある。

$$GDP = 最終生産物価値の合計 - 輸入された中間生産物価値の合計$$

$$(5.3)$$

先ほどの A 国と B 国を例にとって GDP の計算をしてみよう。話を簡単にするため，どちらの国も円を用いており，輸入はしていないと考える。また，両国の最終生産物の価格が，それぞれ自動車1台200万円，りんご1個150円，スマートフォン1台10万円，そして牛肉1kg 2,000円とする。このとき，両国の GDP は，

A 国の $GDP = 2$ 台 $\times 2{,}000{,}000$ 円/台 $+ 1{,}000$ 個 $\times 150$ 円/個 $= 4{,}150{,}000$ 円

B 国の $GDP = 40$ 台 $\times 100{,}000$ 円/台 $+ 30$ kg $\times 2{,}000$ 円/kg $= 4{,}060{,}000$ 円

と計算される。生産量を価値で表すことにより豊かさ（経済状況）を比較することができ，この例ではＡ国の方が多くの付加価値を生み出したので豊かだということが分かる。

　ただし，生産量に変化がなくても価格（物価）が変化すればGDPも変化するという点には注意を払う必要がある。Ａ国の自動車価格だけが1台400万円に上昇したとすると，Ａ国のGDPは815万円と計算される。GDPは約2倍になっており，これでＡ国がより豊かになったといえるだろうか。豊かさを判断するポイントは，財・サービスがどれだけ生産されたかということであったが，生産量に変化がなければ，豊かさは変わらないはずである。本当の豊かさを測るためには価格の変化に伴ってGDPが変化する状況は避けなければならない。つまり，価格の影響を取り除く必要がある。

　価格の影響を取り除くかどうかでGDPは2種類に分けられる。一定期間のGDPをその期間の価格を用いて計算したものを名目GDPという。一方で，価格の影響を取り除くためにある時点（年）の価格を基準年価格として固定し計算したものを実質GDPという。2015年の価格を基準年価格としたとき，2023年の実質GDPを計算しようとすれば，

$$2023 年の実質 GDP = （2023 年の数量 \times 2015 年の価格）の合計 \quad (5.4)$$

というようにすべての財・サービスの価格を2015年の価格に置き換えて付加価値を計算し，合計すればよい。実質GDPは数量変化が生じたときのみ影響を受けるため，豊かさの指標としてより望ましいといえる。

　次の図Ⅰ-6-1は，1994年から2021年までの日本の名目GDPと実質GDPのグラフである[1]。基準年は2015年で，この年は用いる価格が同じであるためGDPの名目値と実質値が等しい。直近のデータでは，2021年の名目GDPは549兆円で，実質GDPは540兆円である。

　グラフを見ると，2010年から2015年を除いて名目GDPの値が実質GDPの値よりも大きいことが確認できる。これは，基準年に比べて価格が上昇したことを意味する。名目値と実質値の乖離が1つの指標となり，物価（価格）上昇に関する情報を与えてくれる。この指標をGDPデフレーターといい，名目GDPと実質GDPの比をとることで計算される。例えば，2015年を基準年とした場合の，2023年のGDPデフレーターを求めるには次のように計算すればよ

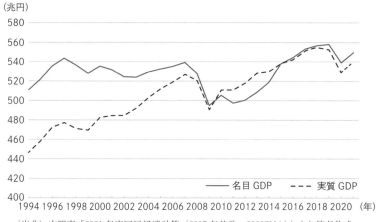

(出典) 内閣府「2021 年度国民経済計算（2015 年基準・2008SNA）」より筆者作成

図Ⅰ-6-1　日本の GDP

い。

$$2023 \text{年の } GDP \text{デフレーター} = \frac{2023 \text{年の名目} GDP}{2023 \text{年の実質} GDP} \times 100 \quad (5.5)$$

基準年の物価水準を 100 とし，100 よりも大きければ物価は上昇した（インフレーション），100 よりも小さければ物価は下落した（デフレーション）といえる。

6.3　財・サービスの生産に必要な要素

　財・サービスを生産するためには何らかの資源が必要であり，生産に用いられる資源を特に生産要素という。生産要素は，機械や工場といった資本（物的資本）と働き手としての労働（人的資本）などがある。経済学では，これらの生産要素を用いて，財・サービスを付加価値として生み出していると考える。
　資本と労働を用いてどれだけの生産物（生産量，付加価値，GDP）が生み出されるかは，利用可能な生産技術で決まる。この生産技術の特徴は一般的に次の 4 つである。1 つ目は，資本量が増えれば生産量は増加し，労働量が増えれば生産量が増加するというものである。職場において労働者の数が増えれば，

それだけ多くの仕事をこなせるし，5人の労働者に対して資本として1台のPCがある場合よりも5台あったほうがより多くの仕事ができると考えられる。2つ目は，資本量や労働量を増やしたときの効果は徐々に薄れていくというものである。1人の労働者に対して3台PCがあった場合，1台のときよりもデータ処理など同時にできる仕事は増えても，同時にPCを操作することは難しいなどの理由で生産量は3倍にはならないであろう。3つ目は，資本量と労働量を同時に2倍，3倍と増やせば，生産量も同じく2倍，3倍と増えるというものである。ある財を生産する工場と（労働量も含めて）全く同じ工場を作れば生産量は2倍になることは容易に想像できるだろう。4つ目は，生産技術自体の変化によって生産量は変化するというものである。つまり，より優れた生産方法が発明されれば，資本量や労働量に変化がなくてもより多くの生産量を生み出すことが可能となる。

6.4　資本蓄積と経済成長

資本と労働を用いて生産される財・サービスは，大きく2つに区別される。1つ目は，消費するために家計（消費者）などが需要する財・サービスであり，これを消費財という。2つ目は，生産を行うために企業（生産者）などが需要する財・サービスであり，これを生産財（資本）という。消費財は消費すればなくなってしまうが，生産財は複数年にわたり生産活動に使用可能で使っても容易になくならないものと想定される。例えば，りんごや牛肉は消費財に分類され，生産された年に消費されるのが通常である。工場や賃貸マンションなどは生産財に分類され，生産された年だけでなく何年にもわたって財・サービスを生み出すことに使用されるのが通常である。

生産財，あるいは資本の購入は経済学では投資といい，消費財の購入とは区別される。一般的に投資というと，株や債券などの金融資産を購入すること意味する場合が多いが，経済学では特に機械や工場，マンション，住宅といった生産財を購入することを投資と呼んでいる。

投資を行えば資本量が増え，資本量が増えれば財・サービスの生産量が増える。生産量が増えればGDPも増える。しかも，資本は複数年にわたって利用

できるので，投資が行われるほど資本が積み増されていく。これを資本蓄積といい，経済成長には欠かすことのできないものである。ここでいう経済成長とは，前の年に比べてどれだけ GDP が増加したかを計算し，GDP が増加していれば経済が成長したと捉える。GDP の増加を増加率（変化率）で表したものを経済成長率といい，新聞やニュースなどで頻繁に取り上げられている。

　次に，資本蓄積と経済成長の関係を，グラフを用いて説明する。ただし，ここでは GDP と資本量そのものではなく，1 人当たり GDP と 1 人当たり資本量の関係を考える。一般的に人口規模（あるいは労働量）が大きいほど GDP は大きくなる傾向にあり，GDP そのものを用いると豊かさの国際比較をうまく行えないからというのがその理由である。そこで GDP を人口で割った 1 人当たり GDP を計算し，平均的に 1 人が生み出すことのできる価値として表現し直すのである。

　GDP と資本量の関係は，生産技術を数式で表した生産関数を用いて理解することができるので，これをグラフに描いてみる。図 I-6-2 のグラフでは，横軸に 1 人当たり資本量，縦軸に 1 人当たり生産量がとられている。グラフは 1 人当たりの生産量（GDP）と資本量を用いているが，生産技術の特徴は前節で説明したものと変わらない。

　生産関数（技術進歩前）というグラフを見ると，資本量が増えるに従って生

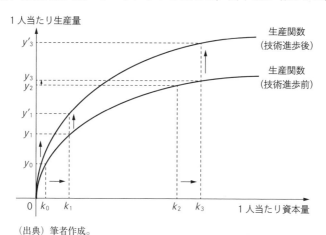

（出典）筆者作成。

図 I-6-2　資本蓄積，技術進歩と経済成長の関係

産量が増えていっているのがわかる。また，k_0 から k_1 と k_2 から k_3 という同じだけの資本量の増加を見ると，前者の生産量の増加は y_0 から y_1 と後者の生産量の増加（y_2 から y_3）を上回っている。これは，生産技術の 2 つ目の特徴を捉えており，資本蓄積が少ない状態で投資をした場合の方が，多い状態の場合より投資の効果が大きく，結果的に大きな経済成長をもたらすことを教えてくれる。

　一般的に資本蓄積が少ない開発途上国は経済成長が始まると高い成長率で経済が発展していくという特徴が見られる。第二次大戦後に高度経済成長を経験した日本や近年の中国などがその例に挙げられる。特に日本は戦争によって国内資本の多くが失われ，資本蓄積が少なかった。戦後に国が行った政策などのおかげで投資が活発に行われたため，高い成長率で経済が成長した。一方で，先進国は資本蓄積が多いので，投資の効果はそれほど高くはない。日本やイギリスなど先進国の経済成長率がそれほど高くないのは，十分な資本蓄積が行われているからとも言える。生産関数はこれら現実の経済をうまく説明してくれる。

6.5　技術進歩の役割

　資本蓄積が十分に行われた国では経済成長の期待ができないかと問われると，答えは否である。それは生産技術の 4 つ目の特徴に挙げた技術進歩が経済成長に寄与するからである。技術進歩が生じれば，資本量に変化がなくてもより多くの生産を行うことが可能となる。このことを，図 I-6-2 のグラフで確認してみよう。

　技術進歩が生じれば生産関数のグラフが上にシフトする。その結果，1 人当たり資本が k_1 や k_3 の水準で変化がなくても，y_1 から y'_1，そして y_3 から y'_3 というように 1 人当たり生産量は増えることが分かる。これは，資本蓄積が十分行われた国においても，持続的な技術進歩によって経済が持続的に成長することが可能であることを意味する。

　技術の水準を上昇させるには，研究開発（R&D）投資によるイノベーションや教育が重要となる。イノベーションは，新しい技術や商品の開発，そして現

存する技術の改良である。前者は蒸気機関や情報通信技術の開発などが代表例であるし，後者は新モデルの PC やスマートフォンなどが例として挙げられるだろう[2]。教育は，労働者の質が高まることで労働生産性が上昇することなどである。一般的に高卒者より大卒者の方が生産性は高いと言われているし，職場での労働経験を積むと学習効果が働くため業務を効率的に行うことができる（learning by doing 効果という）。これらが教育の例として挙げられる。

【注】

1　実質 GDP の計算において，以前は基準年を 5 年ごとに変更する固定基準年方式が取られていたが，現在は 1 年ごとに基準年をずらして，それらを掛け合わせた連鎖方式が採用されている。これは近年技術革新のスピードが速く，品質向上が著しい IT 関連の財が大きな価格低下とともに急速な普及をしてきたことに対応している。5 年もの間価格を変更せずにいると，年が進むにつれて実質 GDP が現実の経済状況を正確に把握できなくなってしまう恐れがあるためである。図表I-6-1でも連鎖方式による実質 GDP の数値を用いているため，基準年である 2015 年でも厳密には実質 GDP と名目 GDP の数値は一致していない。ここでは実質 GDP の概念の理解が重要なので，固定基準年方式に基づく実質 GDP として理解しておけばよい。

2　20 年くらい前の PC であれば，電源を入れて操作できるようになるまで 5 分以上かかったり，文字入力しても反応が遅かったりすることも多かった。最新の PC だと，電源を入れればものの 20〜30 秒くらいで操作できるし，文字入力もスムーズである。待ち時間が少なくなるというのも技術改良に基づく技術進歩である。

【参考文献】

三野和雄（2013）『マクロ経済学』培風館。
柴田章久・宇南山卓（2013）『マクロ経済学の第一歩』有斐閣。

7 金融と資金循環

7.1 金融の役割：時間とリスクの交換

7.1.1 金融の役割とは

　金融とは，元々はお金を融通しあうという意味である。まず，ここでは個人の間でお金の貸し借りを行うという，もっとも単純な例でお金を融通しあうということが，何を意味しているのか，またどのような役割を持つのかについて説明をすることにしよう。

　Aさんに新しいビジネスのアイデアがあり，今年投資をすれば1年後に大きな所得が得られるが，Aさんの現在の所得は少なく投資のための支出を賄うことができないとしよう。これに対して，Bさんには現在の所得は大きいが，ビジネスのアイデアはなく，1年後の所得は少ないとしよう。Bさんは今年の消費を所得より少なくし，余った額をAさんに貸し，AさんはBさんから借りたお金で投資を行う。1年後に，Aさんは投資から得られた所得から，借りた額に利子分を合計した額をBさんに返済し，BさんはAさんから受け取ったお金で所得よりも大きな消費を行うことが可能となる。

　このように，資金を融通することにより，より優れた投資機会を利用することが可能となる。これは，社会全体についても同様である。金融の役割は，資金を経済主体の間で融通することによって，社会全体で優れた投資機会の利用を実現することにある。

7.1.2 時間

　さて，基本的な金融の取引である資金の貸し借りについてより詳しくみてみよう。利子率が年率5%であるとし，AさんがBさんから100万円を借り，1年後に元利合計105万円を返したとする。経済学では，「同じもの」であっても

時点が異なるものは「異なるもの」と考える。例えば，現在のお米と1年後のお米は別の財である。お金についても同様であり，「現在のお金」と「1年後のお金」は違うものであると考える。Aさんは現在の100万円と1年後の105万円をBさんと交換したことになる。すなわち，貸借とは，現在のお金と将来のお金の交換である。単純な貸借に限らず，一般的に金融の取引とは，さまざまな形で時点の異なるお金を受け取り/引き渡すことを含んでおり，時点の異なるお金の交換が金融の1つの本質である。

貸借を時点の異なるお金の交換であると考えれば，その交換比率，すなわち相対価格は何であろうか。先の例においては，1年後のお金1.05単位と現在のお金1単位が交換される。逆に，1年後のお金1単位は，現在のお金 $\frac{1}{1.05}$ と交換される。すなわち，1年後の1円は，現在の円ではかって $\frac{1}{1.05}$ 円の価値であることになる。一般に利子率が年率 i のとき，1年後の1円は1年後の $1+i$ 円と交換されるので，1年後の1円は現在の $\frac{1}{1+i}$ 円と交換されることになる。すなわち，現在のお金で測った1年後のお金の価格は

$$\frac{1}{1+i} \text{円}$$

であることになる。

2年後の1円の現在のお金で測った価格はどうなるだろうか。1年後の時点において，2年後の1円は $\frac{1}{1+i}$ 円と交換される。時間を1年さかのぼり，現在において現在の $\frac{1}{(1+i)^2}$ 円と1年後の $\frac{1}{1+i}$ 円を交換して，1年後に手に入れた $\frac{1}{1+i}$ 円を2年後の1円と交換するということを行えば，現在の $\frac{1}{(1+i)^2}$ 円と2年後の1円が交換できることになる。すなわち，現在のお金で測った2年後のお金の価格は

$$\frac{1}{(1+i)^2} \text{円}$$

である。同じような繰り返すことにより，n 年後の 1 円は現在の $\dfrac{1}{(1+i)^n}$ 円と

交換できるので，現在のお金で測った n 年後のお金の価格は

$$\frac{1}{(1+i)^n} 円$$

となる[1]。

　今年 Y_0 円，1 年後に Y_1 円，2 年後 Y_2 円，…T 年後に Y_T 円のお金が得られるとしよう。これを流列という。現在のお金で測った n 年後のお金の価格は $\dfrac{1}{(1+i)^n}$ 円であるので，この流列を現在の現在のお金で測ると

$$Y_0 + \frac{1}{1+i}\, Y_1 + \frac{1}{(1+i)^2}\, Y_2 + \cdots \frac{1}{(1+i)^T}\, Y_T 円$$

の価値となる。これは割引現在価値（discounted present value）という。

7.1.3　リスク

　さて，時点の異なるお金の交換は，必然的にもう 1 つの問題をもたらす。現在時点では，将来に何が起こるのかは確実には分からない。たとえば，投資の例において，A さんのビジネスが必ず成功するとは限らず，失敗した場合には B さんに返済をすることが不可能になる。このように時間の異なるお金の交換には，リスクが伴う。本来リスクを負っているのは A さんだが，貸借という取引にともなって，A さんのリスクが B さんにも一部引き渡されている。

　時点の異なるお金の交換では，リスクの問題にどのように対処するのかが非常に重要である。このようなリスクの問題への対処の基本は，時点の異なる資金の交換を行う主体の間で，将来おこりうる状態に応じて，その状態においてどのような支払い/受け取りを行うのかを定めた契約を取り決めることである。このような契約は金融契約（financial contract）という。

　人々は，平均的に同じ金額が得られるのであれば，常に一定の金額を得られる状況を，得る額が多いことも小さい場合もあるリスクが存在する状況よりも好む。したがって，リスクがある場合と無い場合が無差別となるには，リスクがある場合の方が得られる額の平均が高くなければならない。この額の差をリ

スクプレミアム（risk premium）という。貸し倒れがある貸借の利子率は，貸し倒れがない場合の利子率である安全利子率よりリスクプレミアム分だけ高くなければならない。各資金運用対象にリスクがあるが，それぞれのリスクが独立である場合には，多数の対象に同時に資金を分けて運用することにより，リスクを小さくすることができる。これを，リスクの分散化（diversification）という。

7.2　資金需要と資金供給：家計と企業

7.2.1　企業の資金調達

　自己資金で全て投資を賄える場合は別として，企業は家計や他の企業から資金を調達して投資を行う[2]。企業は資金の供給者との間で，金融契約を結ぶ。企業はその契約内容を記載した証書と引き換えに，資金供給者から資金を受け取る。証書を他人に転売することが可能である場合，その証書を証券（security）という。証券の場合には，証券を発行して資金供給者に販売し，受け取った販売額が資金供給者から受け取る資金の額となる。証券が転売された場合，新たな保有者が契約内容に従った支払いを企業から受けることになる。発行された証券が最初の保有者に販売される市場を，1次市場，あるいは発行市場，発行済みの証券が売買される市場を2次市場，あるいは流通市場という。

　最も一般的に行われている金融契約として，負債契約と株式契約がある。負債契約とは，企業業績が良くなっても資金の供給者に対して支払う額は予め定められた一定額であり，企業の利益が悪化した場合には支払額が減少するような契約である。ただし，企業からの支払額はマイナスとなることはなく，企業に対して最初に供給した額以上の損失を資金の供給者は被ることはないという意味で有限責任となっている。負債契約の代表的なものとしては，企業の社債（corporate bond）や銀行からの借り入れがある。社債と銀行借り入れとの大きな違いは，社債は転売可能な証券である点である。

　株式契約とは，利子支払い等を除いた企業利潤が正であれば，それを資金提供者に対して支払うという内容の金融契約である。企業利潤がマイナスになった場合には支払は0となり，損失に対して資金供給者が支払いを負わず，最初

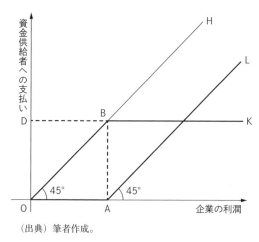

（出典）筆者作成。

図Ⅰ-7-1　社債と株式

に企業に対して供給した資金額以上の損失を被ることはないという点でやはり有限責任である。代表的な株式契約の証券は，いうまでもなく株式（stock あるいは equity）であり，利潤の支払いは配当である。

　図Ⅰ-7-1 は，社債と株式の違いを図示したものである。いま，企業の社債に対する利子を含めた支払い額が OD であるとする。企業の利潤が OA（＝OD）以上であれば，社債へは一定額 OD に支払いが行われ，株式には社債への支払いを行って残った後の額が支払われる。他方，企業の利潤が OD 以下である場合，企業の利潤は全て社債に対する支払いに向けられ，株式への配当は 0 となる。企業の利潤に対応して，社債への支払いは OBK，株式への支払いは OAL で与えられることになる。

7.2.2　企業の資金調達を困難にする要因

　金融取引には，金融取引を困難にする以下のような要因が存在する[3]。

要因1　適当な資金の需要者と供給者を見つけるのが容易ではない。

　どの企業が資金を必要としており，どの家計が資金を保有しているのかを知ることは容易ではなく，個々の企業や家計が行おうとすると，時間とコストがかかる。

要因2　資金と需要者が望む資金の返済期間の長さや資金の量に差がある。

　家計と企業が希望している資金の返済期間は一致しないことが多い。通常
は，企業が長期の資金を必要としているのに対し，家計はより短期での返済を
希望することが多い。典型的な状況は下記の通りである。企業は，設備投資の
ための資金を必要としており，返済時期が遠い将来である長期の資金の調達を
希望している。これに対し，家計は，子供の大学への入学など比較的近い将来
に必要となる資金の準備を考え，また何らかの事情でお金が急遽必要となる可
能性も考慮し，より短い期間で資金を回収できるような短期の資金運用を希望
している。

　また，通常，企業が必要としている資金は，1つの家計が供給できる資金量
よりも大きく，個々の家計と企業が希望する資金の量とは乖離がある。

要因3　企業のリスク

　企業の事業のリスクは，しばしば家計にとって許容できないほどの大きなリ
スクがある場合が多い。

要因4　情報の非対称性

　これに加えて，企業と家計との間で情報に差がある場合が多い。経済の主体
間で情報に差があることを，情報の非対称性という。

　まず，企業は自身のリスクについては良く知っているが，資金の供給者であ
る家計は良く知らないかもしれない。このような情報の非対称性の問題を逆選
択（adverse selection）という。このような場合には，企業のリスクに応じた
利子率を付けることができずに，全ての企業に同じ利子率で貸し付けを行うこ
とになり，低リスクの企業も高い利子率を支払うことになる。場合によって
は，情報が分かっていれば資金を供給されるべき低リスク企業が市場からいな
くなり，高リスク企業のみが市場に残るという結果も生じうる。

　また，資金を供給された後に企業の行動について，企業自身はもちろん知っ
ているが，家計は観察することができないかもしれない。このような事後的な
行動についての情報の非対称性の問題をモラル・ハザード（moral hazard）と
いう。たとえば，企業は，資金が提供された後に，投資が良い成果を生み出す
確率を高くするための努力を行わないかもしれない。このようなことを見越し
て，資金の供給者は大きな返済額を要求するかもしれず，このため投資が行わ
れないかもしれない。

現実の経済において，このような金融取引を困難にする要因への対処がどのような機関や仕組みによって担われているかを，次節で説明することにしよう。

7.3 銀行システムと市場システム

　現実の経済においては，家計から企業への資金を供給される経路としては，2つのタイプの経路が存在する。1つは，銀行が家計から預金を集め，銀行が貸出によって企業に資金を供給する経路である。このような銀行が資金の経路として重要な役割を果たす金融の仕組みを銀行システムと呼ぶ。もう1つは，売買可能な証券の市場を通じて家計から企業への資金が供給される経路である。このような証券市場が資金の経路として大きな役割を果たす金融のしくみを市場システムと呼ぶ。2つのシステムでは，前節の要因1～5への対処する機能がどのようにして実現されているのかが異なる。

　銀行システムでは，銀行が前節の要因1～5に対処する各機能を果たしている。

　まず，銀行は多数の家計の預金を受け入れ，多数の企業への貸出を行うことにより，家計と企業をマッチングさせる機能を果たしている。また，銀行は多数の個別の家計の比較的な小規模な預金をまとめて企業に融資を行うことにより，資金の需要者と供給者の希望する資金の大きさの差を吸収している。銀行は非常に多数の家計の預金を受け入れており，家計によって引き出される預金の割合は小さな割合で安定し，新たに預金に受け入れられる額も預金額の小さな割合で安定している。このため，額と期間のミスマッチを吸収することが可能となる。さらに，多くの企業に貸出を行うことにより，リスクを分散化して小さくすることが可能となっている。以上により，銀行はリスクが高く，長期であり額も大きな貸出を行う一方で，リスクが低く小さな単位に分割し，引き出すことができる預金という形で資金を受け入れることが可能となっている。このような働きを銀行の資産変換機能という。

　加えて，銀行は審査を行うことにより，企業のリスクについての情報を得ることができ，逆選択を緩和している。さらに，貸し出しをした企業の行動について，貸し出し後もモニターを行うことにより，モラル・ハザードへの対処も

行っている。このような機能を，銀行の情報生産機能という。後に説明するように，日々の決済に企業が用いる預金口座の動きについての情報を利用できることが，情報生産機能上極めて有利なものとなっている。預金に支払われる利子率は，リスクの違いおよび上述の銀行が行う情報生産機能のコストに対応して，貸出利子率より低くなっている。

これに対して，市場システムにおいては，要因1〜5への対処は次のようにして行われている。まず，株式や証券が集中して取引される証券市場が存在することにより，家計と企業のマッチングが容易となっている。さらに，企業は，投資に必要な資金を細かく分けて，小口化した社債や株式を家計に販売することにより，家計と企業の面での不一致を解消している。また，期間の違いについては，家計が購入した証券や債券を転売できる市場である二次市場，流通市場を整備することによって対処している。リスクについては，さまざまな証券を保有することによるリスクの分散化によって，基本的には家計自身が対応する。また，さまざまな証券への分散化投資への出資を小口化して募集する投資信託を購入することによっても，家計はリスクを小さくすることができる。

市場システムにおいては，情報の非対称性に対して，家計が企業についての情報を収集する情報生産活動を自分で行うことになる。この情報生産活動は，逆選択については企業の証券市場への上場の際の審査，モラル・ハザードへの対処については企業の業務内容や会計的情報の開示の義務付け等を通じて，個々の家計が負うコストがある程度は軽減される。しかし，全く新しい企業や従来あまり知られてなかった企業については，十分な情報を得ることは困難である。このため，市場システムを通じた資金調達は，長い歴史を持つ大きな企業でないと利用できない場合が多い。中小企業あるいは新しい企業は，銀行からの借り入れに依存する場合が多い。市場システムの比重が高いアメリカなどにおいても，大企業は市場で社債や株式を発行し資金を調達し，中小企業は銀行借り入れによって資金を調達することが一般的である。

7.4　貨幣と銀行

さて，これまでの節では，家計と企業の資金の間に立ち，資産変換や情報生

産を果たす銀行の機能について説明を行ってきた。銀行には，実はこのほかにも重要な機能がある。それは，貨幣を供給し，決済を行う機能である。

なぜ経済において，貨幣が必要とされるのだろうか。物々交換においては，交換が成立するためには，自分が相手の欲しいものを保有していて，相手が自分の欲しいものを保有していることが成立しているという厳しい条件が必要である。貨幣が存在すれば，貨幣と引き換えに財を自分の財を相手に渡し，貨幣を受け取った相手は自分の望む財を貨幣と交換する。これにより，各個人が自分の望ましい財を手に入れることが可能となる。貨幣は経済における取引を円滑にする機能を持っているのである。

それでは，現実の経済において，貨幣とはどのような範囲のものを指すのであろうか。硬貨や日銀券（お札）は，引き換えに財を渡す機能を持つことは明らかであり，もちろん貨幣である。銀行の預金は，たやすく引き出して，現金（お札や硬貨）に替えることができる。さらに，普通預金や当座預金であれば，銀行の預金を引き出して現金に替えることなしに，売り手と買い手の銀行口座の間で資金を移すことにより，支払いが行われることが一般的である。銀行は買い手の預金口座から売り手の預金口座に販売額と同額の資金を移動させることにより取引を完了させる機能を持っており，これは決済機能と呼ばれる。銀行の預金は貨幣であり，経済における預金の量は現金の量をはるかに上回っている。

銀行が決済機能を持つことは，先にも触れたように，日々の企業の取引についての情報を得る上で優れた位置にあることを意味し，モニターの機能を高めることに寄与している。他方において，銀行が企業貸し付けで大きな損失を被り破綻した場合には，決済機能が損なわれ，経済に大きな影響を及ぼすことになる。このため，決済機能を持つ銀行については，その破綻のリスクをどのようにコントロールするのかが，規制を議論する上での大きな課題となっている。

なお，近年では，ICT技術の発展を金融分野に応用した革新的な金融サービス・金融商品を生み出す動きがある。これらのICT技術への金融分野への応用の動きはフィンテック（Fintech）と呼ばれる。フィンテックは，資産運用，決済，融資判断など多岐に渡るが，銀行の決済機能との関連では，複数のコンピュータに分散的に記録された取引履歴台帳であるブロックチェーンを利用し

た決済システムが注目されている。これらの新たな技術革新によって，銀行以外の企業等によるより安価な決済手段の提供が一般化し，従来の決済機能を持つ銀行は不要となるのかについては，現状では意見が分かれている。

【注】
1　これは，本質的に複利の計算であることに気がつく読者もいるだろう。
2　実際には，投資を上回る自己資金を持っている企業も他の企業に資金を供給する。また，住宅投資等のために資金を必要とする家計も存在する。しかし，簡単化のため，企業が資金を需要し，家計が供給するとして説明を行う。
3　このほか，契約の不完備性と呼ばれる重要な問題があるが，ここでは省略している。

【参考文献】
川西諭・山崎福寿（2013）『金融のエッセンス』有斐閣。
清水克俊（2018）『金融経済学入門』東京大学出版会。
村瀬英彰（2008）『金融論』第2版，日本評論社。

8 経済政策

8.1 経済政策と政府

　日本経済は，財政赤字や低成長，所得格差，少子高齢化，社会保障問題，環境問題，地方創生など多くの問題に直面している。政府は，このような問題に対して経済政策を行う。経済政策とは，現実社会で発生している，あるいはこれから発生すると予想される経済問題を解決，あるいは改善するために政府が対策を講じることである。

　ここでいう政府とは，国民経済計算[1] において定義されている一般政府のことで，政府サービスを生産する経済主体である。具体的には，立法，司法，教育，公共事業，社会保障，国防や治安といった民間部門では供給されない公共サービスを社会に供給している。

　一般政府は，中央政府（国），地方政府（都道府県，市町村）と社会保障基金という 3 つの部門により構成されている。中央政府と地方政府は，それぞれが対応する行政区域において公共サービスを供給する。社会保障基金とは，公的年金や医療保険，介護保険，労働保険などの社会保障にかかわる財政の動きをまとめた統計上の区分で，社会保障基金という組織が存在するわけではない[2]。

　また，一般政府と公的企業を合わせたものを公的部門という。公的企業とは，政府による所有または支配のある非金融法人企業と金融機関のことをいい，事業の性質によって特殊法人（事業団，公庫など），認可法人（日本銀行，機構など），独立行政法人，地方独立行政法人，その他に分類される。

8.2 政府の役割

　通常，一般政府が政府として経済問題に対する経済政策を担っているが，政

府はどのような考えに基づいて公共サービスや経済政策を行っているのだろうか。政府の役割にかんして，経済学では古くからさまざまな議論があり，現実の政府運営に対する考え方にも大きな影響を与えている。ここでは，主なものを4つ説明したのち，今日の政府の経済政策を行う論拠となっている財政の3つの役割について説明する[3]。

政府の役割について，まずは18世紀からイギリスで発展した古典派経済学の考え方として，コルムによりまとめられたアダム・スミスの3つのドグマがその代表として挙げられる。1つ目は必要悪のドグマで，政府は必要悪であり，財政の規模は小さいほどよいというものである。2つ目は中立性のドグマで，租税が家計や企業の行動に影響を与えたり，資源配分の効率性を損なわせたりせず，中立的であるべきというものである。3つ目は均衡財政のドグマで，政府は常に歳入と歳出が一致する均衡財政をすべきで，公債発行による借金を認めず，発行したらすぐに償還すべきというものである。

次は，ドイツ財政学である。ドイツでは，17〜18世紀にかけて財政・行政・経済政策などを扱う官房学が存在していた。イギリスから古典派経済学の研究成果が伝播し，官房学と結びついたことで，19世紀後半にドイツ財政学として発展した。ドイツ財政学は，スミスの3つのドグマを否定し，政府による市場介入が不可欠であることを主張した。また，租税を用いて貧富の格差を是正したり，建設公債や戦費などを調達するために公債発行を肯定した。とくにワグナーは，国家の発展に伴い政府の財政規模も大きくなるという経費膨張の法則を主張した。これは，二度の世界大戦や福祉国家としての社会保障整備などの国家予算膨張の理論的基礎となった。

3つ目は厚生経済学で，市場の失敗が生じるならば，政府介入が正当化されるという考えである。また，市場の失敗が生じていなくても，所得格差や人々の経済状態の公平性の観点から政策を行うことを正当化している。のちに公共経済学として発展している。

最後はケインズ派マクロ経済学である。1930年代の世界大恐慌を背景として，ケインズは市場経済において働きたい人がすべて雇用されている完全雇用が常に達成されるとは限らないことを主張した。これは，不況期では価格や賃金がうまく調整されないために，完全雇用を達成するマクロ経済全体である総

需要の水準が必ずしも実現しないというものである。マクロ経済全体の需要が不足する場合は，総需要を増大させ完全雇用を達成するために政府支出増加や減税といった政府介入を正当化する。

　これらの議論を踏まえ，マスグレイブは，政府を次の3つの役割を果たす存在であると指摘した。1つ目は資源配分の役割である。市場は常にうまく機能しているわけではなく，市場の失敗が生じることもある。市場の失敗が生じると，損失や潜在的利益が存在するため，総余剰が最大にはならず効率性が満たされない。効率性を達成するために政府の公共財供給や，経済政策が正当化される。

　2つ目は所得再分配の役割である。市場における経済活動の結果，効率性が達成されたとしても，それが国民にとって納得できる望ましい状態になっていない可能性がある。例えば，個人の能力や資産の保有状況，また病気や災害といった個人が回避できない要因などによって所得や資産にはばらつきがあり，格差（不平等）が生じることが挙げられる。格差をある程度緩和するために，政府は所得や資産を多く持つ人からお金を取り上げ，それほど持たない人へ再分配している。これは，公平性の観点からの政策である。

　3つ目は経済安定化の役割である。景気の安定化を目指し，不況における失業や総需要の低下などに対処するために財政・金融政策を中心として経済政策を行うことは望ましいことである。また，経済は好況と不況を繰り返すが，この差が大きいと経済主体が経済活動を安心して行えなくなる。このような景気の過熱と悪化を抑えるために，あらかじめ制度として経済に組み込んでおくことで，積極的な経済政策に頼らずとも，経済の安定化を図ることができる。これを自動安定化装置（ビルトイン・スタビライザー）という。例えば，所得が増加するにつれて税率が高くなる累進課税制度や，景気の後退期に増加し拡張期に減少する失業に対する救済制度などがある。

　これら3つの役割を果たしつつも，市場にどれだけ介入するかという点で政府は大きく2つに分類される。1つ目は古典派経済学に代表されるように，税負担を少なくすることで家計や企業の経済活動を阻害せず，政府支出は必要最小限にとどめるという小さな政府である。公的企業の民営化や規制緩和などは小さな政府に分類される。2つ目は社会保障費や経済安定化のために政府支出

財源を安定的に確保する税目を見つけ，高い税負担を強いる代わりに手厚い公共サービスを提供するという大きな政府である。

8.3　財政の現状と仕組み

　大きな政府ではもちろんのこと，小さな政府であっても，政府活動を行うには財源が必要となる。この財源は，租税の形で多くの家計や企業が負担している。ここでは政府活動を行うために家計や企業がどれだけ負担し，政府がどれだけ使用しているのかを見ていく。

　日本の財政は，政府がどの政策にどれだけの財源を用いるか，その財源をどう賄うかを，一定期間について見積もった予算に基づいて運営される。この一定期間を会計年度といい，日本では4月1日から翌年の3月31日の1年間とされている。予算は原則として1年ごとに作成され，国会あるいは地方議会で審議・承認されることで，政府ははじめて財政運営を行うことができる。これを予算の単年度主義という。

　国会に提出される中央政府の予算は，国の基本的な歳出・歳入を計上する一般会計，特定の事業・特定の資金・その他特定の歳入・歳出を計上する特別会計，そして資本金が全額政府出資である政府関係機関予算の3つに分けられる。ここでは一般会計について2023（令和5）年度予算を見る（図Ⅰ-8-1は歳出，図Ⅰ-8-2は歳入）。

　2023年度当初予算において，歳出と歳入ともに114兆3,812億円の予算が見積もられている。2019年度には当初予算が100兆円を超え，以降令和5年現在まで100兆円を超える予算が見積もられている。

　歳出は大きく国債費と基礎的財政収支対象経費の2つに分かれている。国債発行残高に応じた元本を返済するための債務償還費と利子支払いのための利払費等が国債費として計上される。国債費は約25兆円で予算の22.1%を占めている。

　基礎的財政収支対象経費は，歳出のうち国債費を除いた経費のことで，当年度の政策的経費を表す指標となる。基礎的財政収支対象経費の予算約89兆円のうち最も大きな割合を占めるのが，医療や公的年金，福祉などに使用される

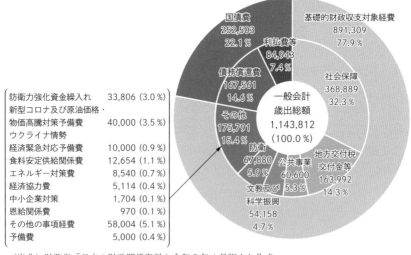

防衛力強化資金繰入れ	33,806	(3.0 %)
新型コロナ及び原油価格・物価高騰対策予備費	40,000	(3.5 %)
ウクライナ情勢経済緊急対応予備費	10,000	(0.9 %)
食料安定供給関係費	12,654	(1.1 %)
エネルギー対策費	8,540	(0.7 %)
経済協力費	5,114	(0.4 %)
中小企業対策	1,704	(0.1 %)
恩給関係費	970	(0.1 %)
その他の事項経費	58,004	(5.1 %)
予備費	5,000	(0.4 %)

（出典）財務省「日本の財政関係資料」令和5年4月版より作成

図Ⅰ-8-1　2023（令和5）年度一般会計予算（歳出，単位：億円）

社会保障関係費で，一般歳出の 32.3% を占める。次に大きな割合を占めるのが，14.3% の地方交付税交付金等で，地方政府間の財政力の格差を是正する所得再分配の役割を果たすものとして，国から地方へ使途を限定せずに交付される地方交付税交付金と，減税などによる地方公共団体の減収を補填するための地方特例交付金の合計が計上される。

　他には，治山・治水対策，道路，住宅都市環境，農林水産基盤などの公共事業関係費（5.3%），初等中等教育や高等教育，科学技術などの文教及び科学振興（4.7%），防衛費（5.9%）などに予算が計上されている。その他にも，新型コロナウイルス感染症及び原油価格・物価高騰対策予備費やウクライナ情勢経済緊急対応予備費など社会情勢を踏まえた予算も組み込まれている。

　歳入は，租税及び印紙収入，公債金，その他収入の3つに分かれている。このうち，租税及び印紙収入とその他収入が政府の主たる収入源であり，これらでは歳出をまかなえないために公債を発行し民間から資金を借り入れている。リーマン・ショック後の 2009 年度は予算の 61.6% もの割合を公債に頼っていたが，近年は回復傾向にあり，2023 年度では 31.1%（約 36 兆円）と見込まれ

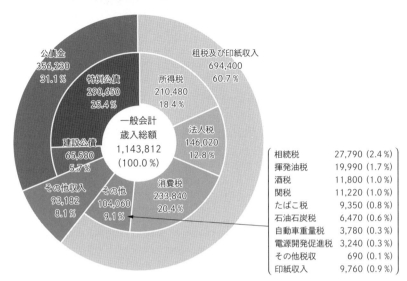

相続税　27,790 (2.4％)
揮発油税　19,990 (1.7％)
酒税　11,800 (1.0％)
関税　11,220 (1.0％)
たばこ税　9,350 (0.8％)
石油石炭税　6,470 (0.6％)
自動車重量税　3,780 (0.3％)
電源開発促進税　3,240 (0.3％)
その他税収　690 (0.1％)
印紙収入　9,760 (0.9％)

（出典）財務省「日本の財政関係資料」令和5年4月版より作成

図Ⅰ-8-2　2023（令和5）年度一般会計予算（歳入，単位：億円）

ている[4]。

　国家財政の基本法である財政法第4条では，「国の歳出は原則として国債又は借入金以外の歳入をもって賄うこと」と均衡予算主義が規定されており原則的に国債は発行できない。しかし，ただし書きにより公共事業費，出資金及び貸付金の財源については，例外的に国債（公債）発行または借入金により調達することが認められているため，建設国債は発行が可能である。これは建設される道路や公共施設等は今の世代だけでなく将来の世代も利用可能であるという考えに基づいたものである。一方，一時的に赤字を補填するだけで将来の世代に残らない経費に対しては，国債の発行ができない。そのため，特例国債を発行するために，1年限りの特例公債法を毎年制定することにより特例国債を発行している。ただし，2012年度法案は3年間，2016年度と2021年度法案はともに5年間の発行を認めている。

　日本では，1994年度以降毎年特例国債が発行されており，1999年度以降は建設国債よりも特例公債の発行額が大きくなっている。歳出で見たように，国債の償還は行われているが，借り入れる額の方が大きいため，2023年12月末で

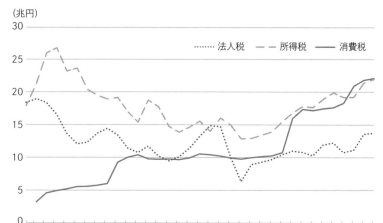

(兆円)

（出典）国税庁「国税庁統計年報書」平成元年～令和3年版，および財務省「租税及び印紙収入決算額調一覧 令和4年度決算額調」より作成

図Ⅰ-8-3 所得税，法人税，消費税の税収推移（単位：兆円）

1,276兆円もの借り入れ（国債及び借入金現在高）が残っている。地方の借入金残高は2023年度末で183兆円と見込まれており，国と合わせると1,459兆円と見込まれている[5]。

　租税収入では，個人の1年間の所得に課される所得税，法人の企業活動で得た利益（法人所得）に課される法人税，そして消費税が大きな割合を占めている。これらの税収を1988年から2022年まで示したのが図Ⅰ-8-3である。

　法人税と所得税は税率の引き下げなどが行われたため，減少傾向にあったが，リーマン・ショック後の2009年以降は増加している。また，これらの税は変動が大きい。一方，消費税は1989年に3%，1997年に5%，2014年に8%，2019年に10%[6]と税率の引き上げが行われているが，同一税率の期間では変動が小さい。そのため，消費税は安定的な税収として期待されている。2020年度から2022年度は所得税収を抜き，消費税収が最も大きくなっている。

8.4　社会保障の必要性

　内閣府の「国民生活に関する世論調査」には，「政府に対する要望について」

という調査項目があり、国民が政府に対してどのようなところに力を入れるべきか聞いている。国民が、「医療・年金などの社会保障の整備に力を入れるべき」と回答している割合は、2003年以降で常に60%を超えており、社会保障に対する国民の関心や必要性は高い[7]。

　日本の社会保障制度は、公的年金や医療・介護保険、雇用・労災保険といった社会保険、生活困窮者に政府が健康で文化的な最低限の生活を保障する生活保護のような公的扶助、高齢者・障碍者・児童・母子など支援や介助が必要な人へ援助を行う社会福祉、そして感染症対策や食品衛生、水道・廃棄物処理などを行う公衆衛生、という4つの部門によって構成されている。これらに社会保障関係費が用いられ、基礎的財政収支対象経費のうち最も大きな割合を占めている。

　社会保障には、個人が回避できないリスクに社会全体で備えておくというリスク・プーリング機能と病気などのリスクそのものを抑制するというリスク軽減機能がある。社会保険と公的扶助はリスク・プーリング機能、公衆衛生はリスク軽減機能、社会福祉は両方を追求したものといえる。

　これらの機能を果たすために政府が介入する理由はいくつか考えられる。1つ目は、困ったときは助け合うという人々の慈愛心に期待することが困難ということである。公共財供給の費用負担と同じように、誰かがやってくれるから自分はやらなくてよいと人々は判断し、保障のための財源負担が過小となりやすい。2つ目は、リスクに備えるためには民間保険だけでは十分でない可能性があることである。医療保険を任意加入の民間保険に任せると、リスクの高い人だけが加入し、保険会社の経営が成り立たなくなる情報の不完全性（逆選択）問題が生じる。3つ目は、人々が今の生活を重要視し、将来のために備えておく行動をとらない可能性があることである。これらの理由から公的年金や医療・介護保険などは強制加入を前提とし、社会全体でリスクに備えている。

　社会保障の機能を果たすための財源調達方法は、大きく社会保険方式と税方式の2つに分けられる。社会保険方式は、社会保障制度の加入者がそれぞれ保険料を拠出し、その資金をもとに保険金が給付されるというもので、日本の社会保険制度ではこちらが基本とされる。保険料を拠出しない人には給付が行われない。税方式は、租税によって社会保障制度の保険金給付の財源を賄うとい

うものである。税方式は，公的扶助としての生活保護がその典型であるが，児童や障碍者福祉といった社会福祉も含まれる。

　日本の社会保障制度は，保険料だけでは給付金を賄うことが難しく，租税として徴収した財源も用いられている。

　社会保障・税一体改革により，消費税率引上げによる増収分を含む消費税収は消費税率1%分の地方消費税収を除き，全てが年金，医療，介護，子ども・子育て支援という社会保障4経費に充てられることになっている。図Ⅰ-8-3で見たように安定的に得られる税収であり，近年は税率を上げたこともあり消費税収も増えている。しかし，社会保障4経費の合計額には足りていないため，給付財源の一部を国債の発行に頼っている。現状では，給付と負担のバランスが損なわれ，将来世代に負担を先送りしている状況といえる。

8.5　EBPM（証拠に基づく政策立案）

　EBPM（Evidence-based Policy Making，証拠に基づく政策立案）[8]とは，「政策の企画をその場限りのエピソードに頼るのではなく，政策目的を明確化したうえで合理的根拠（エビデンス）に基づくものとすること」[9]である。具体的には，政策課題を見つけ，それに対する複数の政策オプションを，エビデンスを用いて比較考量することを通じて，課題解決に繋げる一連の政策プロセスのことである。欧米では1990年代の終わり頃から広まっていたが，日本では2016年秋からGDP統計の精度向上を目指す統計改革と合わせてEBPMの検討が進められた。2018年度にEBPMの推進を担う政策立案総括あるいは参事官がほとんどの府省で任命され，本格的に始動した。

　政策が必要となるのは現状に何らかの問題があるということである。それらの問題に対して証拠や根拠に裏付けられた政策が実施できれば，その効果が有効である可能性は高くなる。

　公共政策学では，政策プロセスは政策課題設定，政策立案，政策決定，政策実施，政策評価という5つの段階から構成されると言われている[10]。EBPMでは，政策課題設定や政策立案の際にエビデンスを収集し因果関係などを検討するプロセスと，エビデンスがないあるいは質が低く効果検証を実施する場合は

検証方法をあらかじめ準備するプロセスが入る。エビデンスにはランダム化比較試験（Randomized Controlled Trial, RCT）のように質の高いものから，専門家や実務家の意見といったそれほど質の高くないものまである。また，政策によっては課題設定や立案の際にエビデンスを十分に利用できないものもある。その場合であっても，効果検証が可能であるならその検証方法を検討することで対応する。

政策はEBPMのように科学的知見に基づいて決定することが望ましいと言える。しかし，大橋（2020）と大竹・内山・小林（2022）では科学的知見のみに基づいて機械的に政策を実施することは簡単ではないため，政策担当者や研究者，利害関係者等とコミュニケーションをとりながら適宜調整が行われるべきだと述べられている。

このようなEBPMが進んでいる背景には，エピソードや個人の体験に依拠して立案してきた政策が想定していたような効果を持たないケースが認識されるようになってきたこと，デジタル化の進展等によって今まで収集できなかったデータが利用可能になり，データの収集コストが低下していること，政府統計の個票データ利用のハードルが下がりつつあること，また，因果関係を明らかにするためのさまざまな統計的手法（因果推論）が発展してきたことなどが挙げられる。日本では，本格的に始動したのが最近であるため，EBPMに対応できる人材育成や組織づくりといった課題が見られる。ただし，データを実際の政策立案に活かそうという動きは今後も進展していくことが予想される。

【注】

1　国民経済計算とは，日本の経済の全体像を体系的に記録する基幹統計である。国連の定める国際基準であるSNA（System of National Account）に準拠しながら作成されている。

2　例えば，中央政府の特別会計には保険事業特別会計という分類がある。その中の年金特別会計で，基礎年金や国民年金，厚生年金，子ども・子育て支援などが扱われ，労働保険特別会計では労災や雇用などが扱われている。特別会計については本章第3節を参照のこと。

3　政府の役割についての詳しい議論は，神野（2007）や西村・宮崎（2015）を参照のこと。

4　近年の推移は，財務省ホームページ「財政に関する資料」一般会計税収，歳出総額及び公債発行額の推移（https://www.mof.go.jp/tax_policy/summary/condition/a02.htm，2023年9月25日アクセス）を参照のこと。

5　国の借り入れは，財務省ホームページ「国債及び借入金並びに政府保証債務現在高（令和5年12月末現在）」（https://www.mof.go.jp/jgbs/reference/gbb/data.htm，2023年12月4日アクセス），地方の借り入れは，総務省ホームページ「地方財政関係資料 地方財政借入金残高の状況」（https://

/www.soumu.go.jp/iken/11534.html，2023 年 12 月 4 日アクセス）を参照した。

6　ただし，酒類・外食を除く飲食料品及び定期購読契約が締結された週 2 回以上発行される新聞については軽減税率 8% が適用されている。

7　2003 年と 2012 年は景気対策が 1 位であるが，それ以外の年は社会保障が 1 位である。ただし，2020 年は新型コロナウイルス感染症拡大防止の観点から調査が中止となっている。

8　本節は，大橋（2020）と大竹・内山・小林（2022）に基づいている。

9　内閣府（2023）「内閣府における EBPM への取組」（https://www.cao.go.jp/others/kichou/ebpm /ebpm.html，2023 年 9 月 25 日アクセス）より。

10　秋吉（2017）を参照のこと。

【参考文献】

秋吉貴雄（2017）『入門 公共政策学』中公新書。

大竹文雄・内山融・小林庸平編著（2022）『EBPM』日本経済新聞出版社。

大橋弘編（2020）『EBPM の経済学』東京大学出版会。

小塩隆士（2016）『コア・テキスト財政学』第 2 版，新世社。

財務省（2023）『日本の財政関係資料 令和 5 年 4 月版』。

神野直彦（2007）『財政学 改訂版』有斐閣。

土居丈朗（2017）『入門財政学』日本評論社。

西村幸浩・宮崎智視（2015）『財政のエッセンス』有斐閣ストゥディア。

9 イノベーションと情報・知的財産

9.1 イノベーションと研究開発

　経済成長のためにはイノベーションが大きな役割を果たす。イノベーション（革新）とは，ジョセフ A. シュンペーターによって経済発展における重要性を指摘された概念である。企業はイノベーションの主要な担い手として，新しい製品の開発（プロダクト・イノベーション），新しい生産工程の導入（プロセス・イノベーション），あるいは経営上の改革などの非技術的イノベーションなどを行って，市場における財やサービスを多様化させ，付加価値を生み出していく。イノベーションは，既存製品を改良したようなレベルのものから，電気やエンジンの発明のように世界中の人々の生活を大きく変えるドラスティックなイノベーションまで，その規模や影響の範囲はさまざまである。

　社会的なニーズを汲み取ってイノベーションを生み出していくためには，科学知識や技術知識を背景として創造力を発揮していく必要がある。そして，知識生産には科学研究や企業等の研究開発活動が不可欠である。図 I-9-1 は，研究開発費総額が最も多い日米独中韓の 5 か国について，その時系列推移を表している。米国の研究開発費が最も多い。中国は 2000 年頃から高い伸び率を示しており，近年は米国と同水準に近づいている。日本はこの 2 か国に次ぐ水準である。総務省の科学技術研究調査によると，2017 年における日本全体の科学技術研究費は約 19 兆円（対 GDP 比 3.5%）であった。このうち企業が 13.8 兆円（72%），大学等が 3.6 兆円（19%），公的研究機関等が 1.6 兆円（8%）の研究費を支出している。

　個々の企業を見た場合でも，世界をリードする企業は巨額の研究開発費を投じている企業が多い。例えば 2017 年ではインターネットの情報検索サービス等を提供する米国 Alphabet 社（Google 社の持ち株会社）は約 1.7 兆円，

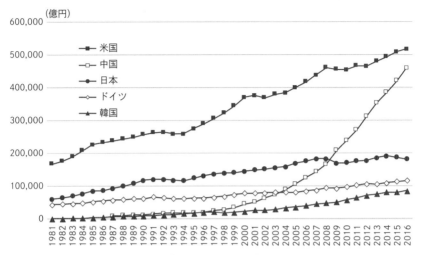

（出典）NISTEP 科学技術指標（2018）のデータに基づき作図。

図Ⅰ-9-1　研究開発費総額（2010 年基準；購買力平価換算）

Windows を開発している米国 Microsoft 社は約 1.5 兆円，ドイツのフォルクス
ワーゲンは約 1.6 兆円，日本で研究開発投資の規模が最も大きいトヨタ自動車
は約 1 兆円，次いでホンダが約 7 千億円の研究開発投資を行なっている。他の
アジア諸国においても韓国 Samsung 社が Alphabet 社と同規模の約 1.7 兆円，
中国 Huawei 社が約 1.4 兆円と，日本企業をはるかに上回る研究開発費を投じ
る企業がでてきている。

(1)　研究開発と市場構造

　市場において独占的な大規模企業の方が非独占的企業よりも研究開発投資を
積極的に行うという考え方はシュンペーター仮説と呼ばれる。先に述べたよう
に Google 社がインターネットの情報検索サービスの分野において世界規模で
圧倒的な地位を築いており，かつ巨額の研究開発投資を行っている例をみる
と，シュンペーター仮説は正しいようにも思える。

　大企業が研究開発を行う方が有利である理由はいくつか考えられる。まず，
研究開発は失敗するリスクも大きいため銀行からの融資によって研究開発資金
を賄うことは難しいことが多く，大規模で独占的な企業の方が研究開発のため

の内部資金を確保しやすい場合があることである。また，個々の研究プロジェクトの成功確率が低くても，多数の研究プロジェクトを実施することでリスクをプールできるため，大企業が研究開発活動を行う方が成果を生み出すプロジェクトが存在することを期待しやすい。研究開発活動には規模の経済性が存在する。実験設備などは複数の研究プロジェクトで共有できるものも多いため，多数の研究プロジェクトを実施している企業の方が研究施設を整備しやすい。研究プロジェクトは目標を設定して実施するが，しばしば全く予想していなかった研究成果（セレンディピティー）を得られることもある。多角化経営している大企業の方がそのような研究成果を活かしやすい。研究成果を用いた製品から利益を得ようとする際にも，より大きな販売網や営業部門をもつ大企業の方が有利であることも多い。

　しかしながら，Google 社は 1998 年にスタンフォード大学で学んでいた二人の大学院生が起こした企業である。インターネットが誕生して普及しつつあった時代に，その技術機会とニーズを捉えて検索サービスというイノベーションを創出して，瞬く間に急成長してきた企業である。

　既存企業より新規参入企業の方が研究開発へのインセンティブが大きい場合があることが指摘されている。ある企業が既存の自社製品 A を代替するような新製品 B を開発したとする。新製品を開発したことによる利潤の純増分は新製品 B から得られる利潤から旧製品 A から得られる利潤の減少分を差し引いた大きさになる。一方，もしも新規参入企業が製品 B を開発するとしたら，新規参入企業の参入前の利潤はゼロであるから，製品 B から得られる利潤全てが新規参入企業にとっての利潤の増加分となり，既存企業が製品 B を開発した場合よりも利潤の増加分は大きい。したがって，新規参入企業の方が製品 B を開発するインセンティブは高いといえるだろう。既存企業にとっては，新製品 B は自社の旧製品 A を置き換えるだけなのである。これはノーベル経済学賞を受賞した Arrow の指摘（1962）によるもので，置き換え効果（replacement effect）またはアロー効果と呼ばれる。

　次に競争的な市場における企業と独占企業のどちらの方がイノベーションのインセンティブが大きいか考えてみよう。研究開発によってもたらされるイノベーションがプロセス・イノベーションの場合を例に取り上げてみる。図 I-

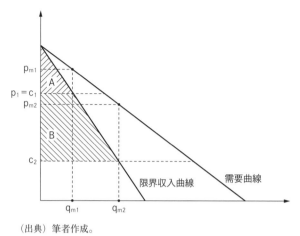

（出典）筆者作成。

図Ⅰ-9-2　生産コストの変化と利潤の大きさ

9-2に示すように，競争市場において限界費用が c_1 であるとき価格は限界費用と同じ水準の p_1 となり，この市場の全ての企業の利潤はゼロである。ここで，プロセス・イノベーションによってある企業Xの生産コストが c_1 から c_2 に大きく低下するものとする。生産コストが低下したことで市場を独占できれば価格は p_{m2} になり，独占利潤の大きさは $(p_{m2}-c_2)\times q_{m2}$ の面積（＝斜線部分A＋Bの面積）で表される。しかし，企業Xが限界費用 c_1 で生産を行う独占企業だった場合は，この時点で $(p_{m1}-c_1)\times q_{m1}$ の面積（＝斜線部分Aの面積）で表される独占利潤を得ており，生産コストを c_2 に低下させるプロセス・イノベーションを起こしても斜線部分Bの面積で表される大きさしか独占利潤が増加しない。したがって，競争的な企業の方が独占企業よりもイノベーションによって大きな追加的利益（A＋B）を得ることができるので，研究開発投資のインセンティブが大きい可能性がある。

(2)　イノベーションと知識・情報

　イノベーションを実現するためには科学知識や技術知識などの情報が不可欠であるが，知識というものは公共財としての性質を有している。ある企業Aがある技術知識を活用しているときに，その技術知識を知っている別の企業Bも同時にその技術知識を活用することができてしまう。つまり，知識には非競合

性という性質がある。このため，対価を支払わずに他者が生み出した知識を利用するフリーライド（ただ乗り）の問題が生じることがある。

　有用な知識は一度生み出されれば，その公共財的な性質もあり，多くの人が便益を享受できる。したがって，知識の生産を妨げない限りは，有用な知識を広く共有することは社会的に望ましいことである。純粋に学術的な研究の場合には，研究者は大学や研究所に所属し給与を受けており，また研究資金も公的な助成金などにより賄われていることが多い。したがって，その研究成果は，学会発表，論文や書籍の執筆などで普及させ，広く社会が共有することが望ましく，それがさらなる研究の発展につながる。

　しかしながら，企業が実施する研究開発活動には研究開発費などのコストがかかっており，研究開発の成果を商業化し利益をあげなければならない。自社が開発した技術知識，製品や製造方法のアイデアを他社に簡単に模倣されてしまう状況では，研究開発投資のコストを回収できないことも予想され，そもそも最初から研究開発活動に取り組まない可能性もあるだろう。その場合，技術進歩が生じにくくなり経済成長は妨げられてしまう。

9.2　知的財産権制度

9.2.1　知的財産権とは

　知的財産権制度とは，研究開発などから生み出された発明等を独占的に利用する権利をその発明者に一定期間付与して，研究開発にかかったコストを回収する機会を確保させることで，研究開発のインセンティブを与え，新しい知識が活発に生み出される環境を整える仕組みである。独占は経済厚生を損なうものの，知的財産権制度は発明等を法的な権利として短期的に認めることで，技術進歩と経済成長を促し，長期的にみた経済厚生を高めることを狙った制度であるといえる。

　知的財産権は，特許権，実用新案権，意匠権，商標権の４つの産業財産権や著作権，営業秘密などから構成されている。

　産業財産権を取得するには特許庁に出願手続きをとる必要がある。特許は出願から１年半後には技術情報が公開される（出願公開制度）ため，同じ技術を

得ようとする他企業が重複投資を行なってしまうという社会的なロスを防ぐことができ，公開された技術情報を用いたより高度な研究開発に取り組むことができる。一方で，特許は最初に出願した企業しか取得できないため，特許取得競争が生じた場合の研究開発や，既に取得された特許を避けつつ同様の機能を実現する発明（迂回発明）を得るための研究開発は重複投資であり，これらも知的財産権制度の社会的コストといえるだろう。

(1)　特許権，実用新案権

　特許を受けるためには特許法に定められている要件（産業上の利用可能性，新規性，進歩性がある高度な技術知識であることという条件）を満たしている必要がある。例えば，2012年にノーベル生理学・医学賞を受賞した山中伸弥京都大学教授らもiPS細胞の製造方法などの特許を取得している。

　特許発明は，単に学術的・実験的にしか利用することができない発明ではなく，産業として利用することができるものでなければならない。特許を受けたい発明が，特許出願前に日本国内または外国において公然と知られていない，実施されていない，刊行物等に記載されていない発明であるときに，新規性があるとみなされる。その技術分野における専門家でも容易に思いつくことはできない発明を進歩性があるとみなす。

　特許出願して，審査官によって特許要件を満たしていると判断されると特許を取得することができる。特許として登録されてからは，権利の維持年金を特許庁に支払うことで特許権が維持される。保護期間は最長で出願から20年間[1]で，年金の支払いがなければ権利は消滅する。

　また，実用新案制度は，特許ほど高度ではない技術知識についての考案を保護する制度である。特許との違いは，保護される対象は物品の考案に限定され，審査が簡便で出願等の費用も安いこと，保護期間は出願から最長10年である点などが特許とは異なる。

(2)　意匠権

　意匠とは，物品の形状，模様，色彩またはこれらの結合であって視覚に訴える工業デザインのことであり，意匠権はそれらを保護する。例えば，アップル

社は会社の創業者だった故スティーブ・ジョブズを創作者とするスマートフォンのデザインに関する意匠権を多数取得している。意匠は製品の外観の特徴を構成するものであるため，そのアイデアを他者が模倣することが容易である。一見して本物と模倣品を識別しにくい場合には，消費者利益が損なわれる可能性もある。意匠権を取得するためには，特許庁に出願して実体審査を受ける必要がある。意匠の登録要件として工業上の利用可能性，新規性，創作性が求められる。権利期間は登録から最長20年で，年金の支払いがなければ権利は消滅する。

(3) 商標

　商標は企業や商品ブランドを示すマークなどを保護する。例えば，ヤマト運輸のクロネコのマークやアップル社のリンゴのマークなどの図形商標，あるいはSONYやWalkmanの文字商標を思い浮かべることができる人は多いだろう。商標権で保護されたマークを付すことで，当該企業の商品やサービスであることをアピールして事業者の信用を維持し，また，消費者が類似の別商品と誤認混同することを防いで消費者利益を保護するものである。商標権を取得するためには特許庁に出願し審査を受ける。保護期間は登録日から10年だが，10年ごとに特許庁に更新登録料を支払うことで継続的に権利を保護できる。

9.2.2　知的財産権の保護の国際比較

　知的財産権制度は各国の法律で定められた仕組みであるため，権利の効力も国内に限られる。自国でしか権利を取得していないと，輸出先の国で模倣品が製造・販売されても，それを差し止めることはできない。外国でも権利を取得したい場合は権利を取得したい国の特許庁に出願する必要がある。グローバル・バリュー・チェーンの深化などにより，単一の製品を生産する場合にも部品調達や組立てなどのために国境を超えた取引を行う必要がある。貿易の進展と相まって国際的な知的財産権の保護の必要性がますます高まっている。特許協力条約やTRIPS協定，途上国も含めた経済連携協定などにより，各国の知的財産権制度の調和が図られている。
　図Ⅰ-9-3は出願規模の大きい5つの国・地域の特許庁への特許出願件数の推

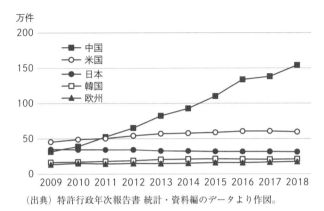

（出典）特許行政年次報告書 統計・資料編のデータより作図。

図Ⅰ-9-3　特許出願件数の推移

移を示している。多分野で研究開発をリードしている米国への特許出願は近年では 60 万件前後を推移している。技術市場としての重要性により高度な発明は世界中から米国に出願されることが多く，内国出願の比率は半分程度である。中国での特許出願も研究開発費の増加と同様に急増している。中国企業からの出願だけでなく，巨大な成長市場として，または生産拠点としての重要性などにより外国からの出願も多い。日本における特許出願は 2000 年代初頭をピークに減少しており，2018 年の出願は約 31 万件であった。研究開発力の低下の影響も懸念されているが，海外への出願が増加する中で知財コストを節約のために重要な発明を厳選して国内出願するようになった可能性も指摘されている。

9.2.3　専有可能性

　技術や新しい製品に関するアイデアや製造ノウハウなどのさまざまな知識は，その公共財的な性質によって知識を生み出す活動に関与しなかった企業にも波及する（スピルオーバー）ので，研究開発活動の成果を独り占めにすることができない。研究開発活動の成果である技術知識などから得られる利益を自社がどのくらい確保できるかを専有可能性（Appropriability）という。文部科学省が実施した全国イノベーション調査（2004 年）の結果によると，プロダクトおよびプロセス・イノベーションを実現した企業は，専有可能性を高める手

表Ⅰ-9-1　専有可能性を高める手段

	全プロダクト・イノベーション実現企業	全プロセス・イノベーション実現企業
特許による保護	54%	31%
意匠による保護	24%	10%
商標による保護	33%	15%
著作権による保護	13%	7%
企業秘密	60%	52%
設計の複雑性	35%	27%
競争相手に対するリードタイムの有利	47%	40%
プロダクトの生産設備や製造ノウハウの保有・管理	63%	57%
プロダクトの配送・流通網の保有・管理	22%	29%

（出典）文部科学省科学技術学術政策研究所（2004）　全国イノベーション調査統計報告に基づいて集計。

段として，プロダクトの生産設備や製造ノウハウの保有・管理，企業秘密，競争相手に対するリードタイムの優位なども専有可能性を高める手段として重視しており（表Ⅰ-9-1），特許等の知的財産権だけに頼っているわけではないことがわかる。

　特許の保護手段としての有効性は，医薬品や化学産業などでは高いといわれているが，機械や電気産業などでは迂回発明が比較的容易であるとされる。また，製造上のノウハウなどについて，出願公開を伴う特許はあえて取得せずに，不正競争防止法で保護される営業秘密化する場合もある。あるいは，製品に関わる技術知識を特許で保護し，外形的デザインを意匠，商品のブランドを商標で保護するなど，単一の製品を複数の種類の知的財産権で保護する知財ミックスを試みる企業も多い。

　個々の企業が研究開発投資の最適な水準を選択したとしても，その合計値が国全体で考えた場合の最適水準になるとは必ずしも限らない。スピルオーバー効果の存在や専有可能性が限られているため研究開発投資は過少になる可能性が大きい。市場の構造や技術分野によって状況は異なるが，イノベーションの推進のために，研究開発の実施について政府による税制上の優遇措置や補助金などの政策がとられることも多い。

　イノベーションを創出する上では，大学や研究機関における研究活動から得られる知識も重要な役割を果たす。従来，研究から商業的な利益を得るまでの流れについて，基礎研究の成果を応用研究で発展させ開発研究で実用化するといった研究段階の分類（リニアモデル）で議論することが多く，上流部分の基礎研究などについて大学等の役割の重要性が指摘されていた。しかし，Donald E. Stokes が指摘したように，根本原理を追求するような純粋な基礎研究だけではなく，最初から用途を考慮に入れた基礎研究に取り組む必要性についても議論されるようになっている。スピルオーバー効果の大きい研究は産業界に与える影響も大きいと考えられ，その推進には産学連携や政府の役割も大きいだろう。

　前述の全国イノベーション調査2018年調査によると，イノベーション活動実行企業のうち73％がイノベーションを阻害する要因として，「自社内における能力のある人材の不足」を挙げている。少子高齢化により，生産年齢人口の減少している日本社会において，イノベーションを担う人材の育成に取り組むことは長期的な経済成長のために必要である。

【注】

1　医薬品等に含まれる化学物質やその製造方法について特許権を取得することは企業が利益を確保するために重要な手段である。しかし，医薬品等は販売するまでに行政上の認可手続きに時間がかかり特許権の実質的な保護期間が短くなることがある。そのような場合に特許権の存続期間延長登録が認められると保護期間を最大で5年間延長できる。

【参考文献】

European Commission（2018），The 2018 EU Industrial R&D Investment Scoreboard.
Stokes, Donald E.（1997），*Pasteur's Quadrant - Basic Science and Technological Innovation*, Brookings Institution Press.
小田切宏之（2001）『新しい産業組織論：理論・実証・政策』有斐閣。
総務省（2018）科学技術研究調査報告書。
特許庁（2019）「特許庁行政年次報告書2019」。
特許庁（2019）知的財産権制度説明会テキスト2019。
長岡貞男・平尾由紀子（1997）『産業組織の経済学―基礎と応用』日本評論社。
文部科学省科学技術・学術政策研究所（2019）「全国イノベーション調査2018年調査統計報告」NISTEP REPORT, No.182。
文部科学省科学技術・学術政策研究所（2018）「科学技術指標2018」NISTEP調査資料，No.274。
文部科学省科学技術・学術政策研究所（2004）「全国イノベーション調査統計報告」NISTEP調査資料，No.110。

10 国際経済と日本経済の歩み：
昭和，平成から令和へ

10.1 戦後の世界経済体制

10.1.1 ブレトン・ウッズ体制

　1929年の世界恐慌を契機とした世界的な関税引き上げや為替レートの切り下げが世界の貿易を縮小させた反省から，第二次大戦後半の1944年にブレトン・ウッズ協定が結ばれ，戦後の自由貿易推進と国際通貨の安定を主な目的とするブレトン・ウッズ体制が出来上がった。

　協定では，米ドルと金との交換比率を金1オンス＝35米ドルと定めて常にドルと金が交換可能とし，米ドルと各国通貨の交換比率を一定に保つことが定められた。このドルを中心的な国際通貨とする国際通貨体制をドル本位制あるいは金ドル本位制と言い，各国通貨間で為替レートを固定・維持する制度が固定相場制である。

　また，協定に基づいて，加盟国の戦後復興を目的とした国際復興開発銀行（IBRD，通称世界銀行），および加盟国の一時的な国際収支赤字に対して融資をし，各国通貨の安定を図りつつ，各国に為替取引を自由化させることを目的とする国際通貨基金（IMF）が設立された。

　世界貿易に関しては，関税および貿易に関する一般協定（GATT）が戦後の国家間の貿易における差別的な待遇の解消と関税等の貿易障壁の引き下げに役割を担い，多国間の自由貿易を推進することとなった。GATTは，1995年に，その基本原則を元にしつつ貿易紛争処理などの機能を強化した世界貿易機関（WTO）に発展的に継承された。

　ブレトン・ウッズ体制は，世界貿易の高い伸びを実現して世界経済の良好な成長に貢献した。その後の米国の国際収支悪化などを通じてドルが大量に世界に出回ったことも，結果として世界の貿易と市場の発展に貢献することとなった。

10.1.2　日本の戦後復興と固定相場制度

　戦後，日本では戦前比数百倍に上る大きな物価上昇が発生したが，日本経済の安定と自立を目的に1949年にドッジ・ラインが実施され，財政の厳しい緊縮と均衡が図られた。また，1ドル＝360円の単一為替レートが設定された。その後，1950年6月に勃発した朝鮮戦争は日本に大きな需要をもたらし，1ドル＝360円の固定相場の下で日本の戦後復興は大きく進むこととなった。

　ブレトン・ウッズ体制の下で，国際通貨体制が安定し，世界貿易が拡大したことは日本の経済成長に大きく寄与した。1950年代半ばから石油ショックが起きる73年にかけて，日本経済は，高度成長期といわれる，経済成長率が年平均10％を超える急速な経済成長を遂げた。その要因の1つは，世界貿易の拡大と固定相場制を背景とした日本の輸出伸長にあり，輸出増が支えた企業の設備投資と雇用者報酬の増大にある。

　人口動態の変化も日本の高度成長を支えた。人口は高度成長期に毎年1％のペースで増加し，若い労働人口が生産・消費の担い手として成長に貢献した。同時に，農村の余剰労働力の都市への移動も，生産性の高い工業部門の成長につながり，給与所得者の増大が消費の増大につながって，日本経済の高成長を支えた。

10.2　ニクソン・ショックと石油ショック

10.2.1　金ドル本位制の終焉と変動相場制への移行

　1960年代になると，米国の国際収支や財政収支の悪化が続き，金保有量を上回る通貨供給が行われるようになった。同時に，世界の国々の間での貿易や国をまたがる資本移動が米国の金保有量の増加をはるかに超えるペースで増大し，1オンス35ドルでのドルと金の交換を保証する金ドル本位制の維持が困難になった。

　1971年8月，米国はドルと金の交換を停止し，ドルと金との間の固定相場は維持されず変動するようになり，金ドル本位制による固定相場制度は崩れることとなった。ニクソン・ショックである。その後，1971年12月にスミソニアン協定で先進工業国の為替レートは新たな水準で固定されてドル円相場も1ド

ル＝ 308 円となったが，1973 年には本格的に変動為替相場制（変動相場制）に
移行し，金ドル本位制による固定相場制を軸とするブレトン・ウッズ体制は終
結した。

10.2.2　石油ショックとオイル・マネー

　1973 年 10 月にイスラエルとエジプト，シリアなどアラブ諸国との間で発生
した第 4 次中東戦争に際して，石油輸出国機構（OPEC）は原油の供給制限と
輸出価格の大幅な引き上げを行い，原油価格は 3 カ月で約 4 倍に高騰した。こ
れが第 1 次石油ショックである。

　石油ショックによって，石油消費国である先進国を中心に世界経済は大きく
混乱し，深刻な失業や物価上昇が発生した。ちょうど，日本ではエネルギー源
が石炭から石油に転換されるエネルギー革命が生じており，原油輸入の 8 割あ
まりを中東に頼っていた。そのため，石油ショックの影響は，原油輸入途絶の
懸念を含めて大きいものがあった。

　1978 年 12 月には，イラン革命に端を発した石油需給ひっ迫と OPEC の原油
価格値上げによる第 2 次石油ショックが発生し，世界経済はふたたび混乱し
た。世界各国では再度物価上昇，景気後退，国際収支の悪化が発生したが，省
エネルギーの進展もあって混乱は長期化しなかった。

　第 1 次石油ショックは世界経済に大きな影響を与えた。石油輸入国では経常
収支[1]は大きく悪化し，石油のほとんどを海外からの輸入に頼っている日本の
経常収支は一気に赤字に転落した。一方，石油輸出国では経常収支が大幅な黒
字となり，オイル・マネーあるいはオイル・ダラーとして，欧米の不動産市場
をはじめロンドンのシティといったユーロ市場[2]に流入し，自由で国際的な国
際金融市場を一気に拡大させることとなった。

10.2.3　高度成長期から安定成長期へ移行した日本

　第 1 次石油ショックを直接的な契機として，日本は 73 年に高度成長期を終
え，成長率は低下した。石油ショック以外にも，その後の世界経済の安定成
長，変動相場制への移行と円高の進展，企業のグローバル化と海外現地生産の
拡大などが輸出の伸びを鈍化させ，成長率を鈍化させる要因となった。

　もっとも，日本は 1970 年代から 1980 年代を通して先進主要国の中では相対的に高い成長率を維持した。生産年齢人口[3]の増加，企業の高い輸出競争力や設備投資の伸びが日本経済の成長を支えたことが背景にある。

　二度の石油ショックを経て，日本の産業構造も大きく変化した。戦後復興と高度成長期に中心的な産業であったエネルギー多消費型の鉄鋼，造船，セメント，石油化学といった重化学工業はエネルギー価格高騰で競争力が低下し，代わって電子機器，家電，小型自動車などエネルギーを相対的に消費しない産業分野や製品が国際的な競争力を発揮し，日本の輸出をけん引するようになった。

10.3　レーガノミクスとプラザ合意

10.3.1　レーガン大統領の経済政策

　1980 年にロナルド・レーガンが米国大統領に就任したとき，米国では石油ショック後のスタグフレーション[4]の解決が課題となっていた。レーガン大統領が打ち出した経済政策（レーガノミクス）は民間活力によって経済再生を目指すものであり，①財政支出削減と減税，規制緩和による経済刺激，②通貨供給量の抑制によるインフレ抑制，③ソ連に対抗する国防支出の増大，が主な柱であった。

　しかし，レーガノミクスは必ずしも期待された効果を発揮しなかった。減税や規制緩和を背景とした民間活力の強まりで高めの経済成長は実現したが，減税と国防費増大で財政赤字は増大した。同時に，企業の設備投資と政府支出の増加は大きな需要増となって民間部門と政府部門いずれでも貯蓄と投資のバランス[5]が投資超過（貯蓄不足）となり，金利上昇とドル高を招くとともに貿易赤字と経常収支赤字を拡大させた。この 80 年代の米国経済における財政赤字と経常収支赤字の併存状態を「双子の赤字」という。

　また，ドル高と高金利は発展途上国にも大きな影響を及ぼすこととなった。とりわけ，ブラジル，メキシコ，アルゼンチンなど外貨建て債務を多く保有する中南米諸国の債務国[6]は，対外債務のほとんどがドル建ての銀行借入であったため，債務返済が困難となる債務危機に陥っていった。

10.3.2 プラザ合意とドル下落

1984 年後半以降，米国の景気拡大のテンポが鈍化し，物価上昇が沈静化すると，レーガノミクスの弊害特に貿易赤字拡大とドル高による米国製造業の競争力低下やドル相場の不安定化が強く認識された。1985 年 9 月に，先進 5 か国蔵相会議は各国が協調してドル相場をドル安に誘導するというプラザ合意に達した。合意後，ドル高修正は急速に進み，ドル円相場は 1 ドル =235 円から 1 年後には 150 円台で取引されるようになった。

プラザ合意後のドル相場の大幅な下落は，米国で輸入物価上昇によるインフレ懸念，日本や欧州では通貨高による成長落ち込みの懸念を強めた。そこで，87 年 2 月には主要国（G7）蔵相・中央銀行総裁会議において，各国通貨の間の為替レートを当面の相場の水準近辺で安定させようとするルーブル合意が成立した。しかし，ドル相場はすぐには安定せず，87 年 10 月には「ブラック・マンデー」と呼ばれるニューヨーク株式市場での株価大暴落をきっかけとした世界的な株価暴落が発生した。

10.3.3 日本のバブル景気と不動産バブルの崩壊

日本においては，プラザ合意後円高不況が懸念され，日本銀行が 86 年から金融緩和を継続したことで過剰流動性が発生するとともに低金利が持続して不動産や株式への投機が著しく促され，バブル景気が発生した（図Ⅰ-10-1）。

また，急激な円高を背景に，米国の不動産取得や企業買収，海外旅行ブームが起き，賃金の安い国に工場を移転する企業も増加した。当時，東南アジアの多くの国は自国通貨の為替レートをドルに固定するドル・ペッグ制を採用していたが，ドル安とともに円に対して自国通貨が大幅下落したこともあって，日本企業の東南アジア諸国への直接投資が急増し，東南アジア諸国の経済発展を促すことにもなった。

90 年になると，地価高騰に対して土地関連融資の抑制（総量規制）や日本銀行による金融引き締めが実施され，信用収縮[7]が進むこととなった。株価や地価が急落してバブルが崩壊し，業績が悪化した企業には多額の負債が積み上がるとともに金融機関には不良債権といわれる回収困難な貸付債権が積み上がって景気が大きく悪化した。アジア通貨危機[8]と重なった 1997 年から 1998 年に

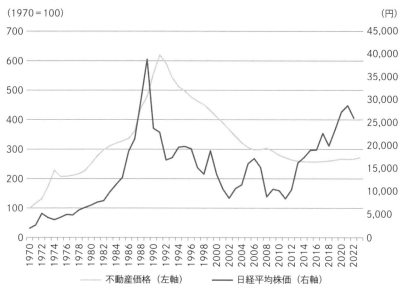

(注) 株価は日経平均株価（年末値），不動産価格は地価公示（全国，全用途平均）で1970＝100
(出典) 国土交通省，日本経済新聞社

図 I-10-1　日本の株価と不動産価格の推移

かけては，複数の大手金融機関が不良債権の増加や株価低迷によって倒産し，
その後政府は金融システムを維持することを目的として公的資金を銀行に注入
して不良債権処理を進めることとなった。

10.4　単一通貨ユーロの誕生と世界金融危機

10.4.1　ユーロの誕生とユーロ危機

　1999 年に欧州連合（EU）加盟国の中の 11 か国（2023 年 20 か国）が，それ
までの国ごとの決済通貨を廃止し，新たな決済通貨としてユーロの使用を始め
た。複数国が共通の通貨を用いることを通貨同盟といい，EU 内でユーロを使
用する地域はユーロ圏と呼ばれる。ユーロ圏は経済政策の協調を図っており，
経済通貨同盟（EMU）を形成している。

　ユーロ圏においては，各国の金融政策は欧州中央銀行（ECB，1998 年設立）

に一元化されている。各国独自の金融政策がない中で，各国の物価や財政収支などの経済状態が異なっていては単一通貨ユーロの価値を安定的に維持できない。そこで，ユーロ圏に参加する国については，物価や財政収支などについて収斂基準が設定されている。

　一般的に，共通通貨を形成する条件を満たしている地域を最適通貨圏と呼び，域内では物価が収斂していること，経済状況が類似していること，また域内の国の間での財政移転の自由度などが要件とされている。しかし，ユーロ圏では，共通通貨の導入，金融政策の一元化や財政規律に関する安定成長協定があるにもかかわらず財政移転の自由は満たされておらず，最適通貨圏とはなっていない。

　2009年10月，ギリシャが財政収支の収斂基準を大きく逸脱していたことが発覚し，ギリシャ国債の信認が大きく低下してギリシャ国債暴落とユーロ売りが加速するギリシャ債務危機が発生した。この危機は，アイルランド（2010年），ポルトガル（2011年），キプロス（2013年）にも伝播し，いずれも国債暴落によって長期金利が上昇し，財政運営が困難となってユーロ危機へと発展した。

10.4.2　サブプライム・ローンと世界金融危機

　2000年代に入って，米国では住宅ブームを背景に住宅価格が上昇し，銀行や住宅ローン会社などが住宅ローン貸付を増やした。その中で，サブプライム・ローンといわれる低所得者層など信用度が劣る人々が借りる住宅ローンを組み込んだ証券が，高利回りの金融商品として低金利下での魅力的な金融商品になるとともに低所得者層が持ち家を保有することにつながった。

　低金利と住宅ブームなどで米国は好景気となり，世界経済の高成長にもつながった。特に，情報通信技術の発展や投資規制の緩和などを背景に先進国企業が安い生産コストと現地需要を求めて中国を中心とする新興国[9]に活発に生産拠点を設けたことで，新興国の輸出が米国など先進国向け中心に大幅に増加し，新興国は高い成長を達成した。

　しかし，米国で2006年以降住宅価格の上昇が止まり，金利が上昇に転じると，住宅ローン特にサブプライム・ローンで返済不能に陥るケースが相次い

だ。2007 年には，損失はサブプライム・ローンを組み込んだ証券を購入してい
た米国および世界の金融機関にも拡大し，2008 年 9 月リーマン・ショックとい
われる米国の大手投資銀行リーマン・ブラザーズの破綻が起こり，世界的な金
融危機と世界同時不況となる世界金融危機に発展した。

　日本の場合，金融機関はサブプライム・ローンが組み込まれた証券を欧米ほ
どには購入していなかった。しかし，世界不況は日本経済を直撃し，2009 年の
輸出は前年比で 33％落ち込み，09 年 2 月の鉱工業生産は前年比 35％減となっ
て景気後退に陥った。

　その後，2011 年 3 月には東日本大震災が発生し，1 ドル 70 円台半ばに至る大
幅な円高もあって，2014 年まで日本経済は低成長とデフレ[10] の局面が続いた。

10.4.3　マイナス金利政策の導入

　世界金融危機にユーロ危機が加わり，欧州では通貨ユーロが低迷する状況が
持続した。その結果，ユーロ圏に属していないものの自国通貨の対ユーロレー
トを安定維持してきた欧州のデンマーク，スイスといった国々では，その安定
維持が困難になった。加えて，通貨高によって引き起こされるデフレを防ぐた
めに，2012 年 7 月以降デンマークを皮切りに，民間金融機関が中央銀行に預け
る預金の金利をマイナスにする金融政策を指すマイナス金利政策が導入され
た。2014 年 6 月には，欧州中央銀行が，ユーロ圏経済の低成長と低インフレの
長期化に対処するため，マイナス金利政策を導入した。16 年 2 月には日本銀行
もマイナス金利政策を導入し，物価のデフレからの脱却と経済の活性化を図っ
た。

　それまでは，資金の貸借の対価が金利であり，資金の貸付側が対価を受け取
る立場にあることから，金利はプラスであるとされ，名目金利には金利がマイ
ナスにはならない非負制約があるとされてきた。しかし，マイナス金利政策
は，金融機関が中央銀行に預けた預金の利息を支払うという異例の措置をとる
ことで，預けていたお金を企業や個人への貸し出しに回すよう促し，経済の活
性化につなげる狙いを有する政策である。

　マイナス金利政策が導入されて以降，主要国の積極的な財政政策もあって世
界経済は回復に転じた。しかし，世界の需要の回復は鈍く，物価上昇率も高ま

らない中で，資金の借り手に有利に働くマイナス金利政策は資産価格の上昇を招く一因ともなった。とりわけドイツやフランスなど欧州主要国では，消費者ローン，住宅ローンの借り入れが増加し，不動産価格が上昇した。

10.5 コロナ禍とロシアのウクライナ侵攻

10.5.1 コロナ禍の下の世界経済

2020年，中国で発生した新型コロナウイルスによる感染症は瞬く間に世界に広がり，世界各国が厳しい外出制限を敷く事態に陥った。その後，主要国の外出制限は徐々に緩和され，新型コロナウイルスも重症化リスクが少ない変異株が主流になるとともにワクチンが普及したことで，2022年以降パンデミックは落ち着くこととなった。

しかし，新型コロナウイルスによる感染症では，死亡者は世界で700万人ほどにもなり，パンデミックとしては1910年代に流行したスペイン風邪に匹敵するパンデミックとなった。

加えて，世界経済への新型コロナウイルス感染症の影響も深刻であった。2020年には，厳しい外出制限とその後の行動制限によって，世界における消費と生産が大きく落ち込むこととなった。主要国の政府と中央銀行は大胆で巨額の財政金融政策を行い，人々の生活と企業の存続を支えたものの，世界経済は戦後前例のない大きなマイナス成長となった。

2021年には，外出規制の緩和と20年の財政金融政策の効果が発現して一転大きな成長が実現した。しかし，米国では大規模な財政支出によって家計の貯蓄が大きく増加して消費の早期回復につながった一方，世界の工場となった中国では外出禁止などを旨とする厳しいゼロコロナ政策によって工場や港湾が全面的に閉鎖される状況が複数回生じ，一部の部品や製品などの供給制約が発生した。加えて，外出規制が解除された後の経済回復期において，外出規制時に解雇された労働者に代わる新たな労働力の雇用が進まず，欧米では人手不足が深刻化し，物価が上昇することとなった。

パンデミックが経済と社会に深刻な影響を与える中で，EUは経済と社会の回復を図ると同時に，環境対策を強化し，デジタル化を進めることで，より強

靭な社会を築くことを目指す大胆な環境政策を打ち出した[11]。米国も，新たに大統領になったバイデン大統領の下で，離脱していたパリ協定に復帰し，気候変動対策を重視する姿勢を強めたことで，主要国が環境対策を強化するとともに，環境対策を将来の経済成長につなげる方向が明確になった。

10.5.2　ロシアのウクライナ侵攻

　2022年2月にロシアはウクライナに軍事侵攻した。欧米諸国と日本はこれに対してロシアに経済金融制裁を課し，金融制裁では，ロシアの中央銀行がドル，ユーロ，円で保有する外貨準備を凍結し，金融機関が海外との決済ネットワークとして利用しているSWIFT[12]からロシアの大方の金融機関が排除された。また，ロシアが米国の金融機関等とドル建て取引を行うことも禁止された。

　経済制裁では，ロシアへのハイテク製品や安全保障上重要とされる製品などの輸出禁止，新規投資の禁止，最恵国待遇[13]の取り消し，ロシアからのエネルギー等の輸入禁止，などが行われた。

　ロシアは世界有数の資源国であることから，ロシアからのエネルギー等の輸入禁止は世界のエネルギー価格を上昇させた。また，いずれも世界有数の穀物生産・輸出国であるロシアとウクライナの戦争により，食料価格も大きく上昇した。すでに，世界ではコロナ禍の下で物価が上昇しており，ウクライナ戦争とロシア制裁が加わることで世界は数十年振りの物価上昇に見舞われることになった。また，特にロシアからの輸入にエネルギーの多くを依存していた欧州は，エネルギーが不足する危機に陥った。大きな物価上昇に対して，欧米諸国などの中央銀行は，それまでの金融緩和政策を金融引き締め策に転換した。

　ロシアのウクライナ侵攻も契機として，世界経済の分断が指摘されるようになった。すでに，2017年，米国でトランプ大統領が誕生すると，巨額の輸入超過が国内の雇用を奪っているとして，主に最大の貿易赤字を計上している相手国である中国に貿易赤字の縮小を求めて輸入品全般に対する関税の引き上げに至った。中国も，対抗措置として米国からの輸入品に対して関税を引き上げた。

　米国と中国の間での関税率の大幅引き上げは，輸入物価の上昇を通じて有効需要を抑え，両国の輸出を減速させる。輸出減少は生産縮小と雇用・所得減少につながるもので，自由貿易の推進にも逆風となって世界経済に悪影響を与え

た。

　ロシアのウクライナ侵攻後は，ある一国に特定の資源や製品を過度に依存することのリスクが認識されてリスク分散（デリスキング）が進められ，自国の経済活動に欠かせない重要物資については生産の国内回帰が進められるようになった。

10.5.3　令和時代の日本経済

　新型コロナ感染症拡大の下で，日本においても外出規制が敷かれ，景気は落ち込んだ。金融緩和政策と低金利も継続した。ロシアのウクライナ侵攻後は，エネルギー価格や食料品価格の高騰に加えて，金融引き締め政策で金利が上昇して魅力が増したドル，ユーロに対して円安が進み，実質実効為替レート[14] では変動相場制移行以来となる円安となった。

　円安は，輸入物価を押し上げる一方，日本の国際的な購買力を下げるとともに訪日外国人の購買力を高めており，インバウンドの盛り上がりが日本経済を支えた。一方で世界経済の分断は日本にも影響を与えている。半導体など一部戦略物資の国内生産が図られるようになっており，円安も相まって日本企業の生産拠点国内回帰が進んでいる。

　日本では，少子高齢化の進展が早く，国内市場の成熟化を背景とした設備投資の減速も経済成長減速の大きな要因となっている。一方，少子高齢化は健康医療のニーズを高めており，また，人手不足の強まりは，生産性向上の動機となって企業の設備投資の一因ともなっている。今後一層の少子高齢化が見込まれる中で，設備投資と人材投資を通じた生産性向上の必要性は高まっている。

【注】

1　経常収支とは，国の国際収支を表す指標の1つで，貿易やサービスの収支に加えて，海との利子，配当金などの収支（第一次所得収支），現物援助などの収支（第二次所得収支）で構成される。

2　ユーロ市場とは，本国以外で当該国通貨建ての金融取引が行われる場を指し，ドル建て取引を米国以外で最初に行われたのが欧州であったことから付けられた名称である。しかし，ユーロ市場が当初発生した欧州から世界各地に広がったことや単一通貨ユーロが導入されたことで，現在ではオフショア市場の名称がユーロ市場の名称に全般的に取って代わっている。

3　一般的に義務教育を終了した15歳から65歳未満の人口を生産年齢人口といい，生産活動の中心となる層を指す。

4　スタグフレーションとは，スタグネーション（景気停滞）とインフレーションの合成語で，景気

後退下で物価水準が上昇することを指す。

5　貯蓄・投資バランスとは，一国経済全体の投資と貯蓄のバランスを指す。全体として貯蓄が投資を上回る国では経常収支が黒字となり，逆に投資が貯蓄を上回れば経常収支は赤字となる。

6　債務国とは，対外債務が対外債権を上回り，債務超過になっている国を指す。

7　信用収縮とは，金融市場や経済全体における資金供給量が減少する状況を指し，金融機関が貸出を抑制することで生じる。

8　アジア通貨危機とは，当時ドルに対する固定相場制を採用していたタイが投機的攻撃を受け，固定相場を維持できなくなって通貨価値が急落し，同様の動きが周辺のアジア諸国に伝播した金融危機である。

9　新興国とは，一般的に発展途上国の中でも急速な経済成長を遂げている国を指す。

10　デフレとはデフレーションの略で，物価が全体的に下落する現象を指す。

11　EU が新型コロナウイルス感染症のパンデミックからの回復と持続可能な未来を目指して打ち出した政策として Next Generation EU 政策と EU Green Deal 政策がある。Next Generation EU 政策は，多年度にわたる 7500 億ユーロの支出で経済回復を加速させるとともに気候変動対策やデジタル化など長期的な課題に対処して成長を高めることを目的としている。また，EU Green Deal 政策では，さまざまなセクターでのグリーンエネルギー移行やエネルギー効率向上などを通じて，持続可能な成長を促進することを目指している。

12　SWIFT とは，銀行など金融機関を結ぶ情報通信サービスの運営団体のことであり，海外の金融機関の間で送金情報を電子的にやりとりするインフラとして機能する。

13　最恵国待遇は，WTO 協定の基本原則の 1 つで，関税などでいずれかの国に与える最も有利な待遇を，他のすべての加盟国に対しても与えなければならないというルールである。

14　実質実効為替レートとは，主要な貿易相手国通貨全てと日本円との間の 2 通貨間為替レートを，貿易額等でウエイト付けして算出した指数を，対象通貨の国・地域の物価動向も加味して算出された指数。円の実質的な価値を示すものとされる。

【参考文献】

伊藤元重（2005）『ゼミナール国際経済入門』日本経済新聞社。

野口悠紀雄（2018）『世界経済入門』講談社現代新書。

宮崎勇・田谷禎三（2020）『世界経済図説』第四版，岩波新書。

宮崎勇・本庄真・田谷禎三（2021）『日本経済図説』第五版，岩波新書。

第Ⅱ部
国際経済を学ぶ

1 経済のグローバル化と地域経済[1]

1.1 グローバル化と国際分業の利益

　輸送手段や ICT の著しい進歩，各国間の制度の調和，貿易自由化により各国
経済は繋がりを深めている。図Ⅱ-1-1 は，1960 年以降の世界の GDP と財・
サービス輸出額（名目値，実質値）を対数目盛で示したものであるが，第 2 次大
戦後，今日までの長期間にわたり，世界経済と世界貿易はともに拡大し続けて
いる[2]。1930 年代に世界を覆った関税引き上げ競争が，世界貿易の縮小をもた
らし，経済の縮小や不況の深刻化をもたらしたことへの反省から，世界各国は
第 2 次大戦後，自由貿易体制の維持・発展に大きな努力を払ってきた。自由貿
易が維持されなければ図Ⅱ-1-1 が示すような世界貿易と世界経済の拡大は見

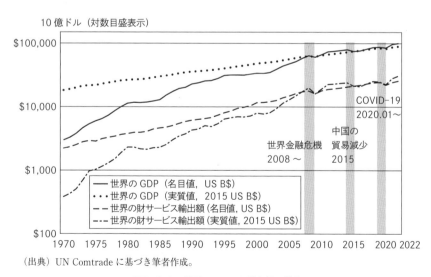

（出典）UN Comtrade に基づき筆者作成。

図Ⅱ-1-1　世界の GDP と輸出額の推移

られなかったであろう。

21世紀に入ってからも世界経済の成長とともに国際貿易は拡大を続けているが，単調に増加しているわけではない。2008年の世界金融危機，2015年の中国の貿易減少，2020年以降のCOVID-19の世界的な感染拡大，その後の世界の政治情勢の不安定化と貿易の保護主義化によって，一時的であっても貿易が縮小する局面があることに注目しておきたい。

アダム・スミス（1776）が貿易制限の弊害と自由貿易の重要性を指摘して以来[3]，自由貿易の経済的利益について200年以上の長期にわたり研究されてきた。消費者が財サービスを国内市場でしか入手できない場合（閉鎖経済）よりも世界各国から入手できる場合（開放経済）の方が，財の種類は多く，価格は低くなる。また，生産面では国際分業の結果，労働力や資本（機械設備，工場など）が効率的に利用されることが分かっている。では両国間でどのような差異があるときに国際分業が発生し，どのような利益が生まれるだろうか。

1.1.1 比較生産費

消費者の選好，生産技術，生産に投入される労働や資本の存在量などが国と国との間で差異がないならば，両国が貿易する理由に乏しい。そこで，2国間で財を生産する技術，すなわち生産に投入される労働量（労働生産性）だけに差異があるとしよう。このことが国際分業の利益を生むことを明らかにしたのはリカード（1817）である。ここで簡単な例を示そう。2財（工業品，農産品）の生産に必要なのは労働のみであり，財1単位を生産するために必要とされる労働量（労働生産性の逆数）は以下のように自国と貿易相手国で異なっているとしよう。自国では1単位の工業品の生産に5単位の労働力，農産品の生産に5単位の労働力の投入を必要とされ，貿易相手国では工業品に12単位の労働力，農産品に6単位の労働力の投入が必要とされる。

	工業品	農産品
自国	5	5
貿易相手国	12	6

工業品，農産品の各1単位の生産に必要な労働量を見ると，自国は貿易相手

国より少ない。すなわち，自国は貿易相手国よりもどちらの財の生産において
も技術的に優れている。しかし，工業品生産を基準とした農産品生産に要する
費用（農産品コスト/工業品コスト）では，自国（5/5）は貿易相手国（6/12）
よりも不利である。これは「自国は工業品に貿易相手国は農産品に比較優位を
もつ」状態である。

　ここで自国が農産品の生産を1単位減らし，余った労働を工業品の生産に振
り向け，1単位の工業品を増産するとしよう。自国が増産した工業品1単位を
貿易相手国の農産品1単位と交換するならば[4]，貿易相手国は工業品の生産を1
単位減らし，余った労働を農産品の生産に振り向けることにより，2単位の農
産品を増産できる。そのうちの1単位は工業品の交換に当てられるが，交換が
行われる前に比べると農産物が1単位増加したことになる。

　この例は，財・サービスの労働生産性が異なる2国間で，双方が相対的に有
意にある財サービスの生産に特化し，生産物を相互に交換すれば，両国で生産
される財の総量が増加し，豊かになることを示している。労働生産性の差異が
国際分業の利益をもたらすことは比較生産費説と言われる[5]。

1.1.2　生産要素量と国際分業

　技術伝播や職業訓練などによって生産技術が平準化すれば2国間の生産技術
の差異は解消するであろう。その場合でも貿易利益は生み出されるだろうか。
2国間で財の生産に必要とされる生産要素（資本や労働）の相対的な存在量
（資本量/労働量）に差があれば，生産技術が同じであっても国際分業の利益が
生まれることを明らかにしたのはヘクシャー＝オリーン[6]である。

　ここで生産要素の存在量の違いを示すために，自国には200単位の資本と
300単位の労働，貿易相手国には300単位の資本と300単位の労働が存在する
としよう。生産要素の相対的存在量（資本/労働）では，自国では労働（200/
300）が，貿易相手国は資本が豊富（300/300）である。また，1単位の工業品
生産に4単位の資本と2単位の労働が必要とされ，1単位の農産品生産に1単
位の資本と3単位の労働が必要と仮定する。すなわち，1単位の生産に必要と
される資本と労働の比率（資本/労働）を見ると工業品は資本を農産品は労働
を相対的に多い。工業品は資本集約的，農産品は労働集約的な財と呼ばれる。

	工業品	農産品	自国の保有量	貿易相手国の保有量
資本	4	1	200	300
労働	2	3	300	300

　与えられた生産要素量と生産技術の下で両国は2財をどのように生産するだろうか。労働の豊富な自国は労働集約的な農産品，資本の豊富な貿易相手国は資本集約的な工業品を多く生産すれば，それぞれの国に存在する生産要素を過不足なく使用することが可能となる。ただし，両国の消費者が消費する工業品と農産品の比率が同一ならば，生産と消費にギャップが生ずる。このギャップは両国間で工業品と農産品を交換することによって埋めることができる。労働豊富な自国は農産品，資本豊富な貿易相手国が工業品をそれぞれ輸出し，交換すれば，両国の消費者は貿易前よりも多くの量を消費できる。

　労働豊富なカンボジアから労働集約的なアパレル製品が輸出され，資本豊富なドイツから資本集約的な機械が輸出されるように，生産要素の存在量の差異を反映した国際分業は広く観察され，国際貿易の利益を説明する上での基礎的理論となっている[7]。

1.2　多様化する消費者利益

　1980年以降においても世界貿易は拡大を続けるが，そこには構造的な変化が見られる。先進国と途上国の間の貿易額より先進国間での貿易額の増加が大きく，世界貿易額に占めるOECD加盟国内での貿易額は6割に達している[8]。中国がWTOに加盟した2000年代に入ると，その割合は低下するものの，世界貿易に占める先進国間貿易の比率の高まりは注目すべきである。しかし，生産技術，資本や労働の生産要素の相対的存在量において差異の少ない先進国間での貿易が活発なことは，これまで紹介してきた比較生産費や生産要素の賦存状況の差異によって国際貿易が生まれるとする理論では説明しにくい。

　ここで注目されるのは生産における規模経済性[9]と財の特性である。世界貿易に大きなウエイトを占める自動車を例にしよう。アメリカ，ヨーロッパ諸国，日本などの国々は，自国から自動車を輸出しながら輸入もしている。こう

した貿易は，工業品と農産品のように異なる産業間での貿易（産業間貿易）で
なく，同一産業内での貿易（産業内貿易）と分類される。ところでトヨタ車，
GM 車，VW 車など各自動車メーカーは，自社ブランドで差別化した自動車
（差別化された財）を生産しており，トヨタが GM 車を生産することはない。
これは自動車の生産では，生産量の拡大に伴い費用が低下する性質（規模経済
性）があるため，GM が生産している車と同じ車をトヨタが後追い的に生産し
ても，GM 社よりも生産費用が高く，競争にならないからである。トヨタは専
ら自社の自動車の生産に研きをかけ，自社ブランドの車の競争力を高めるであ
ろう。このように自動車では，各社は自社の車の生産において独占的地位を維
持しつつ，他社ブランドと競争している[10]。

　ところで消費者は，同一のブランドの自動車を 10 台購入するよりも 10 社の
各ブランド車を 1 台ずつ購入する方が得る満足度は高い。このため自動車各社
が競争してブランドの種類を増やしてくれれば満足度は高まる。

　自由貿易によって市場間の垣根がなくなれば，生産者にとっては市場が拡大
したことになる。自動車メーカーは生産を増やし，貿易相手国に自社ブランド
の自動車を輸出するだろう。生産規模の増加によって費用が低下し，他社の自
動車との競争は活発になる。市場に出回る自動車の種類が増え，価格も低下す
るであろう。一部の生産者は採算が合わずに，撤退するかも知れないが，自由
貿易によって市場が拡大する結果，差別化された財を生産する企業が参入し，
財の種類が増え，市場での競争が促され，価格も低下することで，消費者の利
益は拡大する。同じようなことはスマートフォン，パソコン，化粧品などさま
ざまな財でも見られ，新しい角度から貿易の利益を説明する理論となっている。

1.3　生産ネットワークのボーダレス化

　輸送や通信手段が未発達な時代には財サービスの生産と消費は同じ地域内で
行われてきたが，18 世紀の蒸気機関，19 世紀の内燃機関，20 世紀の航空機の
発明による輸送のスピードアップとコストの低下は，生産地と消費地とが分離
した経済を生むことになった。それだけでなく，ある財の生産を細かく見ると
生産工程の分業から成り立っている。もし生産工程の分業を国際的規模で行え

れば，より効率的な生産が実現するだろう。生産工程には資本集約的なものや労働集約的なものがある。例えば，自動車では，エンジンの生産工程は資本集約的であるが座席シートを生産し，車体に組み込む工程は労働集約的である。生産工程によって要素集約度が異なるならば，全生産工程を同一地点に立地するよりも，資本豊富な地域には資本集約的な生産工程，労働豊富な地域には労働集約的な生産工程を立地するのが効率的である。特に生産に規模経済性があれば，小規模の生産工程を分散立地するよりも，最適地にそれぞれの生産工程を集約し，各生産工程を繋ぐことによって効率的に財を生産することが可能となる。

　ただし，遠隔地に分散される生産工程間を中間財や情報が往復するため，輸送・通信コストが低くなければそうしたことは成り立たない。20世紀末からの情報通信技術（ICT）のイノベーションやインターネットの普及はそれを可能とした。実際に1960年代に比べて，世界の航空運賃は約5分の1，電気通信（電話）コストは約20分の1以下に低下したといわれる[11]。

　生産工程ごとに世界の最適地に集約立地することによって得られる利益（正確には，各生産工程を往復する中間財輸送コストや情報伝達コストを差し引いた後の利益）が各生産工程を一国内に立地して生産することによって得られる利益を上回るなら，生産工程はグローバルに立地する。こうした生産工程の分断とグローバル立地は，付加価値生産のグローバルな連鎖（Global Value Chain）を生み出す。スマートフォンを例にみよう。米アップル社や中国ファーウェイ社が調達する部品の供給国別の比率（％）をみると，自国で調達する部品の割合は全部品調達の3分の1程度に過ぎず，部品の調達・組み立ては世界各地に広がっている[12]。

　中間財が各生産工程間を往来する都度，輸出入統計上は貿易額として計上されるので，付加価値額で測定した場合よりも見かけの貿易額は大きくなる。1990年代以降における世界の貿易額の増加がGDPの増加を上回っているが，そこには貿易構造の変化（生産工程の分離と国際的立地による中間財貿易の拡大）がある。

1.4 グローバル化の利益・不利益

　自由な貿易が経済全体に利益をもたらすことに疑いはないとしても，全ての国や人々に利益をもたらすとは限らない。生産者と消費者の間でも利益・不利益が生ずる。たとえば，廉価なオレンジが輸入される結果，オレンジ国内価格は下落し，消費者は利益を得るが，高い生産コストの国内生産者は競争力を失い，市場からの退出を余儀なくされる。経済全体としてプラスの利益をもたらすが，不利益を被る生産者は自由貿易に反対するだろう。貿易自由化交渉において，輸入制限の緩和の見返りに貿易相手国の貿易障壁の撤廃を求める相互主義的交渉が見られるのは，相手国の輸入関税が低下すれば，自国の輸出者が利益を得るからである[13]。

　自由貿易によって生ずる生産の変化は労働者の雇用の変化を伴う。アメリカ中西部の重厚長大産業が栄えた地域（rust belt，さびついた地域）では，輸入財との間で競争力を失った生産者が市場から撤退し，失業が発生してきた。失職した労働者が競争力のある他産業にシフトできれば雇用は維持されるが，現実には容易ではない。トランプ政権は2018年3月に鉄鋼・アルミに対して輸入関税を課し，国内の輸入財競争財産業を保護し，雇用を維持しようとした。他方，WTOに加盟した中国では，拡大するスマートフォンや半導体の世界需要に対応して生産を拡大し，深圳をはじめ中国の多くの地域に新たな雇用を生み出した。

　自由貿易が利益をもたらすとしても，その利益が一方の国に偏る場合もある。農産物と生産に規模経済性のあるハイテク財の2財を例にあげよう。ハイテク財には消費者の人気が高く，農産物に対するハイテク財の相対価格が高い（交易条件[14]がその国に有利になる）と，自由貿易の下では，中途半端に両財を生産するよりも，規模経済性のあるハイテク財の生産に完全特化し，農産物を輸入に依存する方が得になる。先にハイテク財の生産に着手し，生産を拡大した方の国が貿易によって大きな利益を得るが，遅れて農産物の生産へ特化を余儀なくされた国は不利な交易条件の下で暮らし向きはかえって悪化する場合がある。そのようなことが予想されれば，政府は争って自国のハイテク財の生

産を後押しするかも知れない。自由貿易交渉をめぐり南（途上国）と北（先進国）が対立することがある。ハイテク産業の多い先進国が自由貿易を支持し，伝統的な技術によって生産される財を生産し，輸出する途上国が自由貿易に必ずしも熱心ではない理由の1つとしてこのようなことが考えられる。

　自由貿易は利益をもたらすが，その利益を当事者間でどのように分配するかが自由貿易を維持する上での課題となる。

1.5　グローバル化と地域経済

　世界の GDP の 80％以上は，EU（欧州連合），USMCA 地域（新 NAFTA の米，メキシコ，カナダ），東アジアで産出されている。世界地図を眺めると，経済がグローバル化したと言ってもその活動は3地域に偏在している。国内でも，都市に経済が集中する傾向は日本だけでなく，ロンドン，パリ，ニューヨーク，ソウルなど世界各地において見られる。生産者や消費者の活動は均等に立地するのではなく，ある地点に集中し，空間的な集積を成している。グローバルな国際貿易の拡大は地域における産業集積や地域経済の拡大でもある。

　多くの経済活動が集積する地域には多種類の中間財，有益な情報，技術を備える人材が集積しており，そこに立地する生産者の効率性を高める[15]。生産者は孤立して立地するよりも集積地に立地しようとするだろう。さらに，生産に規模経済性があるならば，財・サービスの生産拠点を分散して立地するよりも集中する方が効率性は高まる。こうしたことは経済活動を集中に向かわせる。一方，生産者が多くの需要を得ようとすると遠隔地の需要者に財・サービスを届ける必要があるが，生産地が需要地と離れるにつれて，輸送コスト，タイムリーに届けるための時間コスト，異なる地域や国との間に存在する制度・慣習をクリアするためのコスト等が増加する。この結果，生産の集中を回避（分散）する要因が働く。このような空間的に経済活動を集中する力と分散する力が拮抗しながら経済集積が形成される。イノベーションによって輸送費用や情報・通信費用が低下すれば，集積のコストが低下するため，集積は加速化する。

　近年起きている都市部への集中・地方の人口減少や地域経済の衰退は，グローバル化とどのように関係しているだろうか[16]。議論を簡略化するために，

ある国では，生産に規模経済性のある差別化された貿易財と規模に関する生産
性が一定の非貿易財（たとえば，卸，小売サービス）の2種類の財・サービス
があり，それぞれの地域は貿易財または非貿易財のどちらか一方を生産するこ
と，財・サービスは労働だけによって生産され，労働者は地域間を自由に移動
できることなどを仮定しよう。

　グローバル化の結果，貿易財を生産する地域の中には輸入財によって競争力
を失う地域が生ずる。競争力を失った地域の中には，イノベーションによって
新たな財の生産にチャレンジする地域があるかも知れないが，そうでなければ
競争力を失い貿易財の生産から撤退し，非貿易財であるサービスを生産する地
域になってしまう。そうなると国内にはサービスを生産する地域が増え，サー
ビス価格が低下し，ひいてはサービス産業の労働賃金が低下する。労働者は地
域を移動できるので，労働者の一部は競争力のある財を生産する高賃金地域に
移住するであろう。この結果，非貿易財を生産する地域で人口は減り，地価も
下落するであろう。他方，競争力を有する貿易財を生産する地域では，生産に
おける規模経済性が発揮され，賃金は上昇し，居住者人口が増える。地価が上
昇し，繁栄する地域となるだろう。

　以上は極めて単純化した議論であるが，グローバル化が進むことにより，都
市へ人口が集中する一方で地方が衰退するメカニズムが働く可能性があること
を示している。また，グローバル化のもとで地域経済が活性化するには，イノ
ベーションによって競争力のある貿易財の開発，生産に取り組むことが重要で
あることを示唆している。

【注】

1　この項は第Ⅱ部各項の入り口に当たる。さらに詳細な内容は以下の各項に展開される。
2　図Ⅱ-1-1の縦軸は対数目盛で表示されており，各曲線の傾きは変化率を表す。名目値と実質値のいずれも，GDPと輸出額の傾きは同様の傾向を示しており，GDPと貿易額が同じ変化であったことが読み取れる。
3　Adam Smith は，*An Inquiry into the Nature and Causes of the Wealth of Nations,* 1776（諸国民の富）第4編第2章・第3章において貿易制限の弊害と自由貿易の重要性を指摘する。
4　工業品と農産品の交換比率は国際分業の利益を両国でどのように分け合うかを決定する。ここでは1対1と仮定したが，工業品に有利な交換比率の下では自国はより大きな国際分業の利益を得る。
5　国際分業が生む利益の分け前をどちらの国がより多く得るかは工業品と農産品の交換比率に依存する。農産品に対する工業品の評価額が高くなれば，工業品を生産する国が国際分業の利益の分け

前をより多く得ることになる。

6　生産要素賦存量の違いが比較優位を決定することをモデルによって Samuelson が精緻に示したことから，Heckscher=Ohlin=Samuelson モデルとも呼ばれる。

7　リカードの比較生産費やヘクシャー＝オリーンによる貿易理論は，若杉（2009）などの標準的教科書に紹介されている。

8　データは，JETRO 世界貿易マトリックス，UNCTAD STAT による。

9　財の生産規模を拡大するにつれて単位生産コストが低下することを意味する。

10　このような競争状態は「独占的競争」と称される。

11　出典は Rodrique（2017）．

12　米アップル社と中国ファーウェイ社が調達する部品の供給国別の比率（％）

	米国	台湾	韓国	日本	中国	その他
アップル iPhone XS Max	30.7	2.1	32.9	13.5	0.3	20.5
ファーウェイ P30 Pro	16.3	7.9	7.7	23.0	38.1	7.0

（出典）日本経済新聞 2019 年 6 月 27 日朝刊 1 頁。

13　外国の需要が拡大し輸出価格が高まることにより輸出者は利益を得るが，輸出価格が上昇につれて国内価格が上昇するので国内消費者には不利益をもたらす可能性のあることに留意する必要がある。

14　交易条件は輸出財価格/輸入財価格で定義される。交易条件の改善は，自国の輸出財価格が高く評価され，自国にとって利益となる。

15　「マーシャルの外部経済性」と称される。

16　詳しくは Venables（2018）を参照いただきたい。

【参考文献】

Ricardo, David（1819）, *On the Principles of Political Economy, and Taxation.*（羽島卓也・吉澤芳樹訳『経済学及び課税の原理（上・下）』岩波書店，1987 年。）

Rodrique, Jean-Paul（2017）, *The Geography of Transport Systems*, Fourth Edition, Routledge.

Smith, Adam（1776）, *An Inquiry into the Nature and Causes of the Wealth of Nations.*（水田洋監訳，杉山忠平訳『国富論（1）-（5）』岩波書店，2000 年。）

Venables, Anthony J.（2018）, "Globalization and Urban Polarization," *Review of International Economics*, 26, pp. 981-996.

若杉隆平（2009）『国際経済学』第 3 版，岩波書店。

2 国際貿易と貿易の利益

2.1 比較優位と貿易の利益

2.1.1 交換の利益と特化の利益

　国際貿易とは国境を超えたモノやサービスの取引のことであり，国際貿易がもたらす経済的利益のことを貿易の利益という。貿易の利益として古くから知られているのが交換の利益と特化の利益である。交換の利益とは，外国との取引を通じて自国では手に入らないものや希少なものを互いに手に入れることができるようになる利益を言う。もう少し拡げて言えば，自国では高価だが外国では安価に生産・入手できるものを互いに交換することにより，国内の自給自足状態では実現できなかったようなパターンの消費が可能になる利益である。他方，特化の利益とは，自国が外国よりも生産を得意とする（より低コストで多く生産できる，と言い換えても良い）モノや分野に自国の資源すなわち生産要素を集中させて互いに分業することにより，それぞれが持てる資源をより効率的に利用できるようになることによって得られる利益である。

　この特化と交換による貿易の利益を生み出す源泉となるのが，自国と外国との間にある比較優位の関係である。以下では，この比較優位が生じるメカニズムを説明する代表的な2つの経済学理論について紹介する[1]。

2.1.2 生産技術と比較優位

　最初の理論は，自国と外国との間の生産技術の違いから比較優位を説明する理論であり，比較生産費説，あるいはこの考え方を最初に提唱した経済学者（デヴィッド・リカード）の名からリカード・モデルと言われる。なお，ここでいう生産技術の違いとは，モノやサービスの生産に必要とされる要素量の相対的な差のことを意味する。

　できるだけ分かり易くするため，前章で挙げた例に基づき，具体的な数値例を使って説明しよう。A国とB国という2国があり[2]，いずれの国も労働だけを生産要素として，工業品と農産品の2種類のモノを生産し，また消費するものとする。各国においてそれぞれのモノを1単位生産するのに必要な労働の単位（例えば人数）[3]が下表の左半分に示されている。A国では工業品1単位の生産に5人の労働者が，農産品1単位の生産にも5人の労働者がそれぞれ必要となるが，このことは，A国では工業品の生産を1単位増やすために農産品の生産を1単位諦める（減らす）必要があることを意味する（5人の労働者を農産品生産の代わりに工業品生産に振り分ける必要があるため）。同様に，B国では工業品1単位の生産に12人，農産品1単位の生産に6人の労働者が必要であるが，これは工業品の生産を1単位増やす（つまり12人の労働者を余分に投入する）ためには農産品の生産を2単位分（12人÷6人で2単位の農産品生産に相当）諦める必要があることを意味する。これはすなわち，A国はB国よりも相対的に工業品を安価に生産でき（B国では農産品2単位を諦める必要があるところA国では1単位で済む），またB国はA国よりも相対的に農産品を安価に生産できる（上記とは逆の計算により，A国では工業品1単位を諦める必要があるところB国では1/2単位で済む）ことを意味する[4]。これが比較優位であり，A国は工業品に，B国は農産品に，それぞれ比較優位を持つ，という。

	生産1単位に要する労働（者数）		労働1単位（人）の生産能力	
	工業品	農産品	工業品	農産品
A国	5	5	1/5	1/5
B国	12	6	1/12	1/6

　このことはまた，A・B両国が貿易を行う前の状態では，A国内では工業品と農業品の相対的な価値（交換比率と考えてもよい）は1：1であり，またB国内では2：1（または1：0.5）であることを意味する。

　さて，A・B両国が互いに自由貿易を開始したとしよう。自由貿易とは，輸送費や関税（外国からの輸入品に対して輸入国の政府が課す税）といった貿易に伴う費用がゼロの状態をいうので，自由貿易の状態ではA・B両国で工業品と農産品の相対価格（交換比率）が同一になる。また等しくなった相対価格は

必ず，A国・B国それぞれの貿易前の比率の間に収まる[5]。具体的にどの水準で等しくなるかはA・B全体におけるそれぞれのモノの需要と供給の関係によって決まるのだが，ここでは話を易しくするために，2つのモノの相対価格は貿易前のA国・B国における比率のちょうど中間，すなわち工業品の価値が農産品の1.5倍（または農産品は工業品の1/1.5＝2/3倍）に定まったとしよう。この結果，A国では，貿易前と比べて相対価格の上がった工業品の生産に全労働者を集中（工業品の生産に特化）することで国の所得を最大化するいっぽう，農産品は自国で生産するより安価なB国からの輸入で賄うことを選ぶ（自国で生産すれば1単位の工業品を諦めねばならないが，B国から買うなら工業品3分の2単位と交換可能）。またB国では，貿易前と比べて相対価格の上がった農産品の生産に特化することで国の所得を最大化するいっぽう，工業品は自国で生産するより安価なA国からの輸入で賄うことを選ぶ（自国で生産すれば2単位の工業品を諦めねばならないが，A国から買うなら工業品1.5単位と交換可能）。つまり，A国はB国に工業品を，B国はA国に農産品を輸出することになり，各国はそれぞれ比較優位を持つ分野で輸出国となるのである。

　この自由貿易の下，各国は比較優位をもつモノへの特化を通じて貿易前と比べて所得を高めるとともに，もう一方のモノについては相手国との交換を通じて貿易前よりも良い条件で入手できることになり，特化と交換の2つの貿易の利益を得るのである。

　なお，ここで用いた数値例では，上表の右半分に示されているとおり，労働者1人あたりの生産能力（労働生産性）[6]は工業品，農産品のいずれにおいてもA国がB国を上回っている。このような状態を，A国はいずれの分野においてもB国に対して絶対優位を持つ，と言う。しかしながら，貿易の誘因となるのは比較優位のほうであり，貿易はいずれの分野にも絶対優位を持たない国に対しても経済的利益をもたらす，というのがリカード・モデルの重要なメッセージなのである。

2.1.3　生産要素比率と比較優位

　次の理論も，比較優位に基づく特化と交換による貿易の利益を説明する理論であるが，比較優位の源泉を各国が保有する生産要素の量（要素賦存量）の相

対的な違いに求める理論であり，要素比率理論，あるいはこの考え方を提唱した経済学者（エリ・ヘクシャーとベルティル・オリーン）の名からヘクシャー＝オリーン・モデルと言われる。

　ここでも，前章で挙げられた数値例に基づき説明しよう。C 国と D 国という 2 国があり[7]，いずれも資本と労働という 2 つの生産要素を用いて工業品と農産品という 2 種類のモノを生産し，また消費するものとする。下表が示すとおり，工業品 1 単位の生産には 4 単位の資本と 2 単位の労働が，農産品 1 単位の生産には 1 単位の資本と 3 単位の労働がそれぞれ必要となるが，この生産技術（各要素の必要投入量）には C 国と D 国の間に差はないものとする。また，C 国が保有する資本の総量は 200 単位，労働の総量は 300 単位である一方，D 国は資本と労働をそれぞれ 300 単位ずつ保有するものとする。

	生産 1 単位あたりの投入量		各国の賦存量	
	工業品	農産品	C 国	D 国
資本	4	1	200	300
労働	2	3	300	300

　ここで，モノ（または産業）の生産に必要な要素投入量および各国の要素賦存量に関する比率について確認しておこう。まず，モノ 1 単位の生産のために必要な資本と労働の投入比率は，工業品の場合が 4：2，農産品の場合が 1：3 である。これは，工業品が相対的に資本を多く必要とする（資本集約的な）産業であるいっぽう，農産品が相対的に労働を多く必要とする（労働集約的な）産業であることを示している。また，各国の資本賦存量と労働賦存量の比率を見ると，C 国が 200：300 ＝ 1：1.5（または 2/3：1），D 国が 300：300 ＝ 1：1 であり，これは C 国が相対的に労働を多く保有する（労働豊富な）国であるいっぽう，D 国が相対的に資本を多く保有する（資本豊富な）国であることを示している。こうした要素の投入量および賦存量に関する比率が，後に述べるように各国の比較優位を決める要因となる。

　各国とも保有する資本および労働の全てをいずれかのモノの生産に用いて生産能力を最大限発揮している状況（完全雇用という）を考えよう。実はこの数値例の場合，完全雇用を実現する各国の工業品と農産品の生産量の組み合わせ

はそれぞれ1つに定まる。具体的には，C国は30単位の工業品と80単位の農産品を生産し，D国は工業品と農産品をそれぞれ60単位ずつ生産することとなる[8]。そこでまず，両国が貿易する前の状況を考えよう。各国とも自給自足の状態にあるため，工業品および農産品の消費量はそれぞれの国内生産量に一致する（あるいは拘束される）。また，C国では工業品の供給量が30単位と比較的希少であるいっぽう農産品の供給量は80単位と豊富である。このことから，貿易前のC国では，相対的に工業品が高価で農産品が安価となる（モノの価格は希少性によって決まることを思い出そう）。他方，D国では工業品の供給量は60単位とC国に比べると豊富であるいっぽう農産品の供給量は60単位と比較的希少なため，貿易前の状態では相対的に工業品が安価で農産品が高価となる。つまり，工業品の価格をP_m，農産品の価格をP_aで表すと，これら2国における2産品の貿易前の相対価格には以下のような関係がある：

$$\text{C国の } P_m/P_a > \text{D国の } P_m/P_a$$

またば

$$\text{C国の } P_a/P_m < \text{D国の } P_a/P_m$$

このことは，貿易前の状態では，C国が農産品をD国より相対的に安価に供給できるのに対し，D国は逆に工業品をC国より相対的に安価に供給できることを表している。すなわちC国は農産品に，D国は工業品に，それぞれ比較優位を持つということである。ここで，工業品が資本集約的で農産品が労働集約的であったことと，C国が労働豊富でD国が資本豊富な国であったことを思い出そう。つまり各国ともに，自国がより豊富に保有する生産要素をより集約的に用いるモノ（産業）に比較優位を持つのである。

　さて，C・D両国が自由貿易を開始すると何が起こるだろう？　まず，前項で解説したリカード・モデルの場合と同様，工業品および農産品の価格は両国で等しくなり，2産品の相対価格P_m/P_aまたはP_a/P_mは貿易前の両国の水準の間に収まるように定まる。このことは，貿易後，C国では貿易前と比べて工業品が相対的に安くなるいっぽう農産品が相対的に高くなるのに対し，D国では逆に貿易前と比べて工業品は相対的に高くなり農産品が相対的に安くなることを意味する。すると，C国では消費者が貿易前と比べてより多くの工業品とより少ない農産品を需要するようになり，反対にD国では貿易前と比べて農産品

の需要が増え工業品の需要は減る。完全雇用を維持するため各国とも2産品の生産量は貿易前から変えないので，C国では工業品（D国では農産品）の国内供給が不足するので相手国から輸入して賄ういっぽう，農産品（D国では工業品）の供給には余剰が出るのでこれを相手国に輸出することになる。すなわち，各国とも自国が比較優位をもつ産品を輸出し，そうでない産品を相手国から輸入する，というパターンの貿易を行うことになる。また，この貿易により，両国の消費者はそれぞれ自国の生産量の拘束から解かれ，貿易前には国内で相対的に希少で高価であったモノを外国から安価に輸入することで，交換による貿易の利益を得るのである[9]。

2.2　製品の多様性からの貿易の利益

さて，前節で解説した比較優位に基づく貿易理論では，異なる国が互いに異なるモノや分野（例えば工業品と農産品）で輸出入を行う形の貿易について説明されていたが，現実の国際貿易においては，さまざまな国が同じ分野や産業において互いに輸出入をしているケース（産業内貿易という）が広く見られる。下のデータは日米間の集積回路（IC）に関する貿易統計だが，日本と米国がそれぞれICを相手国に輸出するとともに相手国から輸入もしていることが分かる。しかしながら，このようなパターンの貿易については前節の比較優位に基づく貿易理論では十分に説明ができない。

日本の集積回路（IC）の対米輸出入額（2022年）

輸出：　　1,152億円

輸入：　　3,227億円

（データ元：財務省貿易統計）

こうした産業内貿易が生じるメカニズムについて説明したのが，クルーグマン（Paul Krugman）やイーシア（Wilfred Ethier）などに代表される新貿易理論と呼ばれる理論である。新貿易理論では，モノの中には性質や用途がよく似ていてもブランドやデザインの異なるさまざまな製品が存在する場合があることに着目し（このようなモノを差別化財と呼ぶ[10]），貿易は各国が互いに異なる製品を取引することで得られる製品の多様化によって消費者の満足度や生産

の効率性の向上をもたらす，という貿易利益の存在を指摘する。このような貿易の利益は多様化による利益などと称され，比較優位に基づく貿易理論が指摘した交換と特化の利益に続く第3の貿易利益と言えよう。以下では，クルーグマンが提唱したモデルに基づいてこの理論について紹介する。

　単純化のため，ある同一の産業（たとえばIC）だけをもつ2つの国を考える。この産業には互いに差別化された多数の製品が存在するが，どの製品も全く同じ要素（例えば労働のみ）を用いて同じ技術で生産されるものとする。また，生産技術上の理由により[11]，いずれの製品も多く作れば作るほど製造単価（製品1単位あたりの費用すなわち平均生産費用）は下がるものとする（規模の経済という）。他方，各国の消費者はいずれも，この産業のなるべく多数・多種類の製品を消費したい（そうすることで満足度が上がる）という嗜好を持っているものとする。このような場合，消費者は，もし複数の製品が同じ価格で販売されるなら，1種あるいは少ない種類の製品に偏って消費するよりは，全ての種類の製品を等量ずつ消費しようとする。このような需要構造の下では，製品の生産者は競争の結果互いに同じ価格を付け等量を販売する（等しく市場をシェアすると言い換えても良い）という状態（均衡）に落ち着く。

　さて，2国は当初は互いに貿易することなく，上記のような状態（均衡）でそれぞれの国内でさまざまな製品が生産・消費されているとする。互いに技術や要素比率の差による費用や価格の差がないこの状況で，なぜ貿易が生じるのであろうか？　それは，より多種類の製品を消費したいという消費者の嗜好と，生産者がもつ規模の経済とによる。すなわち，消費者は自国の製品だけでなく外国で作られる製品も消費したいという動機をもついっぽう，生産者は自国市場だけでなく外国市場でも販売することが規模の経済による製造単価の低下に繋がるという動機をもつのである。こうして，2国が貿易を開始すると，同一産業内で各国に多数存在する生産者が生産するさまざまな製品を互いに輸出入するという産業内貿易が生じ，その結果，両国の消費者とも貿易前には手に入らなかった外国産の製品を加えたより多くの種類の製品を消費することができるようになり[12]，多様化による貿易利益を得るのである[13]。

2.3　新たな貿易の利益

　最後に，最近の貿易理論の新たな展開によって指摘された「第4の」貿易の利益について紹介する。

　国際貿易の研究は，個別企業の貿易行動とその違いについて注意深く観察することを通じて，この四半世紀ほどの間に新しい展開を見せたが，そこで明らかにされたのは，同じ国の同じ産業においても貿易を行っている企業とそうでない企業とが同時に存在すること，また貿易を行っている企業はそうでない企業に比べて，平均的に規模が大きい，より高い賃金を労働者に支払っている，等の違いがあり，その違いの背景には，貿易を行っている企業の平均的な生産性の高さがある，という事実であった。

　この，統計データから発見・確認された貿易行動における企業間の差および輸出と企業生産性の関係について説明を試みた一連の経済学理論は，企業の異質性モデル（または新新貿易理論）と言われるが[14]，この新たな貿易理論において，前節までで紹介してきた交換，特化，多様化による貿易の利益に追加して指摘されたのが，再配分による利益と呼ばれる貿易利益である。ある国が貿易をしていない状態から貿易可能な状態になったとする。しかし，個々の企業が外国に対して自社製品を輸出するためには一定の固定費用が必要となることから，その固定費用を賄い利潤を出すのに十分な外国市場での販売（すなわち輸出）を行える企業，すなわちそれだけ効率的に（低コストで）製品を生産できる高い生産性を持った企業だけが輸出を行い，そうでない企業（すなわち生産性が低い企業）は輸出を行わず国内市場での製造販売にとどまる。この結果，輸出を開始した企業（輸出企業）は国内と海外の両方の市場に提供するため生産を増やす一方，輸出をしない企業（非輸出企業）は国内での生産量も減らすことになるか，場合によっては自国市場からの退出を迫られる。輸出企業が生産拡大のために必要とする追加的な生産要素（例えば労働）は，生産を縮小した非輸出企業や退出企業から不要になった分が再配分される。こうして，貿易を通じて一国の生産資源が生産性の低い企業から高い企業へと再配分されることにより，国内産業全体の生産性・効率性の向上に繋がる。これが再配分

による貿易の利益である。

　このように，貿易理論の発展とともにさまざまな貿易の利益が指摘・解明されてきたわけだが，その基本にあるメッセージはいずれも，貿易を行うことにより貿易に参加・従事する国がいずれも経済的利益を受けるということ，またその利益は貿易がより自由になる（貿易に対する障壁や貿易に伴うコストが低減しゼロに近づく）ことでより大きくなる，ということである。

【注】

1　これらの理論については前章（本書第Ⅱ部第1章）の第1.1節でも紹介されている。以下では同節で紹介された数値例を援用しつつそれぞれの理論について説明することとする。

2　前章の1.1.1に示された例にある「自国」をA国，「貿易相手国」をB国と，それぞれ言い換えている。

3　労働の量を測る単位としては通常，時間（労働時間）を用いるが，ここでの議論にはそこまでの厳密さは必要ないので，話を分かり易くするために人数（労働者数）で考える。

4　なお，この例のように，ある物事の費用をそれを選択するために諦めた別の物事の価値で測った費用のことを機会費用という。比較優位は，この機会費用がどちらの国において低いのかによって決まる。

5　理由は次のように考えるとよい。もし貿易後の工業品の価値が農産品の1倍未満（貿易前のA国より低い相対価格）になると，A国・B国いずれも工業品を作ろうとしなくなる（それぞれ貿易前の状態でいるほうが工業品の価値が高くなるため）。他方，もし貿易後の工業品の価値が農産品の2倍以上（貿易前のB国より高い相対価格）になると，A・B両国とも工業品ばかりを作ろうとするため農産品の生産をしなくなってしまう。貿易後も両国の消費者は両方のモノを需要するので，それを満たすためには貿易後もA・B全体で両方のモノが供給される必要があり，そのためには貿易後の相対価値はこれらの間に収まる必要がある。

6　なお，表の右側が示す労働1単位あたりの生産能力の数値はそれぞれ，左側に示されているモノ1単位あたりの生産に要する労働の逆数になっている点に注意。例えばA国について言えば，工業品1単位の生産に5人の労働者が必要となるということは，労働者1人が生産可能な工業品の数量は$1 \div 5 = 1/5$であるということになる。

7　ここでは前章の1.1.2に示された例にある「自国」をC国，「貿易相手国」をD国とそれぞれ言い換えている。

8　ここではC国についてのみこの理由を解説する（D国についても同様の方法で生産量が求められる）。工業品1単位につき4単位，農産品1単位につき1単位の資本が必要となるので，工業品の生産量をm，農産品の生産量をaで表すと，C国全体で必要となる資本量は$4 \times m + 1 \times a$で表される。これが資本の総賦存量200と等しくなることから，資本の配分については$4m + a = 200$の等式が満たされなければならない。同様に，労働の配分については$2m + 3a = 300$の等式が満たされなければならない。この2式を同時に満たす工業品生産量mと農産品生産量aは，2元1次連立方程式の解として，$(m, a) = (30, 80)$と求められる。

9　ここで紹介した単純化されたモデルでは，貿易後の生産の特化が起きない（あるいは貿易前に既に起きている）構造になっているため，特化の利益は現れない。但し，本来のヘクシャー＝オリーン・モデルでは，各産品の生産における要素投入の比率が固定的でなく柔軟に変化するので，貿易後は各国とも自国が比較優位を持つモノの生産量を増やし他方を減らすという部分的な特化が生じ

る構造になっており，特化の利益も現れる。

10　これに対して，性質や用途が同じで差別化も全くされていない（またはできない）モノのことを同質財と呼ぶ。

11　具体的には，初期投資等（例えば自社ブランド製品の開発費用など）生産量に関わらず生じる一定の費用（固定費用）が存在する。このような場合，製品1単位ごとの生産費（限界費用）が一定であっても，固定費用を含めた総費用を生産量で割った単価（平均費用）は，固定費用の平均が生産量が増えるほど小さくなるため，生産量の増加とともに低下する。

12　なお，消費者が貿易前より多くの種類の製品を消費できるようになるのは，貿易に伴う規模の経済により各製品の製造単価および価格が低下することによる。

13　なお，ここではクルーグマンのモデルに基づき消費可能な製品の多様化による利益について紹介した。これに対してイーシアのモデルでは，多様化による利益を，最終的に消費可能な状態に完成されたモノ（最終財）の生産過程で投入される部品や半完成品等の中間財に求め，より多種多様な中間財が投入されることにより最終財の生産が効率的になる，という形で理論化している。

14　このタイプの理論で最もよく知られているのがメリッツ（Marc Melitz）によるもので，その名をとってメリッツ・モデルと呼ばれる。

3 グローバル化する企業

3.1 企業の海外進出とその態様

　国際貿易や国際投資は，例えば「日本の米国への輸出」や「日本の中国に対する投資」というふうに，国と国との取引として表現されることが多いが，実際に貿易や国際投資を行っているのは個々の企業である。今日ではさまざまな企業が海外に進出して事業を展開しており，経済のグローバル化の中心にはこうした企業活動のグローバル化があると言えよう。

　企業はどのような方法・やり方で海外進出をするだろうか？　その態様には大きく分けて2つのあり方が考えられる。ひとつは，貿易すなわち自社の製品（モノやサービス）を輸出することである。自国内で生産して外国の市場で販売する，ということだが，こうした貿易による海外進出は古くから行われてきた。もっとも，今日の貿易というのは，後述するように，製品を最後まで完全に自国内で生産して最終的に消費または利用可能な状態になったもの（最終財という）を外国市場に輸出する，という単純なものではなくなっている。

　もうひとつは，海外に製造や販売の拠点を置いて外国で直接に事業活動を行うやり方である。今日われわれが「企業の海外進出」と聞いて一般に思い浮かべるのはこちらの方かもしれない。企業が海外で事業活動を行う場合，進出先の国で自ら新たな事業拠点を設立したり，その国に既に存在する企業を買収したりすることになるが，いずれの場合もそのための資本を進出先に投じることすなわち海外投資が必要となる。このように企業が外国で事業活動を展開することに伴う投資のことを海外直接投資（Foreign Direct Investment：FDI）という[1]。また，このようにして企業が自国[2]のみならず外国にも事業拠点すなわち支店や子会社，関連会社などを持つことを企業の多国籍化といい，またそのような企業を多国籍企業という[3]。

　なお，FDIは，企業が多国籍化する動機の違いによって大きく2つに分類されることが多い[4]。ひとつは，本国で生産した製品を外国に輸出した場合にかかる輸送費や相手国の関税といったコストを避ける目的で外国に本国と同様の生産拠点を設けて「現地製造・現地販売」を行う場合で，水平的FDIと呼ばれる。もうひとつは，製品の生産プロセスの一部を海外で行うために外国に拠点を設ける場合で，垂直的FDIと呼ばれる。パソコンなどの電子機器の生産において人手のかかる最終組み立ての作業を労働力の安価な外国で行うような場合が後者の例といえる。こうした垂直的FDIは，ひとつの製品の生産プロセスを複数の工程に分けそれぞれを最も効率的あるいは低コストで実施可能な国で行う形の国際分業（フラグメンテーション，オフショアリングなどと呼ばれる）の拡大と密接に関連している。またこうした国際分業は必然的に，ある製品が最終財になる前の段階（部品や未完成品）で国境を越えて移動したり取引されたりすることすなわち中間財貿易を伴うことになる。

3.2　国際化する企業とそうでない企業との違い

　さて，上記のように輸出やFDIを通じて海外進出あるいは国際化[5]している企業は一体どれくらい存在するのだろうか？　実は，国内の企業全体の中で国際化企業が占める割合はそれほど高くない。経済産業省が実施している「企業活動基本調査」によれば，令和2（2020）年度の日本の製造業企業1万2,771社のうち，モノの輸出を行っている企業は4,713社で全体の36.9%，また海外に子会社・関連会社を保有する企業は3,565社で全体の27.9%であった[6,7]。このように，国際化企業はどちらかと言えば"少数派"であり，そのことは日本に限らず諸外国でも同様に確認されている。

　では，こうした"少数派"の国際化企業と，そうでない企業すなわち本国内でのみ事業活動を行っている「非国際化企業」との間には，何らかの性質的な違いがあるのであろうか？　個々の企業の輸出やFDIの状況に関するデータを用いた近年の研究[8]から明らかになったのは，輸出やFDIを行う国際化企業は非国際化企業と比べて，平均的に（ⅰ）規模（従業員数，生産量や売上など）が大きい，（ⅱ）賃金が高い，（ⅲ）資本や技能（技能労働者や熟練労働者）をよ

り多く用いている，といった特徴や傾向が見られるということである。下の表は，こうした性質の違いを「プレミア」すなわち国際化企業の平均値が非国際化企業の平均値に対して何倍大きいかという指標で表している。またこの表からは，こうした性質の違いは「輸出している企業 vs. 輸出をしていない企業」の間よりも「FDI により多国籍化している企業 vs. FDI による多国籍化をしていない企業」の間でより顕著であることも分かる。

輸出企業・FDI 企業のプレミア

	雇用者数 プレミア	付加価値 プレミア	賃金 プレミア	資本集約度 プレミア	技能集約度 プレミア
輸出企業プレミア					
日本	3.02	5.22	1.25	1.29	1.58
ドイツ	2.99		1.02		
フランス	2.24	2.68	1.09	1.49	
イギリス	1.01	1.29	1.15		
イタリア	2.42	2.14	1.07	1.01	1.25
ハンガリー	5.31	13.53	1.44	0.79	
ベルギー	9.16	14.8	1.26	1.04	
ノルウェー	6.11	7.95	1.08	1.01	
FDI 企業プレミア					
日本	4.79	8.79	1.26	1.53	1.52
ドイツ	13.19				
フランス	18.45	22.68	1.13	1.52	
ベルギー	16.45	24.65	1.53	1.03	
ノルウェー	8.28	11.00	1.34	0.87	

(注) 日本のデータは 2003 年，その他の国については Mayer & Ottaviano（2008）からのもの。各指標のプレミアは，輸出（FDI）企業平均値の非輸出（非 FDI）企業平均値に対する比。
(出典) 若杉編（2011），表 1-5 より転載。

　さらに，国際化企業は非国際化企業と比べて平均的に生産性が高い，という特徴・傾向を持つこともさまざまな研究によって示されている。生産性とは，一定量の要素（インプット）を投じた場合にどれだけの産物（アウトプット）を生み出せるかを測った指標であるが，一般には労働生産性（1 単位あたりの労働インプットに対するアウトプット）や全要素生産性（資本，労働などのインプットを同じ量用いた場合のアウトプットの量を推計して表した指標で，英語の total factor productivity を略して TFP とも呼ばれる）といった指標を用

いて表される。つまり，国際化企業は非国際化企業に比べると，同じ量のインプットを用いた時により多くのアウトプットを生み出せるということであり，言い換えれば，より低コストで同じ量のアウトプットを生み出すことができるということである。こうした国際化企業の生産性における優位が規模や賃金などのプレミアの背景にあると考えられている。すなわち，国際化企業は非国際化企業よりも生産性が高いので，より大規模になり，生産量も多く，また高い賃金を支払っている，というわけである。

　では，なぜ国際化企業は非国際化企業よりも平均的に生産性が高いのだろうか？　これについては，大きく分けて2つの可能性（仮説）が指摘されている。ひとつは，もともと生産性の高い企業（だけ）が国際化しているのだ，というものである（自己選別仮説）。企業が国際化するためには，実際に製品を製造販売する前に一定の費用（固定費用）が必要になる。FDIによる多国籍化の場合は，進出先の国に拠点を設立するための費用がまず必要になるなど比較的イメージしやすいであろうが，輸出の場合にも，輸出先の国でまず製品の販路の確保や販売網の整備をするための費用が必要になるであろう。海外進出あるいは国際化のために必要なこうした固定費用を賄うには，進出先の海外市場でそれに見合うだけの販売収益をあげることが要求されるので，それが可能な生産性の高い企業だけが国際化を成し遂げているのであり，それが国際化企業の平均的な生産性の高さに現れているのだというわけである。他方，もうひとつの仮説は，国際化した企業は海外進出を通じて生産性を高めているのだ，というものである（学習効果仮説）。輸出やFDIを通じて海外進出をした企業は，国際市場での厳しい競争にさらされたり，外国市場で事業に関する新しい情報やノウハウを得たりした結果，生産性を向上させている可能性がある。またFDIの場合は，海外拠点として買収した外国企業が持つ技術やノウハウを直接的に吸収して生産性を高めているかもしれない。このように海外進出によって事後的に生産性を高めていることが，国際化企業の平均的な生産性の高さに現れているのだとも考えられる。

　なお，企業統計等のデータを用いた研究では，自己選別，学習効果の両方の可能性についてそれぞれエビデンスが提示されている。初期の研究では自己選別仮説について支持するいっぽう学習効果仮説については明確でないとするも

のが多かったが，最近の研究では学習効果仮説についてもエビデンスを示すものが増えてきている。

3.3　企業の海外進出の経済的影響

　このように企業が海外進出・国際化することによって，その企業の本国や進出先の国にはどのような経済的な影響があるだろうか？　ここでは，製造業部門を念頭に置きつつ，FDI を通じた企業の海外進出・多国籍化のケースに焦点を当てて，進出企業の本国すなわち FDI の投資国経済への影響と，進出先の国すなわち FDI の投資受入国（ホスト国）経済への影響とについて，それぞれ考えてみたい。

3.3.1　FDI の投資国への影響

　まず，FDI を通じて海外進出を行う企業の本国経済への影響について，(1)輸出，(2)雇用，および(3)生産性の3つの観点から考えてみよう[9]。

(1)　投資国からの輸出は増えるか，減るか？

　企業がFDIを通じて海外に事業拠点を設けると，本国からの輸出にはどのような影響が及ぶであろうか？　もし企業がそれまで本国で生産して外国市場に輸出していたのを外国での現地製造・現地販売に置き換えたとすれば（水平的FDI の場合），本国からの輸出は減ることになろう。他方，もし企業がフラグメンテーションにより本国と海外とで国際分業を行っているのだとすれば（垂直的 FDI の場合），部品や中間財の取引を通じて本国からの輸出は増えるとも考えられる。実際，企業レベルのデータを用いて統計分析を行った研究からは，水平的 FDI は輸出代替効果（輸出が現地生産に置き換わる）を，垂直的FDI は輸出促進効果を，より強く持つ傾向が示されている。

　現実にはさまざまな企業がさまざまな動機や形態による FDI を行っているので，上記の効果の両方が混在していると考えられる。従って，投資国全体で見た場合に輸出への影響がプラスなのかマイナスなのかは，いずれの効果がより大きいのかに左右されると言える。この点について，国あるいは産業レベル

のデータを用いて全体的な影響の分析を試みた研究では，FDIと輸出の間の補完的関係（FDIの増加に伴い輸出も増加する）を指摘するものが多いものの，現状では必ずしも一致した結果や見解が得られてはいない。

(2)　投資国の国内雇用は増えるか，減るか？

　企業がFDIを通じて海外進出をすると，本国の国内雇用にはどのような影響を及ぼすであろうか？　企業が国内にあった生産拠点を海外に移転する形で進出した場合，そのぶんの国内雇用が失われる可能性がある。他方，企業が生産あるいはその一部を担う拠点を海外に展開すると，それと補完的な本社機能あるいは本国の関連部門の活動が活発化し，それによって海外移転で失われた雇用を補いまたは上回るだけの新たな雇用を本国で生み出す可能性もある。いずれの可能性がより現実に当てはまっているのかについては，統計データを用いた分析によって検証する必要がある。

　これまでの研究のうち，企業レベルのデータを用いた分析からは，企業の海外への生産移転は必ずしもその企業の国内雇用を減少させるものではないことが示されている。また，FDIを行った企業はそうでない企業に比べて長期的には国内の雇用をより維持あるいは増加させる傾向があることも指摘されている。他方，国や産業レベルのデータを用いた分析では，用いられるデータや対象期間，分析や推計の方法の違い等により結果がかなり異なっている。しかしながら，いずれの研究においても，FDIには本国雇用に対する喪失と創出の両方の効果があることが指摘されている。すなわち，現実は少なくとも「企業が海外移転をすると国内の雇用が減る」と単純に言い切れるわけではない，ということである。

(3)　投資国の生産性は向上するか，低下するか？

　企業がFDIを通じて海外進出すると，本国における経済あるいは産業全体の生産性にはどのような影響があるであろうか？　企業が本国にある拠点と海外に設けた拠点との分業を通じて全体的な効率化やコスト削減を実現できれば，企業そのものの生産性向上に繋がるであろう。また，前節で「学習効果」として述べたように，進出先の海外市場や拠点として傘下に収めた外国企業から得

た情報，知識，技術やノウハウにより本社部門の生産性を向上することも可能
であろう。このように，海外進出した個々の企業が本国拠点や本社部門の生産
性を向上すれば，全体として本国の経済・産業レベルでの生産性の向上にも繋
がるであろう。さらに，前章（第Ⅱ部第2章2.3節）で述べたように，輸出も
含めた企業の国際化により本国国内において生産性の低い企業から高い企業へ
の生産資源の再配分が促され，これにより経済や産業全体での生産性が向上す
る可能性も考えられる。他方，企業が海外移転する前に国内において集積によ
る外部経済効果が実現しているような場合には，そこから一部の企業や拠点が
海外移転することでその効果が失われ，国内に残った企業や拠点の生産性が全
体として低下する場合もあるかもしれない[10]。

　これに関する研究では，企業レベルのデータを用いた統計分析において特に
垂直的FDIを行った企業について本国部門の生産性向上効果を指摘するもの
が多いようである。また，貿易に関する分析では企業の国際化の機会拡大が資
源の再配分を通じて産業全体の生産性向上に繋がることを示した研究もある。
他方，企業集積の効果あるいは海外移転による集積喪失の効果については，外
部経済効果を統計データとして観察・計測することが実際には難しいこともあ
り，分析は容易でない面がある。

3.3.2　FDIのホスト国への影響

　次に，FDIを通じた企業の海外進出が進出先の国すなわちFDIのホスト国に
どのような影響をもたらすかについて，ホスト国の経済成長への影響の観点か
ら考えてみたい[11]。

　外国からのFDIあるいは外国企業の参入を受け入れたホスト国では，これら
外国企業の投資や参入により国内の生産資源が増加し，雇用を含めた国全体の
生産能力の量的な拡大に繋がることが期待できる。また，外国企業の参入によ
る国内市場の競争の激化や，外国企業が持つ知識や技術やノウハウの伝播（ス
ピルオーバー）を通じて，ホスト国の地元企業の生産性が向上し，ホスト国全
体の生産能力の質的な拡大も期待できるかもしれない。こうしたことを通じ
て，企業の海外進出やFDIはホスト国の経済成長を促進する可能性がある。

　FDIのホスト国経済への影響に関しては，統計データを用いた多くの研究

で，外国からの FDI 受け入れとホスト国の経済成長パフォーマンスとの間に正
の相関があることが繰り返し確認されている。つまり，外国からの FDI を多く
受け入れている国ほど経済成長率が高いという傾向があるのである[12]。但し同
時に，外国からの FDI の受け入れが経済成長に繋がるためにはホスト国に一定
のキャパシティがあること——教育，経済インフラ，地元企業の技術や能力，
金融市場の発展状況などが一定水準に達していること——が条件となっている
ことも，多くの研究が指摘している。

【注】

1　企業が進出先で事業拠点を新設をする場合の投資をグリーンフィールド FDI，既存の外国企業を
　　合併・買収して拠点とする場合の投資をクロスボーダー M&A と呼んで区別することがある。また，
　　事業活動を行う目的を持たずに資本を海外に投資する場合があり，これを直接投資と区別して間接
　　投資または証券投資と呼ぶ。

2　以下，本社あるいは親会社が存在する国という意味で「本国」と呼ぶ。

3　国連貿易開発会議（UNCTAD）の定義では，2か国以上に拠点を有する企業を多国籍企業（trans-
　　national corporation：TNC）としている。なお多国籍企業を表す英語としては multinational enter-
　　prise（MNE）がより一般的に用いられる。

4　以下の説明では製造業を念頭においているが，FDI や企業の海外進出はもちろん製造業に限らず
　　行われている。また，実際の FDI の形態は企業の事業内容や海外進出目的によってより複雑に分か
　　れているといえる。

5　FDI を通じた「多国籍化」と区別するため，こう称する。

6　これらの数値は経済産業省「2021年企業活動基本調査確報—2020年度実績—」の付表に報告され
　　ている数値から筆者が抽出・計算した。

7　これらの国際化企業比率は，業種別に細かく見た場合にはばらつきがある。輸出企業比率につい
　　ては，最も高い業種（業務用機械器具製造業）で 60.5%，最も低い業種（印刷・同関連業）では
　　9.8% であった。また子会社・関連会社保有企業比率については，最も高い業種（ゴム製品製造業）
　　で 40.4%，最も低い業種（なめし革・同製品・毛皮製造業）では 10.0% であった。

8　こうした企業レベルのデータを用いた国際経済学の研究は過去四半世紀の間に急速に進んできた
　　が，国や産業・貿易品目レベルでの伝統的な統計データに比べると整備・普及状況や利用可能性は
　　まだまだ限られており，今後の普及とそれによる研究の発展・深化が望まれるところである。

9　なお本節の議論は，主に松浦（2011）に基づいている。

10　ここで言う集積の外部経済効果とは，ごく単純に表現すれば，企業や拠点が近くに集まることに
　　より単独では得られなかった情報交換や技術伝播により互いに生産性にプラスの影響を及ぼし合う
　　ような状態のことで，言うなれば 1+1 が 2 よりも大きくなっている（例えば 3）状態である。もし
　　これが実現しているとすると，ある企業が集積から抜けることで外部経済効果は失われるため，
　　3−1 が 2 にとどまらず 1 まで下がってしまうというように残った企業や拠点の生産性にも負の影響
　　が及ぶことが考えられる。

11　なお本節の議論は主に国際協力銀行開発金融研究所（2002）に基づいている。

12　但し，このことが FDI の受け入れが経済成長を促進させる要因となっていることを示していると
　　直ちに結論づけることはできない。なぜなら，経済成長率の高い国ほど外国からの FDI を引きつけ

　ているという逆の因果関係の可能性もあるからである。

【参考文献】

Mayer, Thierry and Gianmarco I. P. Ottaviano (2008), "The Happy Few: The Internationalisation of European Firms," *Intereconomics*, Vol. 43 (3), pp. 135-148.

国際協力銀行開発金融研究所（2002）「直接投資が投資受入国の開発に及ぼす効果」JBIC Research Paper No. 15。

松浦寿幸（2011）「空洞化──海外直接投資で「空洞化」は進んだか？」『日本労働研究雑誌』2011 年 4 月号（No. 609），18-21 頁。

若杉隆平編（2011）『現代日本企業の国際化──パネルデータ分析』岩波書店。

4 通貨と国際資金循環

4.1 国際通貨

　商品の交換の際に，価値の尺度（計算単位），支払い手段の役割（決済手段）と生み出された価値を貯蔵する役割（価値貯蔵手段）を持つものを貨幣という。通貨は，一般には貨幣と同義に用いられているが，厳密には貨幣の諸機能のうち商品流通の媒介物としての流通・支払手段の機能を果す貨幣のことをいう。

　通貨のうち，国際間の決済に広く使用される通貨を国際通貨という。日本では円，米国ではドル（米ドル），ドイツやフランスではユーロなど，多くの国々は独自の通貨を使用している。国際通貨は，これら各国の国内通貨と別にあるのではない。各国通貨の中で，自由な交換性があり，安定した価値を持ち，調達が容易で，通貨発行国の金融市場が国際金融市場機能を有しているなどの要件を満たした通貨が国際通貨である。

　国際通貨の中でも，ドルは基軸通貨といわれる。それは，決済通貨として国際間の貿易・資本取引に広く使用されており，各国通貨の価値基準となっていること（基準通貨），各国通貨当局が対外準備資産として保有していること（準備通貨），という基軸通貨の要件を備えているからである。

　また，第2次世界大戦後，世界最大の経済力や軍事力を背景に米国がIMF体制の下でドルと金を交換可能としてきたことや，世界最大の国際金融センターの存在[1]もドルを基軸通貨にしてきた要因である。新興国によっては，信認のない自国通貨に代わってドルを法定貨幣（法貨）にしている国があり，自国通貨の代わりにドルを法貨とする政策は「ドル化」と呼ばれる。なお，現金通貨は国家が法律で定めた法貨であるが，単一通貨ユーロは国家主権を持つ20か国が単一の通貨を発行・流通させるものである。

4.2 外国為替レート

4.2.1 外国為替市場

　国内での決済とは異なり，国際間の取引は通常預金通貨で決済される。為替（かわせ）とは，遠隔地間の債権債務の決済や資金移動を，金融機関の仲介によって現金輸送なく同一地域内で決済を行う方法・手段である。このうち国際間で預金通貨による決済を円滑に進めるための方法・手段が外国為替である。

　国際商取引では，財・サービスが国境を越えて移動することに伴い，自国通貨と外国通貨を交換する外国為替取引が行われる。そして，通貨を交換する市場が外国為替市場である。

　外国為替市場は，銀行と顧客との間で外国為替取引が行われる対顧客外国為替市場と，銀行間で外国為替取引が行われるインターバンク外国為替市場がある。顧客は，外国との間で財・サービスを輸出・輸入する輸出入業者や商社，個人である。インターバンク外国為替市場の主な参加者は銀行と外国為替ブローカーであり，銀行は，顧客との取引や自己の外国通貨の資金残高などを調整するために銀行間で外国通貨の売買を行う。外国為替ブローカーは，銀行からの売買の注文を受けて売買を成立させる仲介業務を行う。また，外国為替相場が急激に変動して経済に大きな支障をもたらすとみられるときには，政府や中央銀行といった通貨当局が市場で通貨の売買を行って介入する場合がある。これを為替介入という。

　外国為替取引の多くは直物（じきもの）取引となっている。直物取引とは，売買契約と同時に決済が行われる取引であるが，銀行間の取引では資金の受け渡しが2営業日後に行われることになっている。一方，先物（さきもの）取引は，直物取引の期日を超えた将来の特定日に外貨の受け渡しを行うことを現時点で約定しておく取引を指す。

　国際決済銀行（BIS）の調べによると，外国為替取引は2022年現在で1日平均7.5兆ドルに上っており，主要通貨別では米ドルが取引全体の44%，ユーロが15%，円が8%，人民元が3.5%となっている。市場としては，イギリスが1位で38%，米国が19%，シンガポールが9%，香港が7%，そして日本は第5

位の 4% となっている[2]。

4.2.2　外国為替レート

　外国為替市場で決まる自国通貨と外国通貨の売買の際の交換レートを外国為替レート（為替レート）あるいは外国為替相場という。為替レートは，自国と外国の通貨への需要と供給に影響を与える経済，金融，政治外交など多くの要因に影響されて日々変動している。

　外国通貨 1 単位に対する自国通貨の交換比率を示す表示方法が自国通貨建て（邦貨建て）であり，価値が自国通貨で表示される。一方，自国通貨 1 単位に対する外国通貨の交換比率を示したのが外国通貨建て（外貨建て）である。1 ドル 100 円は自国通貨建ての表示であり，外国通貨建てでは 1 円＝0.009524 ドルといった表示になる。

　市場で売買される際の為替レートは名目為替レートと呼ばれるが，2 国間の物価水準の違いを考慮して計算された為替レートが実質為替レートである。また，ある国の通貨とその国の主要貿易相手国との為替レートをその貿易量で加重平均し，指数化して算出した為替レートを実効為替レートといい，名目実効為替レートと実質実効為替レートがある。

4.2.3　外国為替レートの決定要因

　ここで為替レートの決定要因を説明しておこう。
①購買力平価説（Purchasing power parity）
　同じ財・サービスでは自国と外国で同じ価格が成り立つ（一物一価の法則）ことを前提に，自国と外国の財市場の物価水準（貨幣の購買力）が為替レートを決定するという考え方である。
②マネタリー・アプローチ
　自国と外国で貨幣供給量，利子率，実質所得に違いがあれば物価水準の違いとなって現れる。マネタリー・アプローチとは，物価水準が為替レートを決定するという考え方に立ちつつ，物価水準が貨幣の需要と供給によって決定されることを重視して，貨幣的側面から為替レートの決定を説明する考え方である。
　需要と供給が変化した場合，物価が完全に新たな需要と供給に応じた水準とな

るには時間がかかる。①，②の考え方は，時間をかけて収束する2国間の物価差を組み込んでおり，基本的に長期的な為替レート水準を説明する際に用いられる。

③アセット・アプローチ

巨額の金融資産を運用する投資家は，外国に高収益が予想される金融資産があることを知れば，その資産に持ち替えて運用しようとする。しかし，外国の金融資産への投資が増えれば，外国通貨の需要が増えて為替レートも外国通貨高・自国通貨安となり，結局は自国での金融資産の収益率と均衡するところに為替レートが決定されることになる。こうした，資産選択を背景とした取引に応じて為替レートが決まるとする考え方がアセット・アプローチである。

④金利平価説

外国為替市場の説明において述べたように，為替取引には直物取引と先物取引とがある。自国よりも外国の金利が高い場合には直物取引で自国通貨を外国通貨に替え，金利の高い外国で運用する方が利益となるが，運用後に自国通貨に交換する際の為替変動リスクが残る。これを回避するためには先物取引で外国通貨を売る予約をすることになるが，そうした取引を反映して為替市場では外国通貨の直物為替レートより，先物為替レートは安くなる（減価する）。金利平価説は，外国の金利が自国の金利を上回るとしても，その差分は直物と先物との為替レートの差によって相殺され，結果的には自国通貨で運用する金利と一致するように為替レートが決定されるとする考え方である。③，④は，基本的に短期間で変化する為替レートを説明する際に用いられる。

4.3　国際資金循環

4.3.1　国際収支表

国際収支とは，一定の期間における居住者と非居住者の間で行われたあらゆる対外経済取引，すなわち財貨，サービス，証券等の各種経済金融取引，それらに伴って生じる決済資金の流れ等を指し，それらを体系的に記録したのが国際収支表である。

国際収支表は，「経常収支」，「資本移転等収支」，「金融収支」，「誤差脱漏」の4つの項目で構成されている（表Ⅱ-4-1）。

表Ⅱ-4-1　国際収支表の構成項目

経常収支（貿易・サービス収支，第一次所得収支，第二次所得収支の合計） 　　○貿易収支：財貨（物）の輸出入の収支 　　○サービス収支：サービス取引の収支 　　○第一次所得収支：対外金融債権・債務から生じる利子・配当金等の収支 　　○第二次所得収支：居住者と非居住者との間の対価を伴わない資産の提供に係る収支 資本移転等収支 金融収支（直接投資，証券投資，金融派生商品，その他投資及び外貨準備の合計）

　「経常収支」は，「貿易・サービス収支」「第一次所得収支」，「第二次所得収支」からなる。「貿易・サービス収支」のうち「貿易収支」は財（モノ）の輸出額と輸入額の差を示し，「サービス収支」は，輸送費，通信費，金融・保険，旅行などサービスの輸出額から輸入額を引いた差を示す。

　「第一次所得収支」は，居住者の対外資産からの投資収益から非居住者の対内資産からの投資収益を引いたものである。配当，利子，工場などからあがる投資収益にくわえて，居住者・非居住者間での雇用者に対する雇用者報酬もある。「第二次所得収支」は，保険金，政府の国際機関への拠出，食料などの無償援助など資金の一方的な移転の収支を示す。「資本移転等収支」は，対価の受領を伴わない固定資産の提供，債務免除のほか，非生産・非金融資産の取得処分等の収支状況を示す。「金融収支」は，直接投資，証券投資，金融派生商品，その他投資及び外貨準備の合計であり，金融資産にかかる居住者と非居住者間の債権・債務の移動を伴う取引の収支状況を示す。

　国際収支表を見ると，一国が外国とのどのような経済取引で黒字や赤字になっているのかがわかる。一国の国民所得（Y）は，消費（C），投資（I），輸出（X）と輸入（M）の差の合計であらわすことができる（$Y = C + I + X - M$）。経常収支（$X - M$）は，経常収支（$X - M$）$= Y - C - I$ となるが，一国の経済取引による外国とのお金の出入りを示す。この式において，国民所得（Y）と消費（C）との差は貯蓄（S）に他ならない（$Y - C = S$）ので，経常収支は一国のある期間の貯蓄と投資の差に一致する（$X - M = S - I$）。日本は，個人と企業による貯蓄超過が政府支出の貯蓄不足（投資超過）を上回っており，経常収支は黒字となっている。

4.3.2 国際資金循環

　世界の国々は，経常収支黒字国（貯蓄超過国）と赤字国（投資超過国あるいは貯蓄不足国）に分類される。世界では，国と国の間で経済活動や金融活動に伴って決済や直接投資，証券投資などさまざまな形での金融取引が行われ，各国で経常収支の黒字（貯蓄超過）や赤字（貯蓄不足）が生じるとともに，経常収支黒字国から赤字国に資本が輸出されることでいずれの国も貯蓄と投資の過不足を調整している。

　一定期間についての家計・事業法人・政府等各経済主体の金融資産，金融負債の増減や残高を部門別に作成しているのが資金循環統計である。一国の経済で，企業・家計・政府・金融・海外の各経済部門における通貨・信用の流れを資金循環（flow of funds）といい，国際資金循環は，国と国の間での貿易・サービス取引，経常収支不均衡調整や金融投資行動などにかかわる通貨・信用の流れをいう。GDP 算出に使用される SNA（System of National Accounts，日本では国民経済計算）の資本勘定の国内部門全体の資金過不足は，国際収支と関連する海外部門（海外勘定）との間での金融取引によって調節される。誤差脱漏がない場合，海外部門の資金過不足＝対外債権増加－対外債務増加＝経常収支＋資本移転等収支＝－金融収支となる。

　国際資金循環の中心には米国がある。これは，米国が世界最大の経常収支赤字国であることに加えて，ドルが基軸通貨で多くの国が国際取引の決済通貨として使用していること，米国には流動性のある多くの金融商品があり，世界の国際金融センターとなっていることなどが要因である。

　世界各国の家計・企業・政府各部門の資産・負債残高は増え続けており，世界的に資本規制の緩和が進み，金融のグローバル化も進展している。ニューヨークのみならず，ロンドン，シンガポール，香港などの国際金融センターで新たな金融商品の開発と提供が進んでいることもあり，世界の中で収益を求めて移動する流動性はますます増加している。

　流動性とは，最も損失を被ることがなく，取引の決済に用いることのできる金融資産をいい，最も流動性の高い資産は貨幣である。世界で貿易・サービス取引や金融取引を円滑に行うためには，ただちに自国の貨幣に換えることができる可能性が高い通貨や金融商品が選好され，通例は主要な為替市場で広範に

取引されているドル，ユーロ，円といった国際通貨が使用される。また，国家間における債務の最終的な対外決済手段としての流動性としては，通常は通貨当局が外貨準備として保有する金，外国為替とSDR[3]保有額ならびにIMFにおけるリザーブ・ポジション[4]が該当する。

4.3.3　国際資金循環の意義と課題

　国際資金循環の広がりは，国際的な経済取引と金融取引の拡大を示すものであり，世界の経済発展に貢献している。特に，国際金融取引では，国と国との間の予想収益率の違いや為替レート，資産価格の変化の見通しなどを通じて，利鞘を求める金利裁定や投機的な投資がますます活発に行われている。

　一方，国際資金循環が密になったことで，各国の経済と市場の相互関連と一体化が進み，主要な金融資本市場で発生した危機が他の国々の金融資本市場に伝播しやすくなって，後で論じる世界的な通貨危機が発生しやすくもなっている。とりわけ，世界経済と国際金融取引に占める割合が高い米国で発生したITバブル崩壊やリーマン・ショックなど経済金融危機が，世界的な危機に発展した。

　一般的に，経常収支赤字国では，経常収支赤字が対外純債務を累積させ，第一次所得収支の赤字を通じてさらに経常収支の赤字が積み上がりやすい。他方，経常収支黒字の先進国では，対外直接投資や対外証券投資での対外債権積み上がりがキャピタルゲイン[5]とインカムゲイン[6]を生み，第一次所得収支にプラスに寄与することとなる。

4.4　通貨危機

4.4.1　世界的経常収支不均衡の拡大

　世界の経常収支不均衡は大きい。世界の経常収支を主要な国・地域別にみると，米国が巨額の経常収支赤字国となっている一方，中国，ドイツを始めとする欧州先進国，中東産油国や日本などが大きな黒字国・地域となっている（図Ⅱ-4-1）。

　経済と企業活動のグローバル化，米国の需要超過や原油・資源価格の上昇な

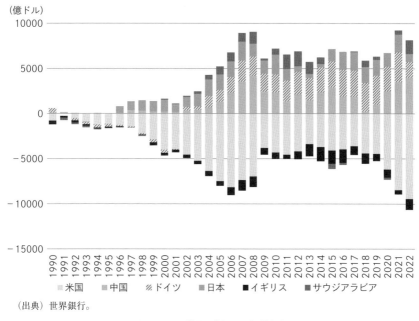

（億ドル）

（出典）世界銀行。

図Ⅱ-4-1　世界の主要国の経常収支

　どが，米国以外の主要先進国，中国などの新興国や産油国・資源国の経常収支黒字を拡大させた要因である。

　すべての国際取引の決済が滞りなく行われるとはかぎらない。現在の世界の経常収支不均衡が危機につながっていないとしても，資源や産業競争力に乏しく，十分な流動性確保の手段を持たない国では，国に必要な財やサービスの輸入が滞ることが生じる。また，過大な輸入や借入によって，輸入決済や対外債務返済に支障を来すこともある。

　さらに，流入していた資本が急激に流出に転じることでも輸入決済等への支障が生じうる。特に，経済や金融のグローバル化の進展で，先進国のみならず発展途上国に対しても，収益を求めた国際的な資本移動が活発になっている。発展途上国などへの資本流入が十分な収益を生んでいるのであれば問題は生じないが，何らかのショックで突然資本が流出してしまう可能性もある。とりわけ，短期の証券投資や銀行融資などでは，長期的に投資する直接投資などと比

べて突然のショックで資本が流出する可能性は高い。

4.4.2　通貨危機

　短期の資本流出や投機的攻撃などを通じて自国通貨の対外的価値が急激に下がり，経済に混乱と打撃を与える危機が通貨危機である。

　自国通貨の減価を招く通貨危機の要因としては，インフレ亢進や経済金融政策の失敗などで通貨の信認が失われ，対外支払い準備としての外貨準備も急激に減少することが指摘できる。また，固定相場制の下では，投機的攻撃によって相場が維持できなくなる場合もある。近年では，金融のグローバル化で世界的な資本移動が活発になっており，短期の巨額な資本流入が一気に資本流失に転じ，流出に際してその国の通貨が売られて通貨危機に陥る場合もある。これらのことから，通貨危機の契機となる通貨の暴落は，インフレ，各国の金融市場の発展や規制緩和などによる金融のグローバル化と密接に関連していることがわかる。

　通貨危機としては1997年のアジア通貨危機が有名である。当時，タイではドル・ペッグ制[7]の下で高い経済成長を実現していたことが，ドルとの為替リスクもなく高い収益率が見込めるとして多額の短期資本流入を招いた。しかし，ドル高タイ通貨（バーツ）高等による貿易収支の悪化や成長の陰りとともに資本が流出に転じ，売り込まれたタイバーツを買い支えた外貨準備が減少し，ドル・ペッグ制の維持が困難となることで通貨暴落につながった。そして，通貨危機はタイと似た形で成長していたアジア各国に伝播した。

4.4.3　通貨危機の発生要因

　通貨危機の発生要因は必ずしも単一ではない。アジア通貨危機に見られるような資本の流入・流出に絡んで発生する危機もあれば，不適切な経済金融政策運営が招く危機もある。それらを説明する主要なモデルとしては，クルーグマン（P. Krugman）やオブストフェルド（M. Obstfeld）などにより示された，通貨危機を第1世代モデルから第3世代モデルに分けるものがある。

①第1世代モデル（ファンダメンタルズ・モデル）

　一国の財政赤字拡大を中央銀行がファイナンスすることで，貨幣供給増とイ

ンフレが生じ，経常収支赤字をもたらす。固定相場制の下では，経常収支の赤字拡大による自国通貨売りを外貨準備による外国通貨売り（自国通貨買い）で相殺して為替レートを維持することになるが，やがて外貨準備が枯渇して通貨危機が起こるとするモデルである。

②第2世代モデル（自己実現的モデル）

一国が不適切な経済金融政策を行っていなかったとしても，投機家が，その将来の為替レート予測に基づいて自己実現的な期待による投機的攻撃を行い，それが成功することで通貨の減価と通貨危機が発生するとするモデルである。

③第3世代モデル

一国の民間金融機関や企業・個人が外貨建ての短期銀行借入を行ったものの，経済金融情勢の変化などによって結果として過大となっているところに何らかの契機で短期資金の流出と為替レートの急落が生じて通貨危機と国内金融危機が同時発生するとともに，その悪循環を招くとするモデルである。アジア通貨危機がその事例である。

【注】

1　世界金融センター指数（Global Financial Centres Index, GFCI）(2019/9) と国際金融センター発展指数）(International Financial Centers Development Index) (2014) ではニューヨークが世界一の国際金融センターとされている。

2　国際決済銀行（BIS），"2022 Triennial Central Bank Survey of Foreign Exchange and OTC Derivatives Markets", 2022/11

3　SDR（特別引出権）とは，IMF 加盟国に出資割当額に応じて配分され，国際収支の悪化や国際流動性不足の際に SDR を他の加盟国に引き渡すことで他の加盟国から外貨を引き出す権利を指す。

4　IMF リザーブ・ポジションとは，IMF 加盟国が，国際収支上必要である場合に，出資金に応じて IMF から無条件で借りることができる限度額のこと。

5　キャピタルゲインとは，保有している株式や債券などの資産の売却によって得られる売買差益を指す。

6　インカムゲインとは，預金利息や債券の利子，不動産の家賃収入など資産の保有中に継続的に得られる収益のことを指す。

7　ドル・ペッグ制とは，自国・地域の通貨と米ドルの為替レートを固定的に保つようにする制度を指す。

【参考文献】

伊藤元重（2005）『ゼミナール国際経済入門』改訂3版，日本経済新聞社。

川上孝夫・藤田誠一編（2012）『現代国際金融論』第4版，有斐閣ブックス。

橋本優子・小川英治・熊本方雄（2019）『国際金融論をつかむ 新版』有斐閣。

若杉隆平（2009）『国際経済学』岩波書店。

5　貿易と投資の国際ルール

5.1　世界貿易システムと WTO[1]

5.1.1　WTO 以前：戦後の世界貿易システムと GATT

　1930 年代初頭，世界恐慌の中で欧米を中心とした各国は，外国からの輸入を制限することで自国の産業や雇用を守ろうとして保護主義的な貿易政策[2] をとった。その結果，世界の貿易は急速に収縮し，そのことがかえって各国の不況からの経済回復を遅らせる結果に繋がったと言われている。この反省を踏まえ，第 2 次大戦後に各国は，貿易自由化を目指した国際機関（国際貿易機関：ITO）の設立を目指して協議を開始すると同時に，世界恐慌時から残っていた保護主義的貿易政策を見直すべく関税の相互引き下げ交渉を行い，1947 年 10 月，23 か国により関税と貿易に関する一般協定（GATT）が締結された。GATT は当初 ITO 設立までの暫定的な協定と位置付けられていたが，ITO 設立が失敗に終わったため[3]，その後 47 年間にわたり貿易に関する事実上の国際機関として，世界各国が貿易自由化を促進するための交渉と意思決定の場として機能することになり，戦後の世界の貿易ルールはこの GATT 体制の下で形成されていった。

　GATT 体制の下，加盟国は互いに輸入関税等の貿易障壁を引き下げるべく多国間交渉を重ねていった。合意に至るまでの一連の交渉はラウンドと呼ばれ，GATT 時代には 8 回のラウンドで交渉が行われ，表Ⅱ–5–1 に示す通り，ラウンドを重ねるごとに交渉参加国すなわち GATT 加盟国も増えていった[4]。また，初期のラウンドでは交渉は専ら輸入関税を対象としていたが，関税の引き下げが進んでいくにつれ，また世界の貿易がより複雑なものになっていくにつれ，交渉のテーマは関税以外の貿易障壁やルールへと拡大していった。

表Ⅱ-5-1　GATTの貿易交渉ラウンド

年・期間	ラウンド名（または開催地）	交渉の分野・テーマ	参加国数
1947	第1回（ジュネーブ）	関税	23
1949	第2回（アヌシー）	関税	13
1951	第3回（トーキー）	関税	38
1956	第4回（ジュネーブ）	関税	26
1960-1961	ディロン・ラウンド	関税	26
1964-1967	ケネディ・ラウンド	関税，反ダンピング措置	62
1973-1979	東京ラウンド	関税，非関税障壁等	102
1986-1994	ウルグアイ・ラウンド	関税，非関税障壁，サービス貿易，知的財産，紛争解決手続き，WTOの設立等	123

（出典）WTO (2015), p. 16.

5.1.2　GATTウルグアイ・ラウンドとWTOの発足

　GATTの下での最後の貿易交渉となったウルグアイ・ラウンドは，1986年9月に始まった。サービス貿易や知的財産を含む過去に類を見ない多種多様な議題や参加国の多さもあり，交渉は7年超の長期にわたったが，1994年4月に参加123か国により合意文書に署名がなされた。この合意のハイライトが，国際貿易とそのルールに関する恒久的国際機関としての世界貿易機関（WTO）の設立であり，ウルグアイ・ラウンドで署名された協定（世界貿易機関を設立するマラケシュ協定）により1995年1月にWTOが発足し，同時にウルグアイ・ラウンドで合意された各種協定やルールが発効した。

5.1.3　WTOの概要

　こうして設立されたWTOは，貿易および貿易に関連したさまざまなイシューに関する国際機関として，加盟国による多国間貿易交渉の「議場」であると同時に，協定により定められたルールの実施管理を担う機能を持つ。また後に述べるように，貿易に関する加盟国間の紛争解決をはかる機能も持っている。加えて，加盟各国の貿易政策に関する定期的なレビューや情報公開も行っている。

　WTOとGATTの最も大きな違いの1つは，GATTが基本的にモノの貿易のみを対象としたルールであったのに対し，WTOではサービス貿易や貿易に

表Ⅱ-5-2　WTO協定の基本構造

包括協定	WTO設立協定（マラケシュ協定）		
	モノの貿易	サービス貿易	知的財産
基本原則	GATT	GATS	TRIPS
追加的詳細	（個別品目や項目に関する協定，附属書）	（各種サービスに係る附属書）	
その他	各国のコミットメント・スケジュール	各国のコミットメント・スケジュール（およびMFN例外事項）	
紛争解決	紛争解決に係る規則及び手続に関する了解		
政策の透明性	貿易政策検討制度		

（出典）WTO (2015), p. 24.

おける知的財産を対象としたルールも含んでいることである。表Ⅱ-5-2に示すとおり，協定としてのGATTは今日でも，モノの貿易とそのルールに関する基本協定として，ウルグアイ・ラウンドで合意されたサービス貿易に関する協定（サービス貿易に関する一般協定：GATS），知的財産に関する協定（知的所有権の貿易関連の側面に関する協定：TRIPS協定）と並び，WTOにおける中心的な協定として位置づけられている。その他，WTOの下には，個別のテーマに関する協定を含む約30の協定や合意ならびに加盟各国の約束（コミットメント）[5]が存在する。

　なお，2023年9月現在のWTOの加盟国は164か国であるが，これら加盟国による貿易は世界貿易全体の98%を占めている[6]。

5.2　WTO体制での国際貿易ルールの基本

5.2.1　2つの無差別原則

　WTOにおける貿易のルールは，2つの無差別原則によって貫かれている。ひとつは，「貿易においてすべてのWTO加盟国を同等に扱わなければならない」という原則で，最恵国待遇（MFN）の原則と言われる。例えば，ある国が日本からの輸入車に対して他の国に対してよりも低い3%という率の関税を課す約束をした場合，その国は日本以外の全てのWTO加盟国からの同種の輸入

車に対する関税率も同じく3%にせねばならない，ということである。この
MFN原則は，GATTでは協定の第1条に，GATSでは第2条に，またTRIPS
協定では第4条に，それぞれ規定されている[7]。

　もうひとつの無差別原則は，「いったん国境を超えて国内市場に入ってきた
外国製品は国産品と同様に扱われなければならない」という原則で，内国民待
遇の原則と言われる。例えば，日本で販売されている国産品に10%の消費税を
課すいっぽうで，（一旦関税を課されたうえで）日本国内で販売されている外
国製品に対してのみ10%を超える高い消費税を課すようなことは認められな
い，ということである。内国民待遇原則は，GATTでは協定の第3条に，
GATSでは第17条に，TRIPS協定では第3条に，それぞれ規定されている。
なお，国内市場での取引において国産品と外国製品を差別的に扱うことは禁じ
られているが，外国製品が国境を超えて入ってくる際にこれに対して国産品に
は課されない輸入関税を課すことは認められている。

5.2.2　WTOのルールにおけるその他のポイント

　上記の2つの無差別原則に加え，WTOの貿易ルールにおけるその他の要点
をいくつか挙げる。

　WTOは，貿易政策の透明性や予見可能性を重視している。貿易交渉を通じ
て各国が合意した関税（の上限値）については，それを文書化して加盟国間で
共有するとともに拘束力を持たせるようにしているのもその現れである。ま
た，輸入における数量制限の原則禁止（GATT第11条）も，この透明性・予
見可能性に関連していると考えられる。WTOでは，外国からの輸入品につい
て関税を課すことは認められているが，貿易数量を直接的に制限することは原
則的に認められていない[8]。WTO発足に伴い，それまで適用されていた輸入に
対する数量制限は全て関税の形に置き換えられねばならなくなった（関税
化）[9]。WTOのルールが貿易の数量制限を原則として禁じているのは，関税に
よる輸入制限の場合に比べて市場メカニズムに基づいた貿易を歪める効果（貿
易歪曲効果という）が大きい[10]と考えているからであろう。また数量制限のほ
うが政治的な恣意性や不透明性を伴う可能性が高いという懸念もあるのであろ
う。

　また，WTO は貿易における「公正な」競争の促進も重視しており[11]，競争
上「不公正」と見做される一定の貿易慣行については加盟国に対抗措置をとる
ことを認めている。ひとつは，ある国が輸出においてダンピングを行った場合
の相手輸入国による対抗措置（反ダンピング措置）である。ダンピングは不当
廉売と訳されるが，貿易においては輸出国がある製品を自国での国内販売価格
より低い価格で外国に輸出することを意味する。反ダンピング措置は通常，輸
出国によるダンピング効果を相殺する水準まで輸入国が関税を引き上げるとい
う形をとる。もうひとつは，ある国が補助金を通じて自国の輸出促進をはかっ
た場合の相手輸入国による対抗措置（相殺関税）である。なお，加盟国が反ダ
ンピング措置や相殺関税措置をとるためには，WTO が定めたルールに沿って
さまざまな条件や手続きをクリアする必要がある[12]。

　さらに，WTO では貿易および貿易の自由化に関して発展途上国への配慮も
重視しており，貿易自由化のためのルールの適用や履行において途上国には猶
予期間を設けたりより柔軟な条件を適用したりしている。

5.2.3　WTO の紛争解決手続き

　WTO では，ある国がとった貿易政策や措置について，WTO ルールの遵守
やルールとの整合性の観点から他の加盟国（複数の場合もある）に異論がある
場合（すなわちある国が WTO ルールに違反した政策や措置をとったと他の国
が考える場合），WTO を通じてそうした紛争を解決するための手続き（紛争解
決手続き：DSP）を定めている。かつての GATT の時代にも類似の紛争解決手
続きは存在したものの，手続きに関する期限の定めがなかったことや，決定事
項の「承認」に全会一致を要したこと[13]等から，実効性のある手続きとは言え
なかった。これに対し，WTO の DSP では，手続きの各段階に期限が設定さ
れ，また決定事項の「否認」に全会一致を要するやり方[14]を採用し，手続きの
実効性と迅速性を担保しようとしている。こうしたことから，WTO の DSP
は，WTO 設立を決めた GATT ウルグアイ・ラウンドの最大の功績に数えられ
ることが多い。

　WTO の DSP は次のように進められる。ある加盟国が WTO に紛争事案を申
し立てると，まずは当事国同士（申立国と被申立国）で協議が行われる。この

表Ⅱ-5-3　WTO紛争解決手続きの手順

手順・手続き	期限の目安
当事国間の協議	60日
申立国の要請によるパネル設置	45日
パネルによる審理と最終報告書の当事国への提示	6カ月
パネル最終報告書の全加盟国への回付	3週間
当事国の上訴期間（上訴がない場合はDSBによるパネル報告書の採択）	60日
	（上訴がない場合：　合計 1 年）
上級委員会による審理	60〜90日
DSBによる上級委員会報告の採択	30日
	（上訴を伴う場合：　合計 1 年 3 か月）

（出典）WTO（2015），p. 57.

当事者間協議が不調に終わった場合，申立国はWTOの紛争解決機関（DSB，全加盟国によって構成）に対してパネル（小委員会）と呼ばれる専門家による委員会の設置を要請する。DSBによってパネルが設置されると，パネルは当事国からの書面やヒアリングを基に事案の審理を行う。パネルの審理結果が両当事国とDSBに報告され，もしいずれの当事国からも異論が出なければ，パネルの結論がDSBの決定と勧告になる。しかし，申立国または被申立国のどちらかがパネルの報告に異を唱えて"上訴"した場合，事案は常設の上級委員会によって審理され[15]，その結論（パネルの結論を維持するか，一部変更するか，または覆すか）はDSBの採択を経て最終的な決定となる。なお，DSPの手続きの流れと各段階の期限の目安は表Ⅱ-5-3に示したとおりである。

　パネルあるいは上級委員会の決定が出された後はどうなるのか？　まず，被申立国への是正勧告が含まれている場合，被申立国はこれに従って是正措置をとらねばならない。もし是正措置がとられない場合，非申立国の措置不履行に対する申立国への補償について両当事国が交渉する。不履行に対する補償についての合意も成立しなかった場合には，申立国が被申立国に対抗措置をとることをDSBは認めている[16]。

　このように，WTOのDSPは，加盟国間の貿易に関する紛争解決の場としてWTOを機能・活用させることによって，貿易紛争を当事国の一方的な制裁や報復措置によって解決する（または悪化させる）ことを防ごうとしていると言える。

5.3　国際投資に関する取り決め

　先に第3章で，貿易と並び企業の国際化の重要な態様として海外直接投資（FDI）について述べた。そこで，本章の最後に，FDIに関する国際的な取り決め・ルールについて触れておきたい。

　貿易については前述のWTO（GATT）のように世界の大半の国が加盟している多国間の協定・ルールが存在する。しかしながらFDIについては，現状ではこれに相当する多国間での協定や取り決めは存在しない[17]。1990年代の後半にOECDが多国間投資協定（MAI）の締結を試みて交渉を行ったことがあるが，合意に至らぬまま打ち切られた経緯がある。

　現在，FDIに関するルールは，基本的に2国間での個別取り決め（二国間投資協定：BIT）によって定められている。また，近年件数が増えてきている経済連携協定（EPA，貿易のほか投資等を含むさまざまな経済活動に関する2国あるいは複数国の間での協定）にも投資に関する条項が含まれるものが多く，こうした協定は「投資条項を含む条約」（TIP）と呼ばれ，BITと同等の役割を持つ。国連貿易開発会議（UNCTAD）によれば[18]，2023年9月現在締結されているBITの総数は世界全体で2,828件（うち発効2,220件），TIPは442件（同366件）である[19]。

　こうしたBITやTIPには，細かい内容はそれぞれ異なるものの，ある程度性格の共通した規定が存在し，それらはいずれも，相手国に投資を行った企業や個人の投資財産を保護し，また互いの規制について透明性を向上することなどを通じて締結国間の投資を促進することを目的としている。経済産業省（2022）によれば，投資協定の主なルールには次のようなものが含まれる：貿易ルールと同様のMFNや内国民待遇，投資活動に対する特定措置の履行要求（たとえば投資を行った外国企業に対して一定水準の生産や輸出や現地での原材料調達を要求したり制限したりすること）の禁止，公正衡平待遇（外国の投資家に対して恣意的な措置を禁じたり適正な手続きを行う等の義務），収用の制限と適切な補償（政府による外国投資家の投資財産の収用や国有化の原則禁止，またやむを得ず収用する場合の適切な補償義務），契約などの約束遵守

（外国投資家との契約などを通じた政府の約束に関する履行義務），資金移転の
自由（外国投資家が本国と投資先国の間で遅延なく自由に送金等ができるよう
にする義務）。また，投資相手国の協定違反により外国投資家が損害を受けた
場合に国際的な投資仲裁手続に則って直接投資先政府との仲裁ができるように
することも[20]，こうした投資協定の重要な規定のひとつである。

【注】

1　なお，本節および次の第 5.2 節の記述については，主に WTO（2015）および WTO（2021）を基
にしている。

2　関税の引き上げ等，外国からの輸入に対して高い障壁を設ける政策のこと。

3　設立交渉に参加した国々の間で 1948 年には ITO 設立のための憲章（ハバナ憲章）が署名されて
いたが，その後主要各国で国内批准が拒否されたため，設立に至らなかった。

4　日本は 1955 年 9 月に GATT に加盟した。

5　加盟各国の個別の約束は，どのような施策をいつまでに実行するかが記されているため，「コ
ミットメント・スケジュール」と呼ばれる。

6　なお，WTO 体制の下での最初の貿易交渉ラウンドとしてドーハ・ラウンド（正式にはドーハ開
発アジェンダ）が 2001 年 11 月に開始されたが，現在もまだ妥結に至っていない。交渉の分野が多
角化・複雑化していることに加え，参加国の数や多様性が増しているのも合意を困難にしている要
因と思われる。

7　なお，MFN 原則にはいくつかの例外が認められている。ひとつは，貿易の大半について関税を
撤廃する（ゼロにする）ことを前提として特定の国との間で自由貿易協定（FTA）を締結する場合
であり，もうひとつは特定の途上国からの輸入に対して関税を引き下げる一般特恵関税（GSP）の
場合である。さらに，特定の輸入相手国からダンピング（後述）あるいは WTO ルールに抵触する
補助金を伴った輸出がなされた場合にこれに対抗する措置として課徴金を課す場合は，MFN 原則
に関わらず当該相手国だけを措置の対象とすることになる。但し，こうした措置の発動については
WTO に厳密な条件やルールが設けられている。

8　WTO 発足以前あるいは発足直後には，農産物や繊維品について例外的に数量制限を課すことが
認められていたが，現在ではそうした例外は基本的に適用されなくなっている。

9　日本も，WTO 発足に伴い，それまでコメの輸入に課していた数量制限を関税化した。

10　例えば，輸入国の需要が拡大した場合，外国製品の価格やそれに対する関税率が同じでも，輸入
量は増える。また，外国の輸出業者がコスト削減努力によって製品の値下げを実現した場合，関税
を加えた価格もそれに応じて下がるので，輸入は増えるであろう。しかし，輸入数量が一定に制限
されていると，こうした場合でも輸入量は増えず，市場メカニズムへの制約がより大きくなる。

11　なお，「公正」とは何か，何が「公正」なのかは，立場や状況によって異なるため，「公正」を定
義することは極めて困難である。WTO も「公正な」貿易とは何なのかについては明言していない。

12　なお，「公正な」競争促進とはやや観点や目的が異なるが，反ダンピング措置や補助金への相殺
関税に類似した措置として，セーフガード（緊急輸入制限措置）がある。セーフガードとは，輸入
の急増により国内産業に重大な損害が及ぶおそれが生じた場合に，一定のルールと手続きの下で当
該輸入品への関税を一時的に引き上げることができる制度である。

13　つまり，1 つでも反対する国があれば決定事項は承認されない。これをポジティブ・コンセンサ
ス方式と呼ぶ。

14　つまり，全ての加盟国が反対しない限り決定事項は承認・採用されることになる。これをネガティブ・コンセンサス方式と呼ぶ。

15　上級委員会には7名の委員がおり，各事案の審理はそのうちの3名によって行われる。なお上級委員会による審理はルールに関する法解釈的側面からのものに限られ，事実関係に関する再審理はできないことになっている。

16　なお，申立国による対抗措置は原則として紛争の対象となった分野（品目）に関してとられることになっているが，それが現実的あるいは実効的でない場合は，別の分野で対抗措置をとることも認められている。

17　企業が海外に進出・立地してサービスを提供するのはサービス貿易のひとつの形態であり，その意味でWTOのGATSはFDIにも関係していると言えるが，FDIそのものを対象とした多国間協定というわけではない。またWTOには「貿易に関連する投資措置に関する協定」（TRIMS協定）が存在するが，同協定は貿易自由化促進のために貿易を妨げたり歪めたりするような投資関連措置を制限することを主な目的とした協定であり，やはり国際投資そのもののための協定というわけではない。

18　UNCTAD, International Investment Agreements Navigator（https://investmentpolicy.unctad.org/international-investment-agreements）（2023年9月27日アクセス）

19　なお，日本が締結しているBITは37件（うち発効36件），TIPは21件（米国を含んだ12か国でのTPPを除く，全て発効）である。

20　なお，投資に関する国際仲裁手続の概要を知るには次のような資料やウェブサイトが参考になる：外務省「国家と投資家の間の紛争解決（ISDS）手続の概要」（平成29年3月，https://www.mofa.go.jp/mofaj/files/000089854.pdf），経済産業省「投資関連協定FAQ」（https://www.meti.go.jp/policy/trade_policy/epa/investment/qa/qa.html）（いずれも2023年9月27日アクセス）。

【参考文献】

WTO (2021), *WTO in Brief*, World Trade Organization, Geneva, Switzerland.

WTO (2015), *Understanding the WTO*, Fifth Edition, World Trade Organization, Geneva, Switzerland.

経済産業省（2022）『令和4年版通商白書』第Ⅲ部第1章「ルールベースの国際通商システム」第5節「投資協定」。

6 食料と農業貿易

6.1 食料と農業

　農業とは，耕地に作物を栽培して食料や飼料を生産したり，牧草や飼料によって動物を飼育したりして，人間の生活に必要な食料や生活物資を供給する産業である（五味 2011）。農業の最も主要な機能は食料供給である。財としての食料の特徴は，無いと困るけれど多すぎても困るという点である。食料は人間のさまざまな生産活動の基盤であり必需品であるが，需要は限定的である。なぜなら，私たちが食料を消費する能力には限界があるからである。また，食料は貴金属のように長期保存することができないからでもある。この食料の特性を理解するためには，2つの経済的な概念を理解する必要がある。

　1つは「需要の所得弾力性」である。需要の所得弾力性は，所得が変化することによりその財の需要，すなわち消費量や支出がどのように変化するかを示す。式で表すと，

$$需要の所得弾力性 = \frac{需要量の変化率}{所得の変化率}$$

となる。例えば，所得が10%増加したときに，ある財の需要量が15%増加した場合，需要の所得弾力性は15%/10% = 1.5となる。需要の所得弾力性が正数の場合，その財を上級財（あるいは正常財）と呼び，負数の場合は，その財を下級財（あるいは劣等財）と呼ぶ。上級財はさらに必需品と贅沢品に分類することができる。需要の所得弾力性が0から1の間にある財を必需品，1以上である財を贅沢品と呼ぶ。

　食料の需要の所得弾力性は0から1の間（＝必需品）である。所得が増加すると食料への支出額も増加するが，その増加率は所得のそれよりも小さい。つまり，所得が増加すると家計に占める食料費の比率は減少する傾向がある。こ

のことはエンゲルの法則として知られている。

　もう1つの重要な概念は「需要の価格弾力性」である。これは，ある財の価格が上昇したときに需要量がどの程度変化するかという比率である。式で表すと，

$$需要の価格弾力性 = \frac{需要量の変化率}{価格の変化率}$$

となる。一般的にある商品の価格が上昇すると需要量は減少する。したがって，需要の価格弾力性は通常マイナスの値をとることが多い。そのため，数値を示す際にはマイナスの符号を省略し絶対値で表すことが一般的である。

　ある財に対する需要の価格弾力性の値が1よりも大きい場合を需要が弾力的であるといい，1よりも小さい場合を非弾力的であるという。非弾力的な財には食料などが該当する。言い換えれば，価格が上昇（または下降）しても，食料への需要はさほど減少（または増加）しない。その理由は，食料の多くが日常必需品であり，例えば米などはほぼ毎日消費しなければならないからである。価格が倍になったからといって，消費量を半分に減らすことはできず，逆に価格が半分になったからといって，消費量を倍に増やすこともできない。需要面における，食料の所得弾力性と価格弾力性は小さいといえる。

　次に，供給面から考えてみよう。それにはまず農業という産業の特徴を考慮する必要がある。農業を他の産業と比較した場合の大きな特徴が，①土地への高い依存度，②気象条件への高い感受性，および③生物プロセスへの相対的な介入不可能性の3つが挙げられる。

　まず，①土地への高い依存度とは，土地は農業の最も重要な生産資源であり，農業活動の中心は食料を生産するために土地を利用することであることを指す。国または地域の農業生産能力を直感的に評価するために最もよく使用される指標として，一人当たりの耕地面積がある[1]。表Ⅱ-6-1は，一人当たりの耕地面積が世界で最も多い5か国と最も少ない5か国を示している。最上位のカザフスタン（1.5757ヘクタール）と最下位のシンガポール（0.0001ヘクタール）では，約15,000倍の開きがあることがわかる。一人当たりの耕地面積が高い国々の多く（例：オーストラリア）は食品輸出大国であり，一方で一人当たりの耕地面積が低い国々（例：シンガポール）では食料を主に輸入に依存して

表Ⅱ-6-1　一人当たりの耕地面積　全世界トップ5とボトム5（2020年）

		国または地域	一人当たりの耕地面積（ヘクタール）
トップ5	1	カザフスタン	1.57570
	2	オーストラリア	1.19445
	3	カナダ	1.00600
	4	ロシア連邦	0.84436
	5	リトアニア	0.80483
ボトム5	1	シンガポール	0.00010
	2	香港	0.00027
	3	バーレーン	0.00108
	4	フェロー諸島	0.00134
	5	セーシェル	0.00152

（出典）世界銀行のデータベースに基づいて筆者作成。

いる。

　次に，②気象条件への高い感受性と③生物プロセスへの相対的な介入不可能性についてはまとめて理解することが可能である。農業の生産プロセスは，ある意味で生物生産プロセスでもある。このプロセスは気温や湿度などの気象条件に非常に敏感である。また，品種改良や肥料・農薬の使用，温室栽培などの現代技術を利用してこのプロセスに影響を与えることもある程度は可能である。しかし，他の産業と比較して農業生産の生物プロセスは基本的には比較的干渉しにくいものと考えられる。

　農業のこれらの特性により，供給面では農産物の生産供給には柔軟性が欠けており，不確実性が非常に高いと言える。これを作柄変動と呼ぶ。食料供給と需要の特徴によって農産物市場は不安定になりやすい。また，市場メカニズムによる調整だけではこれらの問題を十分に処理することが難しいため，政策の介入が必要である。

6.2　農産物国際貿易

　前セクションでは農業の特徴について土地と気象への依存性という観点から説明したが，ここからは農産物の国際貿易について考察する。

　世界的に見ると土地資源と気象資源は非常に不均衡に分布している。そのことによって，農業生産には明確な地域的特性が見られる。また，豊作や凶作によってある国内において食料の供給と需要が一致しない状況が発生することもある。これらの事情から農産物の国際貿易は非常に重要であるといえる。また，農産物は世界のいたるところで生産され，また消費されている。その意味でも，農産物は最も国際性の高い財であり，国際貿易に適する商品であるといえる。

　農産物の国際貿易について考察する前に，まずは三大主食穀物について紹介しよう。FAOによると，2019年の世界の総農地は48億ヘクタールであり，全世界の土地面積の約3分の1である。そのうち3分の1が耕作地（16億ヘクタール）であり，残りの3分の2が家畜用の牧草地である（32億ヘクタール）。作物別の耕作面積では，小麦が最も広く，次いでトウモロコシと米が続く。これら3つの穀物が世界全体の耕作地の約3分の1を占めているため，三大主食穀物と呼ぶ。

　FAOの推計によると，穀物は平均的な食事のカロリーの51％とタンパク質の47％を供給している。つまり，穀物，特に三大穀物は高い重要性を持っている。このような背景から，農産物の世界的な供給と需要，および農産物の国際貿易を理解するために，穀物（特に三大穀物）を例に取り上げる。

　表Ⅱ-6-2は，世界における穀物の供給と需要を示している。この表により，供給量は生産量と前年末の在庫量の合計で示され，生産量は供給量の約75〜80％，在庫量は約20〜25％を占めることがわかる。また，穀物の国際貿易量は生産量の約15％を占め，上昇傾向にある。新型コロナウイルス感染症が最も深刻な時期においても年々増加している。ただし，2022年から2023年にかけては，ロシアによるウクライナ侵攻戦争の開始により当該年の穀物の貿易量が減少した。

表Ⅱ-6-2　世界穀物の供給と需要

	生産量 [1]	供給量 [2]	利用量	貿易量 [3]	在庫量 [4]	世界の在庫 利用比率	主要輸出国の 在庫利用比率 [5]
	（百万トン）					（％）	
2015/16	2,585	3,353	2,553	393	791	30.00	17.00
2016/17	2,665	3,456	2,631	407	826	31.10	17.80
2017/18	2,693	3,519	2,658	423	858	31.90	18.10
2018/19	2,646	3,503	2,686	412	835	30.80	18.80
2019/20	2,715	3,550	2,712	440	831	30.10	18.60
2020/21	2,777	3,608	2,761	481	838	29.90	18.40
2021/22	2,813	3,651	2,801	482	856	30.80	19.20
2022/23	2,785	3,641	2,780	472	855	29.80	20.40

（注）1. 生産データは先に記されている年の作付を示す。2. 供給量には生産量のほか前年在庫
　　　を含む。3. 貿易量のデータについて，小麦と粗穀物は7-6月，米は1-12月（2年目）の
　　　それぞれ販売シーズンにおける輸出量を指す。4. 在庫量は供給と利用量の差とは必ずしも
　　　一致しない。これは国によって取引年度の考え方が異なるためである。5. 主要輸出国はそ
　　　れぞれ以下を指す。小麦：アルゼンチン，オーストラリア，カナダ，EU，カザフスタン，
　　　ロシア連邦，ウクライナ，アメリカ。粗穀物：アルゼンチン，オーストラリア，ブラジル，
　　　カナダ，EU，ロシア連邦，ウクライナ，アメリカ。米：インド，パキスタン，タイ，アメ
　　　リカ，ベトナム。在庫利用比率は，国内利用量と輸出の合計。

（出典）FAOのデータベースに基づいて筆者作成。

　農産物の国際貿易で最も重要なのはトウモロコシと小麦である。特にトウモ
ロコシは農産物の国際貿易のほぼ半分を占めている。なぜトウモロコシが最も
取引量が多いのだろうか。これはトウモロコシの需要構造の変化から説明する
ことができる。

　6.1で述べたように，食料の需要の所得弾力性は低い。ただし，長期的に見
ると，所得増加や人口構造の変化に伴い，食料の需要構造が変化してきてい
る。例えば畜産物の飼料として用いられるトウモロコシの需要は，畜産物の生
産の増加に伴って増加しており，現在，世界で年間生産されるトウモロコシの
約60％が飼料として利用されている。また，化石燃料の価格上昇と再生可能資
源の利用への関心から，世界ではバイオ燃料への需要が増加している。バイオ
燃料の原料として用いられるトウモロコシの需要は，バイオ燃料の生産の増加
に伴って増加しており，世界で生産されるトウモロコシの約15％がバイオ燃料

に使用されている。生産地と異なる国や地域でのトウモロコシの需要が増加していることから，トウモロコシは農産物の国際貿易における主要な商品となっている。

このように農産物（主に穀物）は国際性の高い財であるが，実際の農産物貿易では政策介入が非常に強く，自由貿易は多くの制約を受けている。政策介入の最も大きな理由に，食料が人々の生活に必要不可欠なものであり，需要と供給が硬直的な特徴を持っていることから，穀物の供給は国内需要の充足が最優先されることがあげられる。つまり，穀物輸出は国内需要が満たされた後に余剰を世界市場で販売する限界市場と考えられる。この意味で言えば，国際穀物市場は不安定性が非常に高い。

また，政策介入のもう1つの理由は，農業は自然条件等の外生的要因に左右されやすく，リスクへの耐性が非常に低いため，多くの国々（特に国民所得水準の高い国）が自国の農業を保護する政策を採っていることが挙げられる。関税，輸出補助金，農家への所得補償，低額農業保険などの農業保護政策は世界の農産物市場を大きく歪めることになる。要するに，供給側でも需要側でも，農産物の国際貿易においては不確定要素が多く存在する。

6.3　食料安全保障の課題

これまでは，食料供給と需要の非弾力性，および国際農産物市場の不安定性について述べたが，最後にこれら2つの条件下で直面している食料安全に関する問題を取り上げよう。

FAOの定義によると，「食料安全保障」とは「全ての人が，いかなる時にも，活動的で健康な生活に必要な食生活上のニーズと嗜好を満たすために，十分で安全かつ栄養ある食料を，物理的，社会的及び経済的にも入手可能である時に達成される状況。」を指す。簡単に言えば，①十分な量の食料が市場で販売され，②適切な価格水準にあることを確保する必要と言い換えることが出来る。こうしたことを議論する上で重要な農業経済学の概念である食料自給率を紹介する。

食料自給率は，食料の国内消費に対する国内生産の割合を示したものであ

る。食料自給率については，2つの計算方法がある。1つはカロリーベースの計算方法で，もう1つは生産額ベースの計算方法である。カロリーベースは人が生きていくために必要なエネルギー量に着目してカロリーに換算し，生産額ベースは経済的な価値に着目して金額に換算する。

生産額ベースの場合，計算式は

$$自給率 = \frac{国内生産額}{国内生産額 + 輸入額 - 輸出額}$$

となる。

食料自給率は，国の農業生産能力と国際市場への依存度を反映している。表Ⅱ-6-3には，代表的な国の食料自給率が示されている。人口当たりの耕地面積が比較的大きな国，例えばカナダやオーストラリアは，食料自給率も高い。一方で日本の食料自給率は先進国の中でも低水準であり，わずか38%（カロリーベース）しかない。

高い食料自給率を維持することは，最も単純明快な食料安全保障の手段である。そして食料自給率を上げるための効果的な手段は，農地や農業従事者の確保と単位面積当たりの農産物生産量を最大限に高めることである。そして，単位面積当たりの農産物生産量を向上させるためには，主に農業技術の進歩が必要である。一方で農地などの自然資源の条件を無視して，盲目的に高い食料自

表Ⅱ-6-3　代表的な国の食料自給率

%

	カロリーベース	生産額ベース
カナダ	221	124
オーストラリア	173	110
アメリカ	115	92
フランス	117	83
ドイツ	84	58
イギリス	54	60
イタリア	58	87
スイス	49	61
日本	38	58

（出典）農林水産省の資料に基づいて筆者作成。

給率に固執することは，大きな経済的非効率性や資源の浪費を引き起こす可能性もあることに注意すべきである。

　さて，食料自給率は数量の観点から食料安全保障を考察するものであるが，価格の観点からも食料安全保障について考える必要がある。市場において食料供給があるとしても，価格が多くの人々の購買力を超えている場合，食料安全は保障されない。国際市場ではこの価格の影響が特に顕著である。

　図Ⅱ-6-1に示す国際市場における食料価格指標から，世界の食料価格が大きく変動していることがわかる。特に2022年は，ロシア・ウクライナ戦争と不安定な肥料市場などの影響を受け，食料価格指標が史上最高値を記録した。2022年の食料価格指標（名目）は，2000年の食料価格指標の2.7倍である。

　食料価格高騰によって生活費の危機が深刻化している。特に，最も貧しい国と最も脆弱な階層に壊滅的な影響を与えた。さらに悪いことに，各国は自国内への食品供給を増やしインフレを抑制するために，穀物の輸出を制限する措置を取った。これにより世界的な食糧危機がさらに悪化した。世界銀行の統計によると，2022年12月までに19か国が食糧危機の影響で穀物の輸出を禁止し，8か国が輸出制限措置を取っている。これは，食料の輸出市場は限界市場であり，各国は危機に直面した際に国内需要を優先する傾向があることを示してい

（出典）FAO のデータベースに基づいて筆者作成。

図Ⅱ-6-1　世界食料価格動向（2014-2016＝100）

る。国内市場と国際市場の食料価格の安定を保障することが食料安全保障の今後の重要な課題である。

【注】

1　耕地には，一時的な作物の栽培地（二重作付け地は1回として数えられる），収穫用または牧草地の一時的な牧草地，市場や家庭用の菜園の土地，そして一時的に休耕された土地が含まれている（国際連合食糧農業機関：FAO）。

【参考文献】

FAO（2021），Land use statistics and indicators: Global, regional and country trends 1990–2019. Rome: FAO.

FAO データベース：https://www.fao.org/faostat/en/#home

荏開津典生・鈴木宣弘（2020）『農業経済学』岩波書店。

五味仙衞武（2000）『農業経営入門』実教出版。

世界銀行データベース：https://databank.worldbank.org/

農林水産省：https://www.maff.go.jp/index.html

7　東アジアの生産ネットワーク

7.1　第二のアンバンドリング

　東アジアでは，機械産業を中心に，生産工程を一国で完結させるのではなく，工程を分割化して複数の国が関与しながら最終財を仕上げる生産ネットワークが発達した。生産ネットワークと類似の概念にグローバルバリューチェーン（GVC）がある。これらは共通した現象を経済学とともに社会学，経営学などの視点から論じたものである。本章では，これらの概念にも触れながら，東アジアの生産ネットワークがどのように発達してきたのか見てみよう。

　ボールドウィン（2016）は，先進国と途上国を中心とする国際貿易の歴史的経緯を念頭に置きながら「アンバンドリング」理論を提唱した。それによると，産業革命以前は，前近代的な輸送技術とそれに伴う高い輸送費用のために貿易の機会は限られ，一部の贅沢品を除くと，個々の国の中で自給自足の状態が続いていた。

　ところが，19世紀に蒸気機関の発明によって鉄道や蒸気船が登場し，輸送費用は大きく下落した。そのため，貿易が活発になり，国境を越えた生産と消費の分離（＝「第一のアンバンドリング」）が可能になった。ただし，生産過程では中間財・サービスの頻繁な移動や工程間の複雑な調整を伴うため，すべての工程を一国に集中させた方がコストやリスクを減少させることができる。その結果，蒸気機関の登場による輸送費用の低下は，製造業の活動を先進国に集中させる一方で，途上国では非工業化が進行し，南北間の所得格差が拡大した。

　第一のアンバンドリングを前提とする貿易システムは20世紀後半まで続くが，1990年代に本格化した情報通信技術（ICT）革命が輸送・通信コストを大幅に引き下げて，国境を越えた財・サービスの移動や工程間の複雑な調整を可能にした。さらに，第一のアンバンドリングの時代に顕著に拡大した賃金格差

は製造業における生産工程の分離（＝「第二のアンバンドリング」）を有利にしたため，先進国にあった労働集約的な工程は途上国へと移転し始めた。

　第二のアンバンドリングの顕著な特徴の1つは，産業発展への障壁が大きく引き下げられたことである。第一のアンバンドリングの時代には，先進国に倣い，開発途上国はすべてのバリューチェーンを国内で完結させるために輸入代替政策を実施した（第一次輸入代替は最終財，第二次輸入代替は中間財，資本財を国内生産に置き換えるために実施された）。しかし，近年では貿易自由化や地域統合が進展したため，保護主義的な政策を実施するのが困難になっている。第二のアンバンドリングの時代には，最初は途上国における低賃金の優位性を活かしてニッチな活動に特化するものの，次第に技術力を高めて高度化し，バリューチェーンの階段を上って行くことが求められる。

7.2　生産ネットワーク拡大のメカニズム

　ここで，生産ネットワークがどのようなメカニズムによって拡大するのか検討してみよう。後進国は，先進国と比較して，低廉で豊富な労働力をもつ。後進国は，そのような優位性を活かしながら，先進国から多数の企業を引きつけて第二のアンバンドリングを誘発することが期待される。

　しかしながら，生産活動の後進国への移転には，追加的な費用をともなう。第一に，新しい生産施設のセットアップ費用が必要になる。第二に，後進国では裾野産業が脆弱であるため，多くの原材料，部品を海外から輸入しなければならない。また最終製品も国際市場に向けて輸出されるため，追加的な輸送費用（狭義の輸送費用の他に，関税・非関税障壁，言語・文化的障壁，為替レート変動のリスク，情報コストなどを含む広義の輸送費用）が発生する。第三に，後進国は先進国と比較して，インフラや投資環境が劣るため，生産費用が高くなる傾向がある。

　したがって，生産ネットワークへの参加に関する政策的含意を引き出すのは比較的容易である。つまり，後進国に生産拠点を移すことで得られる労働費用の節約を「便益」と考えれば，移動に伴う追加的な「費用」を可能な限り引き下げて，「純便益」（＝「便益」−「費用」）が正になるようにすればよい。した

がって，政策的な課題は，生産拠点の移動にともなう生産施設の（1）セットアップ費用，（2）輸送費用，（3）生産費用を最大限引き下げることである。具体的には，インフラや投資環境の整備によって外国企業が投資する際のコストや不確実性を引き下げることが重要となるが[1]，ここでは，（2）輸送費用に注目しよう。

　第二次大戦後，多くの開発途上国で保護主義的政策がとられてきたが，近年では貿易自由化が進み，関税率が引き下げられた[2]。特に東アジアでは，NIEs，先発 ASEAN 諸国，中国，CLMV 諸国（カンボジア，ラオス，ミャンマー，ベトナム）の順番に従い，内需主導型から輸出主導型への政策転換が進み，貿易自由化や投資環境が整備された。また 1990 年代以降，それら諸国は WTO，情報技術協定（ITA）に加盟するとともに，域内諸国との自由貿易協定（FTA）を積極的に締結し，東アジアの地域統合を推し進めた。また，インフラ建設ではメコン地域を中心に経済回廊の建設が進められ，物流のボトルネックが取り除かれた。これらは東アジア域内の輸送費用を低下させて域内貿易を顕著に拡大させたと予想される。

　図Ⅱ-7-1は東アジア諸国の輸出構造を示している。東アジア諸国の対域内お

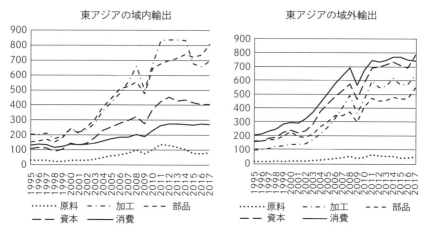

（注）東アジア諸国には，日本，中国，香港，韓国，台湾，シンガポール，インドネシア，マレーシア，フィリピン，タイ，ブルネイ，カンボジア，ベトナムが含まれる。
（出典）RIETI-TID から作成。

図Ⅱ-7-1　東アジア諸国の域内および域外輸出額（単位：10 億ドル）

よび対域外の輸出構造の違いは明らかであり，東アジア域内への輸出は最終財よりも加工品，部品などの中間財が大きく，さらに最終財のなかでは消費財よりも資本財が大きい。反対に，域外への輸出では消費財を中心に最終財が高くなっている。これらは，生産ネットワークを通じて，東アジア域内で調達された中間財が中国や東南アジア諸国などで組み立てられ，最終財が欧米諸国に向けて輸出される三角貿易を反映したものである。とりわけ，中国では WTO に加盟した 2001 年以降に三角貿易が急成長し，経済発展の原動力になったことが分かる。

7.3　産業の特性と生産ネットワーク

　生産ネットワークの拡大は多くの産業で見られたが，その拡大の仕方は産業によって異なる。例えば，半導体，集積回路などのように，個々の部品の規格が統一されており，小型・軽量で付加価値の高い電子製品（携帯電話，パソコン等）を考えてみよう。このような産業では，中間財の輸送費用が低く生産工程の分割が容易なため，個々の部品や工程を最も得意とする国から調達する方が効率的である。したがって，工程間分業が拡大するものと予想される。

　対照的に，自動車のような産業では，部品が重く嵩張るとともに，個々の部品は特注品であり，部品業者との間で細かい調整や擦り合わせが必要である。このような産業では，部品業者との近接性が輸送費用を節約し調整を容易にするため産業集積のメリットが大きく，生産活動の分散には不向きである。さらに一部の途上国では部品の国内調達を義務化するローカルコンテント規制が敷かれていた。

　ここで，アジア国際産業連関表を使って 1990 年−2000 年の期間における東アジア8か国[3]のローカルコンテント（＝（国内の中間財投入額＋付加価値額）/ 総生産額）の平均値の変化を比較すると，電子製品では工程間分業が進展して海外から輸入する中間財の比率が増えたため，ローカルコンテントが全産業（27 産業）のなかで最も大きく低下した（−5.6％）。他方，自動車産業では裾野産業の発達を反映してローカルコンテントが最も大きく増加した（＋3.9％）。さらに全産業で比較すると，東アジア域内で全般的に工程間分業が進んだた

め，22 産業でローカルコンテントが低下している。

7.4　中国電子産業のバリューチェーン

　図Ⅱ-7-2，図Ⅱ-7-3 は，OECD が作成した 2015 年国際産業連関表を使って計算した中国電子産業（携帯電話，コンピュータ，光学製品等を含む）の上流および下流のバリューチェーンを示している[4]。

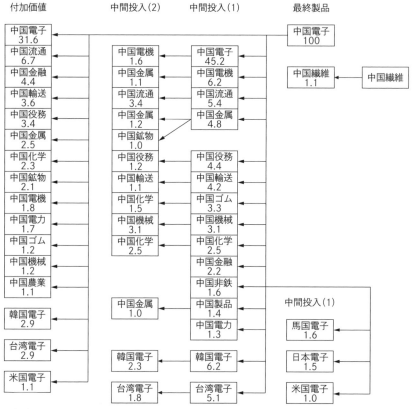

（注）電子は電子製品，電機は電気機械，機械は一般機械，製品は金属製品，役務はビジネスサービスを表す。ROW はその他世界を表す。
（出典）OECD ICIO Table（2015）から筆者計算。

図Ⅱ-7-2　中国電子産業（2015年）の上流バリューチェーン

　図Ⅱ-7-2（左列）によると，中国で電子製品が1単位生産されると，中国の電子産業で31.6％の付加価値が発生している。それに続いて，流通，金融，輸送などのサービス部門で付加価値が高い。またその他に，電気機械，一般機械などの機械産業，金属，化学，ゴムなどの素材産業，さらにはその上流に位置する鉱物産業で高い付加価値が発生している。国外では，生産ネットワークの拡大を反映して韓国，台湾，アメリカなどの電子産業で1％以上の付加価値が発生している。

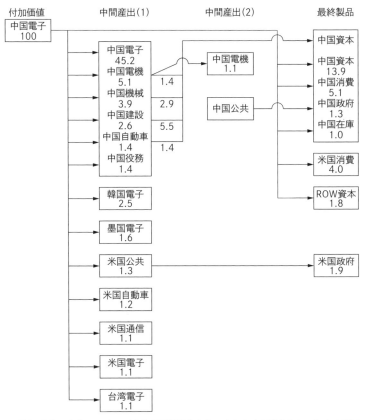

（注）公共は公共サービス，消費は民間消費支出，政府は政府消費支出，資本は総固
　　　定資本形成，在庫は在庫純増を表す。
（出典）OECD ICIO Table（2015）から筆者計算。

図Ⅱ-7-3　中国電子産業（2015年）の下流バリューチェーン

　図Ⅱ-7-2（中央列）は，中国の電子製品1単位の生産によって誘発される財・サービスの中間財取引を示している。電子産業（45.2％）を筆頭に，中国の電子産業によって多く投入される産業は同時に国内で大きな付加価値を発生させているが，日本やマレーシアの電子産業のように中間財取引のみが1％を超える産業もある。

　図Ⅱ-7-3の下流のバリューチェーンでは，中国の電子製品が中間財として国内のみならず，韓国，メキシコ，アメリカ，台湾などの関連産業にも供給されている。さらに注目すべきは，同製品が最終財として国内だけでなく，アメリカの最終需要（民間消費支出4％，政府消費支出1.8％）向けにも多く供給されている点である。これは，東アジアの生産ネットワークを通じて中国で生産された最終財が欧米市場向けに輸出される三角貿易を反映したものである。

7.5　生産ネットワークの現状と課題

　先述のように，ICT革命を契機に第二のアンバンドリングが始まり，東アジアを中心に生産ネットワークが拡大した。しかし，現在の世界経済は米中の貿易摩擦に象徴されるような大きな試練に直面している。その背景には，グローバル化と生産ネットワークの拡大を前提とした途上国の開発戦略が抱える矛盾点がある。

　第一に，世界経済のグローバル化が，各国の雇用情勢や所得分配に及ぼした影響について考える必要がある。なかでも生産拠点の途上国への移転によって，先進国における製造業の雇用が奪われ，その結果，国内の所得格差が拡大したと懸念されている[5]。このような懸念は，自由貿易に対する懐疑を生み出し保護主義の台頭を許した。

　第二に，東アジア諸国における貿易構造の問題がある。東アジアの新興国・途上国は，中間財，資本財を海外から積極的に調達する一方で，最終財の輸入は少ない。他方，三角貿易を通じて生産された最終財は，中国，東南アジアなどから欧米諸国に向けて大量に輸出されている。しかし，その結果発生する貿易不均衡は持続可能ではなく，将来的には東アジア域内で生産された最終財が域内で消費されるように域内市場を拡大して行く必要がある。そのためには，

過度な輸出主導型から内需主導型へと転換するだけではなく，最終財を含めた域内貿易が活発になるように貿易障壁を撤廃していく必要がある。

　確かに，これらの課題を解決するのは容易ではなく，当面の間，関係国の利害の衝突や対立が避けられない。しかし，生産ネットワークへの参入が東アジア諸国の経済発展に及ぼした影響や効果は否定されるものではなく，紆余曲折を経ながらもさらなる高度化や進化が望まれる。また，生産ネットワークへの参入を通じた開発戦略は，東アジアに留まらず，サブサハラ・アフリカを含めた他の開発途上地域にも普及して行くことが期待される。そのためには，それら地域におけるインフラ整備や経済統合を進めるとともに，東アジアの開発経験を体系的に整理して他地域に伝えて行くことが重要である。

【注】

1　Kuroiwa and Umezaki（2019）は，世界189か国をカバーした国際産業連関表（EORA MRIO database）を使って途上国がグローバル・バリューチェーンに参入するための決定要因について分析した。その結果，投資受け入れ国の物流効率やガバナンスとともに，単位労働コストがグローバル・バリューチェーン参入の決定要因であることが分かった。つまり，賃金が相対的に低いだけでなく，労働生産性が十分に高いことが必要である。そのため，労働者の技能や教育水準の向上も生産ネットワーク参入の条件とみなすことができよう。
2　例えば，WTO が設立された1995年から2017年の間に新興・途上国の平均関税率は24.5％から6.7％へと引き下げられた（経済産業省2019）。
3　中国，韓国，シンガポール，マレーシア，タイ，インドネシア，フィリピンの8か国。
4　これらの図は，電子製品が1単位生産された際に，直接的および間接的に誘発される中間財・サービス取引と付加価値あるいは最終財取引を示している。なお，図中の数値は百分率（％）で表されており，1％以上の取引額を持つものに限定して表示されている。矢印は波及効果（図Ⅱ-7-2は後方連関効果，図Ⅱ-7-3は前方連関効果）の波及元から波及先への方向を示す。
5　先進国における所得格差拡大の要因として，グローバル化の進展以外にもICT革命を中心とする技術革新の影響がある。詳しくは，経済産業省（2017, 2019）などを参照せよ。

【参考文献】

Kuroiwa, Ikuo and So Umezaki (2019), "Factors for GVC Participation in sub-Saharan Africa," *Connecting Asia and Africa: Challenges and Prospects*, Institute of Developing Economies (IDE-JETRO), Chapter 1, pp. 1-27.
通商白書2019年版（2019）『通商白書』経済産業省。
通商白書2017年版（2017）『通商白書』経済産業省。
ボールドウィン，リチャード（2018）『世界経済　大いなる収斂—ITがもたらす新次元のグローバリゼーション』日本経済新聞社。

8　北東アジアの経済と貿易

8.1 中国の経済と貿易

　1978 年の改革・開放以降，中国経済は急速な発展を遂げている。経済規模では2010 年に日本を抜いて世界第2位の経済大国になり，所得水準では低所得国から上位中所得国へと転身した[1]。しかし，2012 年頃から中国経済は成長減速を見せ始め，近年の GDP 成長率は 6〜7％程度まで鈍化してきた。途上国が貧困状態から抜け出し，中所得水準を達成した後，経済成長が長期停滞し，もう一段成長して先進国の所得水準に到達することができない，あるいはその見込みがない状態を「中所得国の罠（middle income trap）」と呼ぶが，今後の中国経済が安定した経済成長を実現できるかについて注目が集められている。現在の中国について，潜在的な成長力が高く，当面の間は中高速の成長が続く見方もあれば，常態化してきた米中対立で進む経済的・技術的なデカップリングを背景に，経済成長率はさらに減速し，中所得国の罠に陥る悲観的な見方もある。

8.1.1　中国経済の成長減速とリバランス

　1978 年以降の中国経済の高度成長の決定要因を需要面から考察する際には，投資主導型と輸出主導型の2つが特徴としてよく挙げられる。投資主導型とは，中国経済の投資志向が極めて強く，それが高い国内貯蓄率によって支えられており，国内消費，特に民間消費の経済成長への貢献度が比較的低いことを意味する。輸出主導型とは，中国経済の輸出志向が高く，それが東アジア生産ネットワークに参入することによって，日本や ASEAN 諸国中心に資本財や中間財を輸入し，組み立て加工を行ったのち NAFTA や EU 向けに消費財を輸出しており，貿易依存度が高いことを意味する。

　この成長パターンの結果，中国は「世界の工場」となる一方で，投資偏重や

外需偏重で中国の経済成長はバランスを欠くとしばしば指摘されている。

　投資偏重の結果として，中国では消費比率が低く，家計が経済成長の恩恵を十分に享受できていない傾向がある。そして，資本ストックの過度な蓄積と資源利用効率の伸び悩みももたらされている。中国では鉄鋼やセメントをはじめ，幾つかの産業において大規模な設備投資を行った結果，供給が需要に比べて過大となる過剰生産能力の問題が起きていた。最近では，電気自動車（EV）産業においても過剰生産が懸念されている。

　他方，外需偏重は，巨額な貿易収支黒字ひいては経常収支黒字を計上したことにつながった。中国は，外資誘致と輸出振興に力を入れてきた。そして，貿易収支黒字で蓄積された巨額な外貨準備の多くを利回りは低いが流動性の高い米国債に投資した。この結果，米国では，中国が自国の輸出に有利になるよう人民元を意図的に安く誘導していることで，米国の雇用が奪われているとの主張が見られている。また，2008年の世界金融危機の際には，中国をはじめとする新興国や産油国からの巨額な資金流入が世界的な低金利状態を作り出したとの批判もなされた[2]。このように，中国の貿易黒字は，米中経済対立の誘因にもなっていた。中国経済には，投資から消費へ，外需から内需へのリバランスが課題となっている。

　図Ⅱ-8-1は，中国経済の投資と消費の構造変化を示している。リーマン・ショック直後の2009年には投資の成長率への貢献度は85.3％にも達し，最終消費の貢献度の57.6％を大きく上回ったが，それ以降，投資の貢献度が減少傾向に転じ，中国経済の需要面の成長原動力は消費にシフトしている。2019年では，最終消費が中国の実質GDP成長率（6.0％）の3.5％を寄与し，貢献度が58.6％であり，投資の貢献度の28.9％を上回った（図Ⅱ-8-1）。

　民間消費の拡大は，サービス産業の拡大と高度化を伴っている。改革・開放期の中国経済は工業化が進み，1990年代では第二次産業が中国のGDP成長率の6割に貢献したが，2000年代に入り，第三次産業の貢献度が徐々に高くなり，2019年では，第三次産業が中国の実質GDP成長率（6.0％）の3.8％を寄与し，第二次産業の1.9％を大きく上回っている（中国統計年鑑2022年版）。第三次産業が潜在的内需を引き出し，中国経済の安定成長を支えることが期待されるが，現時点では第二次産業の重要性がまだ無視できない。サービス産業は

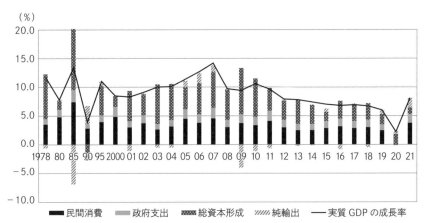

（注）民間消費と政府支出の合計は最終消費となる。総資本形成は，固定資本形成と在庫変動から
　　なる。
（出典）中国統計年鑑 2022 年版より作成。

図Ⅱ-8-1　中国の実質 GDP 成長率と需要項目別寄与度

金融・保険，情報通信のようなアドバンスド・ビジネス・サービスでの生産性
が高いが，雇用の創出効果は小さい。2020 年には，中国の製造業の雇用者数が
全雇用者数の 22.3％ を占めているのに対し，情報通信業，金融・保険業，専
門・科学・技術サービス業の雇用者数の割合は 2.9％，5.0％，3.8％ であった[3]
（データブック国際労働比較 2023 年版）。

　次に，近年の中国経済の国際収支の動向と輸出構造の変化を確認してみよ
う。中国の経常収支黒字の対 GDP 比は 2007 年にピーク（9.9％）となった後
2018 年の 0.2％ まで低下した（図Ⅱ-8-2）。これは貿易収支の黒字額が 2015 年
の 5,761.9 億米ドルをピークに，2018 年は 4 千億米ドルを下回り，大きく縮小
していること，海外旅行やコンテンツ配信などのサービス収支が，2009 年の
−153.5 億米ドルから 2018 年の −2,921.7 億米ドルまで赤字幅を急速に拡大して
いること，海外資産が生み出す利子や配当などの収益からなる所得収支も，近
年では赤字で推移していることによる。なお，コロナ禍で中国の貿易収支黒字
が再び拡大したのは，個人防護用具や在宅勤務に必要なエレクトロニクス製品
などのコロナ特需による一面があり，感染症の収束後の動向を注視していく必
要がある。

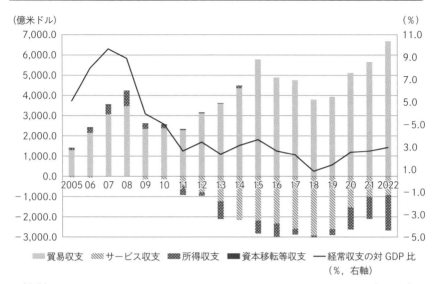

（出典）IMF − Balance of Payments and International Investment Position Statistics（OP/IIP）より作成。

図Ⅱ-8-2　中国の国際収支の構成項目の推移（億米ドル，％）

図Ⅱ-8-3 から，中国の輸出構造は労働集約的なものから技術・技能集約的なものへシフトしており，輸出製品の多様化や高度化が起きていることが見て取れる。労働集約的な食料品や繊維製品の輸出に占める割合が低下する一方，技術・技能集約的な一般機械や電気機械の輸出に占める割合が 1980 年の 1.4％，1.2％から 2017 年の 17.7％，28.4％までそれぞれ上昇した。ただし，中国は世界から原材料，部品，工作機械といった中間財を輸入して，安価な人件費で製品の組み立て加工を行っているため，輸出における自国創出の付加価値の割合が低いと指摘されている。OECD の付加価値貿易のデータ（OECD Trade in Value Added（TiVA）database）によれば，中国の付加価値貿易は先進国，新興国と比べて伸びており，1995 年には中国の付加価値輸出が世界の付加価値輸出に占める割合が 2.2％であったが，2018 年には 11.9％となり，アメリカに次ぐ世界第 2 位の付加価値輸出国となっている（表Ⅱ-8-1）。中国経済が自国内で生み出す付加価値の高い生産工程へシフトしていることが分かる。

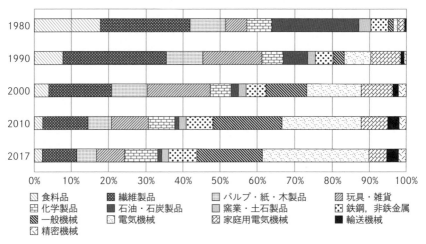

（出典）経済産業研究所 Trade Industry Database「RIETI-TID2017」より作成。

図Ⅱ-8-3　中国の輸出構成の推移（%）

表Ⅱ-8-1　世界の付加価値輸出に占める割合の国際比較（%）

	1995	2000	2010	2018
米国	14.8	16.3	11.5	12.1
中国	2.2	3.6	8.9	11.9
ドイツ	9.2	7.5	7.3	7.1
日本	9.4	8.3	5.6	4.4
イギリス	5.4	5.3	3.8	3.5
フランス	6.0	5.1	3.9	3.6
イタリア	5.0	4.1	3.1	2.9
韓国	2.2	2.4	2.6	2.9
インド	0.8	0.9	2.2	2.6

（出典）OECD Trade in Value Added（TiVA）から作成。

8.1.2　生産性の向上と国家の役割の再帰

　供給面から中国経済の高度成長の決定要因を考察する研究の蓄積が非常に膨
大である。Lin et al.（2018）では，生産関数の観点からそれらの要因を4つに
分類した。すなわち，①労働，資本，自然資源，土地を含めた諸生産要素の蓄

積，②高付加価値産業への資源配分および産業構造の転換，③技術革新および生産性の向上，④生産可能性のフロンティアに達成するための適正制度である。一般的には，生産要素の蓄積を基本とした成長戦略が，資本の限界生産性の低下からその効果が徐々に薄れていくと考えられるため，技術革新や生産性向上を促す政策が長期的・持続的経済成長にとって最も重要である。政策面で高付加価値産業への重点的な資源配分や適正制度の構築も，結果として産業構造や輸出構造の高度化をもたらし，既存の生産要素でより多くの生産物を生み出すという意味で技術革新や生産性向上の重要性を示唆している。

経済成長論では，生産要素の投入と技術革新のそれぞれが経済成長への寄与度を具体的に測る際には，成長会計（Growth Accounting）という分析手法が用いられる（Solow 1957）。新古典派的ソローモデルのコブ・ダグラス（Cobb-Douglas）型の生産関数を仮定する。

$$Y = AL^\alpha K^\beta \tag{1}$$

ここでは，Y を生産するために生産要素が労働 L と資本 K の 2 種類しかない前提とし，α と β のそれぞれが労働分配率と資本分配率に等しい。A は全要素生産性（Total factor productivity, TFP）と定義され，広い意味での生産性を表す変数とみなされる。式(1) の対数をとり両辺を時間に関して微分して，さらに近似的に成長率の形にすれば，次のようになる。

$$\frac{\Delta Y}{Y} = \frac{\Delta A}{A} + \alpha\frac{\Delta L}{L} + \beta\frac{\Delta K}{K} \tag{2}$$

式(2) の中では，$\Delta A/A$ が全要素生産性の成長率として捉えて，労働や資本が説明しきれない経済成長率（$\Delta Y/Y$）である。現実には $\Delta A/A$ をマクロ・データとして観測することができないため，通常は式(2) の残差として求める。

中国において成長会計に基づく実証研究が広く行われており，経済成長における技術進歩の貢献の大きさについての議論が繰り広げられてきた。中国の経済成長は生産要素の投入の増大によるものであり，資本投入による貢献度に比べ生産効率の改善の貢献度は小さいと主張する研究もあれば，改革・開放以降全要素生産性が改善し経済成長に確実に貢献していると主張する研究もある。先行文献の計測結果は必ずしも一致するわけではないが，緩やかな合意として，改革・開放期では中国の全要素生産性が上昇し，経済成長に貢献してきた

と言える。最近の研究成果として，Wu et al. (2017) は全要素生産性の上昇率をさらに技術進歩（イノベーション）と効率性の改善の2部分に分けて計測した。前者は生産可能性フロンティアの上方へのシフト，後者は既存の生産可能性フロンティアへの接近を意味する。

　では，改革・開放期における全要素生産性の改善はどこから由来するものだろうか。まず，改革・開放以降には資源配分が生産性の低い分野（農業，国有企業など）から生産性の高い分野（工業，民間企業や外資系企業など）へ移動したことが挙げられる。労働に関して言えば，労働参加率の上昇，教育水準の改善による人的資本の蓄積（労働者の熟練度の向上）に加え，生産性の低い内陸部から生産性の高い東南沿海部への大規模な労働移動も見られる。次に，WTO加盟に象徴されるように，グローバル生産ネットワークや国際市場へ積極的に融合することで，産業構造や貿易構造の段階的な高度化を遂げてきた。さらに，外国資本を積極的に誘致し優れた技術を導入したことや，企業経営方式の改革で組織効率の改善，全国統一市場の形成による規模経済の実現など，制度の変化がこれまでの中国の全要素生産性の改善をもたらしたと考えられる。

　こうした制度的変化の効果はもちろん今後もある程度期待することができる。例えば，戸籍制度を撤廃してより自由な労働移動を認めることや，外資系企業の金融，保険などのサービス業への参入制限を撤廃することで，生産要素市場の歪みが是正できる。また，少子高齢化のマイナス影響を緩和するために，退職年齢を遅らせることで労働人口を確保することができる。ただし，制度的変化の効果はあくまでも一時的なものであり，経済効率の改善をもたらすが，技術革新にはつながりにくい。かくして，さらなる経済成長を実現するためには，イノベーションが不可欠であろう。そのため，研究開発への財政支出の確保，高等教育機関や研究機関の国際化，世界中からの優秀な人材の誘致，国際技術提携など，自国のイノベーション力を高める政策が重要となる。2016年に中国政府が打ち出した「国家イノベーション駆動発展戦略綱要（2016年〜2030年）」はそのような狙いをもつ中長期的な戦略である。

　懸念するのは，中国の経済成長率が鈍化した最近では，全要素生産性の経済成長への貢献度が小さくなってきたことである。IMF（2019）では，世界金融危機後の中国の全要素生産性の伸び率（2.25％）は，金融危機発生前の10年間

の年平均の半分程度で，中国の成長減速の主因は生産性上昇の低迷にあると指
摘している。生産性上昇の低下には，資源配分の非効率性が作用していると考
えられる。図Ⅱ-8-4（左図）は，国有および国有持ち株企業と民営企業による
固定資産投資の伸び率を比較したものである。中国の固定資産投資は 2011 年
以降減少傾向にあるが，企業形態別にみると，民間固定資産投資は全体の約
57％を占める（中国統計年鑑 2022 年版）。民営企業の伸びが鈍化する反面で，
国有および国有持ち株企業による投資が加速し，両者の伸び率が 2015 年頃に
逆転している。他方，保有する資産がどれだけの利潤を生み出しているかを示
す総資産利益率では国有および国有持ち株企業の業績は民営企業の業績にはは
るかに及ばないこと，国有および国有持ち株企業の資産負債比率が民営企業よ
りも高いことがわかる（図Ⅱ-8-4 右図）。

　改革・開放以降の中国は，民営企業をはじめとする非国有企業の発展を促す
とともに，1990 年代後半から国有企業改革を行ってきたが，市場志向の改革の
流れは，2008 年の世界金融危機における景気刺激策の実施後に変化した。その
背景には，中国はキャッチアップの段階を脱し，世界に先駆けて新分野を切り
開かなければならないとの考え方や米中対立を受けて，技術デカップリングを
危惧し，将来の国際競争力を見据えて戦略産業において企業育成を進める必要

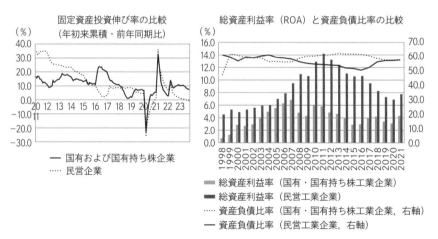

（出典）中国統計年鑑各年版および財経 M 平方 MacroMicro より作成。

図Ⅱ-8-4　国 vs 民：中国の固定資産投資伸び率および工業企業の経営パフォーマンス

があるという考え方がある。ただし，独占利益に支えられ，生産性向上のインセンティブが低く，国際競争力も低い非効率な企業に資源が配分されると，中国経済に深刻なダメージとなるだろう。

8.1.3　中国経済の将来

　中国経済は今後の安定的かつ持続的な成長のために新たな構造転換が迫られている。需要面からは，投資主導型・外需依存型から消費主導型・内需依存型の発展パターンへと転換している。工業（製造業）部門にかわって，サービス産業が成長の牽引役となりつつある。ただし，膨大な人口をもつ中国経済にとって雇用創出も非常に重要な課題であり，経済のサービス化のプロセスの中であまりにも早い段階で脱工業化が進むと，所得格差のさらなる拡大が懸念される。そういう意味では，製造業とサービス業の両輪を回すことが大切である。また，産業構造や貿易構造の高度化がうかがえ，明るい一面があるものの，保護貿易主義の台頭が中国経済に影を落としている。中国経済の成長は世界経済への統合の中で実現されてきたことであり，米中対立の常態化が貿易政策の不確実性の上昇をもたらすだけでなく，投資家や企業経営者の信頼感を損なうことが懸念される。

　供給面から言えば，改革・開放期の中国では制度の改善が生産性の向上をもたらしたが，その効果が徐々に薄れてきた。今後の中国経済の成長の源は技術革新にあり，そのための積極的な産業技術政策が打ち出されているが，資源配分の歪みや非効率的な国有部門の肥大化は生産性の向上をむしろ抑制することになりかねない。EV業界における「NIO」や，ゲーム業界における「miHoYo」のような民営企業の活躍が表すように，政府の役割はあくまでも公正公平な競争環境の整備や，民間部門に潜んでいるイノベーション力を引き出す制度設計にあると考えられる[4]。

8.2　韓国の経済と貿易

8.2.1 韓国の経済成長

　GDPとその需要項目別の動きから韓国経済の動きを概観したい。

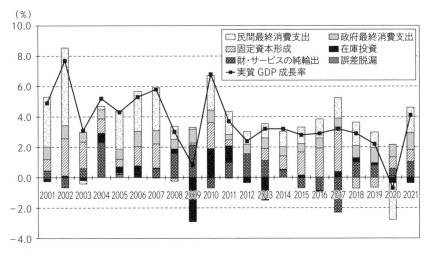

（注）2015 年価格。
（出典）韓国銀行。

図Ⅱ-8-5　実質 GDP 成長率の推移と項目別寄与度

　図Ⅱ-8-5 が示すように，2008 年に起こったリーマンショックによって同年の韓国の経済成長率は 0.8％に低下した。翌 2009 年はその反動による V 字回復があり，成長率は 6.8％と高くなった。しかしその後，2010 年代は 2〜3％台の成長が続く状況となり，韓国の潜在的な成長率はそれ以前に比較して低下したと見られる。

　そうした中で起こった，新型コロナウイルスの流行，COVID-19 の影響によって，2020 年の韓国の経済成長率は大きく低下し，マイナス 0.7％となり，アジア通貨危機の 1998 年以来のマイナス成長を記録した。2021 年はそこから回復し，4.2％と近年にない高い成長率を記録した。2021 年の需要項目別の寄与度で見ると，内需では消費（民間最終消費）が 1.7％，投資（固定資本形成）は 0.8％を記録した。一方，外需（財・サービスの純輸出（輸出−輸入））の寄与度は 1.0％となっている。

　財・サービスの純輸出は輸出から輸入を引いた差分であるため，国際資源価格や内需の動向などで変動する輸入の影響を受ける。ここでは韓国経済の外需への依存の度合いを見るため，GDP に占める財・サービスの輸出の比率を見て

みる。輸出比率は過去 20 年間より高まっている。2001 年には 22.7％であった同比率は 2004 年には 30.1％となり 30％を超えた。さらに 2011 年には 42.9％となり，40％を超え，以降 40％台で推移している。2021 年の同比率は 44.1％である。

　こうしたことから，中長期的に韓国経済の成長率が低下していく中で，外需に依存する割合は高まっている傾向が見て取れる。韓国の安定的な経済成長は引き続き輸出の動向に左右される可能性が高い。

8.2.2　貿易構造

貿易収支の推移

　貿易収支の動向を見ると，2008 年はアジア通貨危機の発生した 1997 年以来となる 133 億ドルの赤字となった（図Ⅱ-8-6）。2009 年には輸出額は 3,635 億ドルに減少したが，輸入額も 3,231 億ドルとなったため，貿易収支は 404 億ドルの黒字に復帰した。2010 年には輸出は回復し，4,660 億ドルと危機前の 2008 年を上回った。2019 年の輸出は 5422 億ドル，輸入は 5,033 億ドルとなり，貿易収支の黒字は 389 億ドルであった。2020 年には COVID-19 の影響を受け，輸出

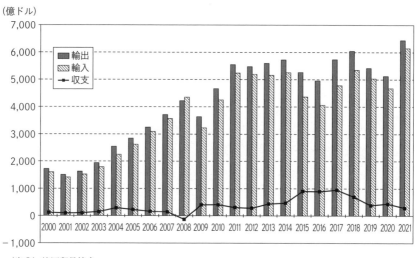

（出典）韓国貿易協会。

図Ⅱ-8-6　貿易収支の推移

は 5,25 億ドルに減少した。一方，輸入は 4,676 億ドルとなり，貿易収支の黒字は 449 億ドルに拡大した。2021 年には，輸出は急回復して 6,444 億ドルとなった。一方，輸入は 6,150 億ドルとなり，貿易収支の黒字は 293 億ドルに縮小した。

　なお，図Ⅱ-8-5 における財・サービスの純輸出はサービス貿易を含んでいる。このため物財の貿易の収支である図Ⅱ-8-6 の貿易収支とは動きが異なっている。

国別の輸出入動向

　輸出先を国別に見ると，中国は 2003 年に米国を抜いて第 1 位の輸出相手国となり，以後その地位を維持してきた。2021 年の中国向け輸出のシェアは，全体の 25.3％に達している。米国は 14.9％，日本は 4.7％をそれぞれ占めている。

　輸入を相手国別に見ると，2007 年に中国が日本を抜いて輸入先として第 1 位となっている。2021 年の輸入額に占める各国のシェアは，中国が 22.5％，米国が 11.9％，日本が 8.9％となっている。

　したがって現在，中国は輸出入の両方で韓国の第一の貿易相手国である。このため韓国の貿易収支は主たる輸出先である中国市場における需要に大きく左右される。

品目別の輸出入動向

　2021 年の輸出を品目別に見ると，基幹産業である電気・電子機器の輸出額が 2,218 億ドルとなり，全体の 34.4％を占めている。この他の主要輸出品目では化学製品が 14.3％，機械類が 11.0％，鉄鋼製品が 8.2％，自動車が 6.9％を占めている（表Ⅱ-8-1）。

　2021 年の輸入を品目別に見ると，燃料が 22.2％で首位を占めている。主要輸出品である電気・電子機器は，同時に中間部品として輸入されているため，輸入品目としても金額が大きく，20.7％でこれに続いている。また，資本財である機械類のシェアが 11.4％と高いのも韓国の輸入構造の特徴である（表Ⅱ-8-2）。

　ここで，韓国の主要貿易品目である電気・電子機器の輸出入シェアの推移を時系列でみると，輸出は 2001 年の 34.7％から，ほぼ一貫して 30％台にあり，

表Ⅱ-8-1　主要輸出品目別シェア

	2001	2012	2019	2020	2021
電気・電子機器	34.7%	28.5%	31.6%	34.8%	34.4%
機械類と精密機器	7.0%	10.2%	12.5%	12.4%	11.0%
自動車	7.6%	7.7%	7.5%	7.0%	6.9%
化学製品	8.1%	10.9%	12.4%	13.0%	14.3%
鉄鋼製品	6.7%	8.6%	8.1%	7.7%	8.2%

（出典）韓国貿易協会。

表Ⅱ-8-2　主要輸入品目別シェア

	2001	2012	2019	2020	2021
電気・電子機器	23.6%	14.7%	20.0%	22.5%	20.7%
機械類と精密機器	10.6%	9.6%	10.1%	12.4%	11.4%
化学製品	8.6%	8.4%	9.3%	9.9%	9.8%
燃料	23.9%	35.5%	25.1%	18.4%	22.2%

（出典）韓国貿易協会。

2021年は34.4%である。一方の輸入は2001年の23.6%から一旦低下し，2012年には14.7%となった。しかしそこから再び増加傾向に転じ，2021年には20.7%となっている。一時的なシェアの低下は2010年代前半の原油価格の高騰で，輸入全体に占める燃料のシェアが高まったためで，電気・電子機器の輸入額は持続的に増加している。

8.2.3　米中経済摩擦と韓国の半導体産業

最近の米中間の経済対立および安全保障上の対立の激化が，韓国経済に影響を与えている。

トランプ政権期に高率関税を課す貿易制限措置の応酬などで具体化した米中経済摩擦は，民主党のバイデン政権に政権が交代した後も激化を続けた。

半導体はパソコン，スマートフォンと並んで，韓国のエレクトロニクス部門の主要輸出品目の1つである。バイデン政権は2022年8月に，自国の半導体の自給率を高め，サプライチェーンを強靭化するためにCHIPS法を制定し，米国内に生産拠点を設ける企業に補助金を支出する政策を開始した。この補助金

制度に対しては外国企業も応募することができるが，その場合には中国への直接投資等に制限を受ける規定となっていた。台湾のTSMCと並んで，世界的な半導体メーカーである韓国のサムスン電子，SKハイニックスの両社はこの規制の対象となる可能性があった。

　さらに米国は2022年10月に，AIなどの軍事利用の可能性がある先端半導体の中国への輸出を，安全保障上の理由で制限する措置を発令した。この措置は半導体自体の貿易にとどまらず，製造技術の移転や，高精度の半導体製造装置の輸出も禁止するものであった。さらに米国はこの措置について。高精度の半導体製造装置の主要輸出国である日本およびオランダに対して，安全保障上の同盟国として同調することを要請した。米国のこの措置も，中国で半導体の生産を行っている韓国の半導体メーカーにとっては大きな制約となることが予想された。

　韓国および台湾の半導体メーカーは，米国との交渉の結果，2022年10月から1年間について，それまでと同じ条件で中国との取引を認められることとなった。2023年9月現在，この条件はさらに1年間延長される見通しである。しかし，これらの米国の政策により，韓国メーカーの中国での生産活動については，今後は新たな大規模設備投資は困難な状況となった。また，現地生産および輸出の対象となる製品は，技術水準の面で制約が加えられることとなった。

　このように，米中間の経済対立さらには安全保障面の対立の深刻化は，韓国とその主要貿易相手国である中国との関係に，また韓国の基幹貿易産業である半導体産業の動向に，それぞれ大きな影響を与える状況となっている。これは韓国経済の今後にとって，大きな制約条件と言えよう。

【注】

1　1978年と2021年を比べると，中国GDPが約43倍，1人当たりGDPが約19倍も増えた（中国統計年鑑2022年版）。この高度な経済成長にともない，社会発展の諸指標も大幅に改善された。1日2.15ドル未満（2017年購買力平価ベース）で生活する貧困人口が全人口に占める割合は1990年の72.0%から2020年の0.1%まで減少し，出生時の平均余命は1960年の33.3歳から2021年の78.2歳まで上がった（World Bank, World Development Indicators Databank）。

2　この世界的な経常収支の不均衡はグローバル・インバランス問題と呼ばれており，その問題の核心に米国の低貯蓄率や，過剰消費，経常赤字の増大がある。

3　中国の産業別雇用者数の統計は，16歳以上かつ民間企業を除く都市部企業の登録雇用者を対象としている。12月末の数値。

4　「Nio」は，中国の新興EVメーカーである。「Nio」が2020年前半経営破綻の瀬戸際に迫られた際に，生産拠点の新規設置を条件に，合肥市の地方政府が手を差し伸べた。「miHoYo」は，世界モバイルゲーム収益ランキングの上位を占めるオンラインゲーム「Genshin」（原神）を開発した企業である。企業創立のきっかけは，上海交通大学に通っていた3人の大学院生が，上海市政府が設立した大学生科学技術創業基金会の助成金を獲得したことである。

【参考文献】

IMF（2019），People's Republic of China: 2019 Article IV Consultation-Press Release; Staff Report; Staff Statement and Statement by the Executive Director for China. IMF Country Report No. 2019/266. August 9, 2019.

Lin, J. Y., Wan, G. and P. J. Morgan（2018），"Factors affecting the Outlook for Medium- to Long-term Growth in the People's Republic of China," In Lin, J. Y. Morgan, P. J. and G. Wan (eds), *Slowdown in the People's Republic of China: Structural Factors and the Implications for Asia*, chapter 8, Tokyo: ADB Institute Press, pp. 220-249.

Wu, Y., Guo, X. and D. Marinova（2017），"Productivity, innovation and China's economic growth," In Song, L., Garnaut, R., Cai, F. and L. Johnston (eds), *New Sources of Economic Growth, Vol.2: Human Capital, Innovation and Technological Change*, Canberra: ANU Press, pp. 213-228.

9 中国経済のイノベーション

9.1 中国の研究開発とイノベーション

2001年12月にWTO加盟した中国は，グローバル・バリューチェーンに参加し，製造業が成長し，貿易は急増し，2009年に世界最大の輸出国となったが，その輸出方式は原材料や中間財を輸入し，組立・加工したうえで再び最終財を輸出する，いわゆる加工貿易が過半を占めていた。こうした加工貿易が生み出す付加価値は限定的であると同時に，研究開発を行うことが少ない中国企業は技術を外国に依存し，知的財産権を持たなかった。

また，中国は多くの工業製品の生産量において世界第1位のシェアを占め，2010年にはアメリカを抜き，世界最大の工業国となるとともに，名目GDPで世界第2位の経済大国となった（大橋2012, 57頁）が，それまでの中国の経済成長は資本投入が主導的な役割を果たしており，全要素生産性（TFP）による経済成長への寄与は低かった。郭・賈（2005）によれば，中国では全要素生産性の経済成長への寄与度は要素投入の寄与度よりも小さいことが示されている。

資本投入などによる投資主導の経済成長方式は投資効率が低下すれば持続可能ではない。他方，生産年齢人口も減少に転じ，中国の潜在成長率は低下し，従来の成長方式が維持できなくなり，持続的な経済成長には研究開発やイノベーションが不可欠と認識されるようになった。そこで，2000年代半ば，中国政府はイノベーションによる経済成長方式の転換を打ち出し，それを国家戦略として位置づけた。2006年2月，国務院は「国家中長期科学と技術発展計画綱要（2006〜2020）」を公布した。この綱要には，2020年までにR&D支出の対GDP比を2.5％以上に高め，国内出願人の年間特許登録数と国際科学論文の被引用数をともに世界トップ5まで引き上げ，イノベーション型国家になるという目標が掲げられた。

また，多くの技術を外国に依存していることから，中国政府は自国企業によ

る研究開発の実施や知的財産権の取得を奨励・促進している。2008年6月5日，国務院は「国家知的財産権戦略綱要」を公布した。自主知的財産権の取得件数をさらに増やすことや，外国への出願を大幅に増やすことなどが5年以内の主な目標とされた。

　さらに，中国政府は研究開発費の税控除やハイテク企業の認定などの政策措置を実施し，研究開発を推進している。その結果，中国の研究開発の投入と産出は伸び続けている。図Ⅱ-9-1は1991〜2021年のアメリカ，中国，日本，ドイツ，韓国の研究開発（R&D）支出（購買力平価PPP）を示している。1991年，中国のR&D支出は91億ドルで日本の692億ドルのわずか13％に過ぎなかったが，2009年に中国は1841億ドルで日本の1,373億ドルを超え，R&D支出総額では世界第2位となった。2021年には中国のR&D支出額は6,676億ドルに上り，アメリカの83％に達した。

　図Ⅱ-9-2は上述5か国のR&D支出の対GDP比を示している。2001年まで，中国のR&D支出の対GDP比は1％以下にとどまっていた。2000年代以降，中

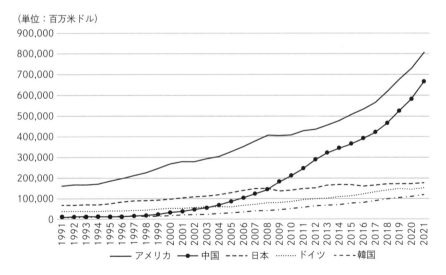

（注）中国の統計範囲が変更されたため，2000年，2009年において時系列の連続性は失われている。
（出典）OECD Main Science and Technology Indicators のデータに基づき筆者作成。

図Ⅱ-9-1　R&D支出額（購買力平価，名目値）

国の R&D 支出の対 GDP 比は伸び続け，2021 年に 2.43％に達した。日本やアメリカよりまだ低いが，OECD 国の平均水準（2021 年は 2.72％）に近づいている。

　前述したように，中国政府は国家知的財産権戦略を実施し，特許出願を促している。2010 年代より，中国出願人による国内・国際特許出願は急増している。図Ⅱ-9-3 は主要国による PCT 国際特許出願数の推移を示している。2000 年，中国からの PCT 国際特許出願数はわずか 782 件であった。2022 年には，中国は 7 万件の PCT 国際特許を出願し，同年アメリカの 5.9 万件を超え，世界第 1 位の PCT 国際特許出願国となった。

　しかし，PCT 国際特許出願は出願だけであり，特許権を取得するためには各国に国内移行する必要がある。中国の PCT 国際特許出願の国内移行率は日本やアメリカなどの先進国の半分程度にすぎない。

　また，特許権を取得するためには，各国の特許庁に実体審査を請求し，その請求を受けて特許庁がその出願を審査し，特許要件を満たしている出願に対し

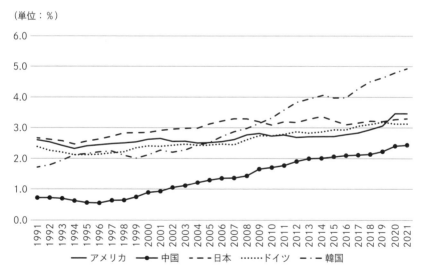

（注）中国の統計範囲が変更されたため，2000 年，2009 年において時系列の連続性は失われている。
（出典）図Ⅱ-9-1 に同じ。

図Ⅱ-9-2　R&D 支出の対 GDP 比

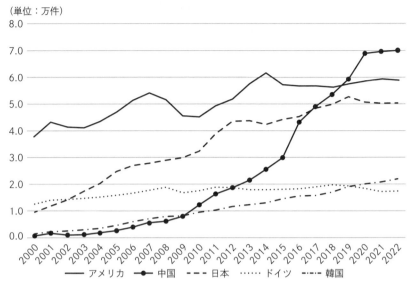

（単位：万件）

（出典）WIPO statistics database. Last updated：September 2023 のデータの基づき筆者作成。

図Ⅱ-9-3 PCT 国際特許出願数（2000〜2022 年）

て登録査定を出す。登録されたら特許権の取得となる。中国の登録特許のうち，外国で登録された件数は全体の10%以下にとどまっており，日本（2019年は50%）よりはるかに低い。

　つまり，中国の特許出願は量が急速に増加しているが，価値が低い出願も多くあることは否定できない。

9.2　デジタル化による革新

9.2.1　中国のデジタル化に関する国家戦略

　中国政府はデジタル産業の発展や産業のデジタル化を重視し，多くの発展戦略や政策を打ち出し，通信インフラの整備やデジタル転換を進めてきた。ここではその一部を取り上げる。

　1998年，中国は「情報産業部」を設立し，情報産業（電子情報製品製造業，通信業，ソフトウェア業）の発展を推進する。この情報産業部は2008年に新設

された工業情報化部に統合された。

2006年5月，「2006〜2020年国家情報化発展戦略」が公表された。この発展戦略は2020年までに情報インフラの普及などの目標を掲げ，国民経済の情報化の推進など9つの戦略的重点を示し，さらに6つの戦略行動計画を策定した。

2015年，「インターネット＋（プラス）」戦略が制定される。「インターネット＋」はクラウドコンピューティング，ビッグデータ，モノのインターネットなどのインターネット技術と他の産業とを融合することで，従来の産業の新たな発展の推進を目指すものである。

2021年3月，中国の「国民経済と社会発展第14次5カ年計画（2021年〜2025年）と2035年の長期目標の綱要」が公表された。第5編では，デジタル開発の加速とデジタル中国の構築を明確に提案し，デジタル技術を活用して新産業・新業態・新モデルの創出の推進を打ち出している。

2022年1月，中国国務院は「第14次5カ年（2021〜2025年）計画デジタル経済発展規画の通知」を公表した。同計画は，2025年までにデジタル経済コア産業（後述する）の付加価値額のGDP比を10％まで引き上げ，農業や製造業のデジタル化転換の推進などの目標を掲げている。

9.2.2　デジタル経済とは

上記の「通知」では，「デジタル経済」という言葉が登場しているが，「デジタル経済」とは何か。2016年に開催されたG20杭州サミットでは，「G20デジタル・エコノミー発展と協力イニシアティブ」が採択され，それによれば，「デジタル経済」とは，デジタル化された情報と知識を生産の主要な要素として使用し，現代の情報ネットワークを重要な活動の場とし，ICT技術の有効な利用によって生産性の上昇と経済構造の最適化を推進することを含む広範な経済活動を指している。

中国国家統計局は上記の「デジタル経済」の定義を採用し，デジタル経済関連データを統計するために，「デジタル経済およびそのコア産業の統計分類（2021）」を公布し，デジタル産業の範囲を①デジタル製品製造業，②デジタル製品サービス業，③デジタル技術応用業，④デジタル要素駆動産業，⑤デジタル化効率向上産業とし，また前記①〜④をデジタル経済コア産業と定義してい

る。さらに，上記の①〜④を「デジタル産業化」，⑤を「産業のデジタル化」と
分類している。

統計分類の中身を見てみると，①デジタル製品製造業は通信設備，ロボッ
ト，半導体や電子機器製造業など，②デジタル製品サービス業はソフトウェア
や通信設備の卸売・小売・レンタル・修理など，③デジタル技術応用業はソフ
トウェアの開発，通信サービスなど，④デジタル要素駆動産業はインターネッ
トプラットフォーム，インターネット通販や金融，デジタルコンテンツ，ICT
インフラなど，⑤デジタル化効率向上産業はデジタル技術を応用するスマート
農業，スマート製造，スマート交通などを含む。つまり，デジタル経済の範囲
は製造業からサービス業まで広範囲にわたっている。

9.2.3　中国のデジタル・イノベーションとデジタル経済の規模

中国では，デジタル技術の社会実装が進み，多くのイノベーションが生み出
されている。例えば，スマホによるキャッシュレス決済の AliPay や Wechat
Pay（日本の PayPay のような QR コード決済アプリ），タクシー配車サービス
の Didi 等は中国では欠かせないものとなっている。新型コロナウイルス感染症
による移動規制のため，デジタル化はさらに進み，無人配送車も広がり始めて
おり，ライブ配信で商品を紹介しながら販売するライブコマースも急速に伸び
ている。また，6G 通信技術や自動運転技術の開発も進んでいる。これらのイノ
ベーションは民間企業によって創出されたが，中国政府が進めてきたデジタル
インフラの整備がデジタル・イノベーションの基礎となっていると言えよう。

アリババやテンセントなどの IT 技術を駆使する企業は世界でも有名な巨大
なデジタル・プラットフォーマーとなった。中国では起業しやすい環境がある
ため，デジタル技術のスタートアップ企業も多く誕生した。例えば動画アプリ
の TikTok を出したバイトダンスは 2012 年に設立された新進企業である。

中国工業情報化省傘下のシンクタンクである中国信通院は中国のデジタル経
済の規模および GDP に占める割合を推計し，2015 年より「中国デジタル経済
発展白書」を発表している。同白書の計算方法の説明を読むと，前述した中国
国家統計局の統計分類に近い。中国信通院が発表したデータによれば，中国の
デジタル経済の規模（付加価値）は増え続けており，2022 年に 50.2 兆元に達

し，中国の GDP の 41.5％を占めており，うち「産業のデジタル化」の経済規模はデジタル経済全体規模の 81.7％を占めている（図Ⅱ-9-4）。

　ただ，中国信通院のデータの対象範囲はかなり広く，他国のデータと比較する際に注意する必要がある。米国商務省経済分析局（BEA）は 2017 年米国のデジタル経済の米国 GDP に占める割合は 6.9％であると推計している（BEA 2019，p.6）。許・張（2020）は BEA の推計方法を参考にし，2007〜2017 年，中国のデジタル経済規模の GDP に占める平均割合が 5.15％（2017 年は 6.46％）であると推計している。

　中国の多くの研究は，デジタル技術の導入は中国の経済成長に貢献していることを証明している。中国信通院（2023）が発表した「中国デジタル経済発展研究報告（2023 年）」によれば，中国のデジタル経済の全要素生産性は 2012 年の 1.66 から 2022 年の 1.75 まで上昇し，特に第三次産業の全要素生産性は 2022 年に 1.90 まで上昇した。李・屈（2022）はデジタルインフラ，デジタル技術応用などのデジタル経済は製造業の成長を促進していると検証した。羅・張・李（2023）は製造業上場企業のデータを使い，デジタル技術を有する企業は全要

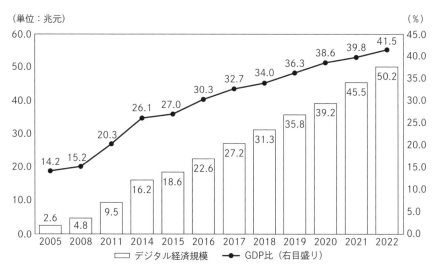

（出典）中国信通院「中国デジタル経済発展白書」各年版により筆者作成。

図Ⅱ-9-4　中国のデジタル経済規模および GDP 比

素生産性がデジタル技術のない企業より高いことを証明している。

9.3 成長の課題

　民間企業はイノベーションの重要な担い手である。前述したアリババやテンセントはいずれも民間企業である。1990年代国有企業改革が本格的に始まり，国有企業の数は急速に減少した。しかし近年は国有企業の存在感が強まり，民間企業が後退するいわゆる「国進民退」という動きが見られる。しかも，新型コロナウイルスを封じ込めるために実施された厳しい「ゼロコロナ」政策は民間企業に大きな打撃を与えた。中国国家統計局が公表した「2022年国民経済と社会発展統計公報」によれば，2022年国有支配の工業企業利潤は前年比3.0%増加したが，民間工業企業の利潤は7.2%減少した。民間企業は雇用を支えているため，「国進民退」が進むと失業率の上昇につながる。また，民間企業は国有企業と比べ効率的であるので，「国進民退」はイノベーションの創出や経済成長を減速させることになる。

　近年，米中摩擦が激化し，米国政府は高性能半導体や半導体製造装置などの中国への輸出を規制し，中国のハイテク企業を制裁することで中国とのデカップリングを進めている。中国は長年の努力により，技術力が向上したとはいえ，最先端の半導体をまだ生産できない。ビッグデータやAIなどのデジタル技術にはいずれも高性能の半導体が必要である。米中対立は中国のデジタル・イノベーションに大きな影響を与えると思われる。

【参考文献】

BEA (2019) "Measuring the Digital Economy: An Update Incorporating Data from the 2018 Comprehensive Update of the Industry Economic Accounts", Bureau of Economic Analysis, U.S. Department of Commerce (https://www.bea.gov/system/files/2019-04/digital-economy-report-update-april-2019_1.pdf, 2023年9月25日にアクセス).

大橋英夫 (2012)「産業・貿易構造の変化と発展方式の転換」渡辺利夫・21世紀政策研究所監修，大橋英夫編『変貌する中国経済と日系企業の役割』勁草書房。

郭慶旺・賈俊雪 (2005)「中国全要素生産率的估算：1979−2004」『経済研究』(2005年第6号)，51-60頁。

李史恒・屈小娥 (2022)「数字経済賦能製造業高質量発展：理論機制与実証検験」『経済問題探索』(2022年第10号)，105-117頁。

羅佳・張蛟蛟・李科 (2023)「数字技術創新如何駆動製造業企業全要素生産率？―来自上市公司専利数

拠的証拠」『財経研究』（2023 年第 49 巻第 2 号），95-109，124 頁。

許憲春・張美慧（2020）「中国数字経済規模測算研究－基於国際比較的視角」『中国工業経済』（2020 年第 5 号），23-41 頁。

中国信通院（2023）「中国デジタル経済発展研究報告（2023 年）」（http://www.caict.ac.cn/kxyj/ qwfb/bps/202304/t20230427_419051.htm, 2023 年 9 月 25 日にアクセス）。

10 新興市場経済諸国・移行経済諸国の特徴

　世界経済に重要な役割を果たす新興市場経済諸国はどのような特徴を持っているのか，なぜ成長し続けるのか，当該国の成長の原動力とは何か明らかにすることで世界経済の構造変化をより精密に捉えることができる。本章では，新興国・移行国経済について概観した後，双方の特徴を有するロシア経済について紹介する。

10.1　新興市場経済諸国とは

　新興市場経済諸国（emerging markets, 以下新興国）は世界銀行に勤めた経済学者 Antoine van Agtmael 氏により初めて使用され，1980 年代に工業化と著しい経済成長を成し遂げている発展途上国（台湾，韓国，イスラエル，シンガポール，香港）を指した用語である。新興国が再び関心を集めたのは 2001 年からである。当時，Goldman Sachs の資産運用部門に所属している Jim O'Neill 氏が 4 つの新興国（ブラジル，ロシア，インド，中国）を BRIC と名付け，当該国は高い経済成長が見込まれると評価した。BRIC の主な特徴として，人口の大きさ，労働賃金の安さ，開発の可能性の多さが挙げられ，このような要因が世界輸出市場および国際資本市場において，当該国にとって有利に働くと評価された。ただし，国際機関の分類によっては新興国市場の定義がさまざまであり，新興国経済を経済学の研究対象として考える場合，明確な定義がないという問題がある。国際機関の他，多くの民間企業や研究機関はさまざまな目的で新興国市場のリストを公表している[1]。

　新興国は，世界経済の中で，極めて注目を集めている国のグループで，一般的に，BRICS[2] や N-11（Next-11）[3] や CIVETS[4] などの国々を指している。当該国は，1950 年代以降に工業化，近代化，自由化をし，急速な経済成長を遂げ

た旧発展途上国である。新興国は，従来の発展段階を回避し，新技術を直接導入することが多いため，「成長経済」（growth economies）や「リープフロッガー」（leapfroggers）とよく呼ばれている（Cavusgil et al. 2021）。また，新興国はいくつかの共通点を持ち，当該国の経済構造，成長要因，経済のポテンシャルなどがビジネス社会のみならず，多くの学者の関心を引きつけている（Looney 2014）。

　2000年代からグローバル化の恩恵を受けた新興国の成長率は，先進国の成長率を上回り始め，2007年には世界のGDP（購買力平価）に占める先進国のシェアが初めて50%下回った（図Ⅱ-10-1）。世界通貨基金（IMF）のデータによれば，2022年に世界GDPの成長率は2.8%であり，発展途上国および新興国の成長率は3.9%だったのに対して，先進国の経済成長率は1.3%に留まった。2023年以降もこのような動向が維持されると予測されている。

　このことから，世界経済における新興国の位置付けが高まり，まさに新興国のブームが起きた。2023年に，新興国および発展途上国の世界GDP（購買力平価）に占めるシェアは58.9%まで拡大し，また，UNCTADのWorld Investment Reportからでも明らかなように，新興国は外国直接投資の流出入のトップ20に安定的に入っている[5]。このように，世界経済における新興国のシェアが大きく，今後も当該国が世界経済の構造転換に極めて大きな影響を与えると推測できる。

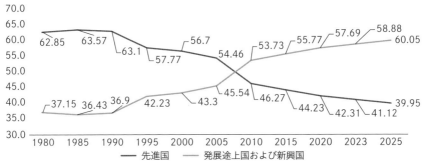

（出典）国際通貨基金 URL: https://www.imf.org/external/datamapper/PPPSH@WEO/OEMDC/ADVEC/WEOWORLD%20%E3%80%80（2023年9月25日）。

図Ⅱ-10-1　世界GDP（PPP）に占める先進国，発展途上国および新興国の割合（%）

　新興国の明確な定義が存在しないものの，多くの学者は新興市場の必須条件として，急激な経済成長と工業化を通じた経済構造転換を挙げている。ここでは，経済構造の転換は，主に，(1) 人口過剰やインフラの欠如などの経済成長を制約する要因を緩和したこと，(2) 一人当たり GNP が継続的に向上していること，(3) 中間層の割合が増加していること，(4) 世界経済への統合が強まっていること，を意味する（Cavusgil et al. 2021）。

　新興国の経済成長メカニズムを考える場合，新興国の (1) 初期条件（initial conditions），(2) 成長を促進した要因，(3) 新興国市場の現在のパフォーマンスを検討しなければならない。

10.2　新興市場経済諸国の初期条件

　初期条件とは，多くの新興国の共通点として見られた経済改革の前提条件である。Cavusgil et al.（2021）は新興国の前提条件として以下の点を挙げている。

　第一に，新興国の多くにおいては，文化的な結束性および領土の一体性（territorial integrity）があり，国民性の前提となる共通言語や宗教，中央政府や単一市場が確立している。文化的な結束性と領土の一体性は取引コストの削減につながりやすいため，経済改革の速度にも貢献する。

　第二に，新興国においては，法の支配（the rule of law）が限定的・脆弱である。脆弱な政府は取引コストを増加させているため，多くの新興国では，非公式な制度や汚職，官僚主義的手続きの多さ，中央政府の力の強さ，政治的な影響力を持った人物などが存在する。そのため，Transparency International 社の汚職認知指数（Corruption Perception Index）や世界銀行の World Governance Indicators などにおいて新興国の制度の質は先進国より低い。なお，新興国の制度上の空白（institutional voids）を新たな商品やサービスの開発に活かしている欧米多国籍企業や新興国の国内企業が存在する。

　第三に，制度が脆弱であるため，新興国では，市場取引および企業同士の関係は法で定められているよりも，個人・企業同士の信頼に基づいている。公式制度への信頼が低く，社会の中での一般的な信頼も欠如しているため，結果的

に，信頼度の高い人物や企業などとしか市場取引が成り立たなく，ネットワーク型の市場および特定の市場アクター同士の関係主義（relationship）が形成されている。

　そのため，第四に，新興国においては，家族経営や一族の財閥の関係が極めて強い傾向が見られる。例えば，インドとブラジルでは家族経営（家族コングロマリット）の割合はそれぞれ56％と46％である（Bhalla et al. 2016）。そのような企業は新興国の GDP や雇用，税収入などに大きく貢献しており，家族関係者以外の持株比率は限定的である。

　第五に，新興国市場においては基盤インフラが未発達である。インフラの質は，その国の経済成長の可能性や，企業が効果的にビジネスを展開できるか否かに直接影響を与えている。もし国のインフラが未発達であれば，その国は経済発展の面で遅れをとることになる。Ease of Doing Business, Quality of Logistics Index, Global Competitiveness Index, Network Readiness Index, ICT Development Index などの，基盤インフラの発達レベルを評価できるデータベースが複数あるが，一部例外はあるものの，いずれのデータベースにおいても新興国の基盤インフラレベルは先進国に遅れをとっていると確認できる。そのため，新興国の政府にとっては基盤インフラの発展は焦眉の課題であり，官民パートナーシップ（Public Private Partnerships）という形で頻繁に推進されている。世界銀行のデータによれば，官民連携によるグローバル投資額は917億米ドルに達し，そのうち中国，ブラジル，インド，インドネシア，ベトナムが75％を占めている（The World Bank 2023）。

　第六に，新興国において非公式経済（informal economy）の規模が大きく，公式経済の2倍以上に達している国もあるという。非公式経済とは，公式経済部門と違って，課税されず，いかなる政府機関の関与も受けず，GNP 統計に計上されない経済活動のことである。

　第七に，新興国では活発な人口増加が見られ，すでに世界人口の55％を超えており，とりわけ，新興国の若年層の人口は先進国の3倍以上で拡大している。新興国の教育水準の向上に伴い，若い人口は徐々に高いスキルを持つ生産年齢人口の基盤となり，新興国の潜在的な競争力の源となっている。一方で，中国やロシアといった新興市場においては先進国と同様に少子高齢化が進んでいる。

　最後に，多くの新興国では，国有企業の活動が顕著であり，そのような企業は利潤最大化のほかに，社会的・政治的な目標達成のために設置されている。近年，国有企業は国内での事業活動だけではなく，海外にも積極的に進出することで，新興国発国有多国籍企業に成長し，先進国発多国籍企業と競争し合う現象が見られる。とりわけ，中国発国有多国籍企業の活動が顕著であり，Fortune 社 Global 500 のデータによれば，2000-2020 年の間，中国の多国籍企業は 10 社から 112 社までに増加し，その数多くの多国籍企業では，中国政府が主な株主となっている（Gorshkov and Podoba 2022）。こうした国家資本の存在および国家主導性の役割は「国家資本主義」や「国家主導資本主義」と称されている（溝端 2022）。

10.3　新興市場経済諸国の成長を促進した要因

　新興国の研究者Cavusgil 氏は，新興国の経済成長を促進した要因として以下のことを挙げている。まず，構造改革と市場の自由化政策である。現在，新興国市場と呼ばれている多くの国々は 1950 年代に保護主義政策が主流で非常に閉鎖型であり，国内企業の保護，高い関税率，脆弱な制度，政治的な不安定さなどの現象が見られた。著しい経済成長を成し遂げる前に，多くの新興国は構造改革と自由化政策を実施し，貿易・金融規制を緩和することで世界経済への統合を深め，国内競争力を高めた。

　第二に，構造改革と自由化政策は急激な工業化と近代化をもたらした。新興国の政府は多国籍企業による外国直接投資（foreign direct investment，FDI）を積極的に誘致し，国内企業の競争力の増加，技術移転や他産業への波及効果（spillover effect）を促進するような政策を立てた。外国直接投資は資本調達，技術移転，雇用機会の創出，経営的スキルやノウハウの流入をもたらし，経済の工業化と近代化の原動力となった。

　第三に，国有企業の民営化政策である。韓国，トルコ，シンガポールといった新興市場は全ての産業において民営化政策を成し遂げ，民間部門は経済成長を促進する要因となった。一方で，中国やロシアといった新興市場では民営化政策が行われたにもかかわらず，国有企業の割合が未だに高く，2021 年の

MSCI 社のデータによれば，株式時価総額に占めるそのシェアはそれぞれ 51％
と 43％である。とりわけ，新興国のエネルギー，金融，輸送といった産業で
は，国有企業の割合が依然として高いレベルにあり，さらなる民営化が臨まれ
る。

　第四に，特定の産業への戦略的な投資である。官民パートナシップの主導で
とりわけ，基盤インフラの建設への投資が経済成長を促進する上で貢献してい
る（Cavusgil et al. 2021）。

　最後に，新興国が成長したグローバルコンテキストのことを忘れてはいけな
い。1960 年代から世界経済におけるグローバル化が進んでいたため，多くの新
興国はその恩恵を受け，世界経済へ深く統合することで，成長メカニズムを促
進することができた。

10.4　新興市場経済諸国の特徴および最新の動向

　新興国の主な特徴は，生活水準の急速な向上と経済的・社会的な願望が高
まっている中間層の増加である。そのため，新興国は国際貿易や投資にとって
魅力的な進出先となっている。多くの新興国では，経済活動において政府が主
導的な役割を担っており，その表れとして，新興国発の国有多国籍企業の海外
進出が注目されている。市場・人口の大きさおよび豊富な資源などが魅力的な
観点から，新興国は世界経済において重要な存在となっている。新興市場は今
後とも著しく成長し続ける潜在力があると評価され，日本を含む多くの先進国
の多国籍企業は新興国における国際ビジネスを展開している（Cavusgil et al.
2021）。

　初期条件のもとに実施されたさまざまな改革は新興市場における良い効果を
もたらした。世界経済危機や COVID-19 パンデミックにより一時的なショック
受けることはあったが，長期的なトレンドはポジティブであるため，多くの新
興市場は持続可能な経済成長を成し遂げている。

　経済成長に必要不可欠な中間層は安定的に増加しており，国内消費の拡大を
促しているだけではなく，徐々に質の高い人的資本形成にもつながっている。
そして，多くの新興国において起業家活動の拡大が見られ，とりわけ，若年層

の中で起業家精神が極めて強く，制度が限定的で起業する際の規制が先進国より少ないこともあり，自由な発想や創造力によってさまざまなイノベーティブ企業が誕生している。なかでもICT関連の企業が多く，中国のBAT[6]をはじめとする世界をリードする新興国発デジタル企業が徐々に生まれている。デジタル化は2000年代の新興国市場において，極めて重要な成長要因になっており，「デジタル化する新興国」という現象は学者の関心を集めている（伊藤2020）。金融部門へのデジタル化の浸透が特に顕著で，新興国はキャッシュレス決済やデジタル通貨の導入などのFinTech分野においても，先進国にキャッチアップしているというより，むしろ，世界をリードしている（Gorshkov 2022）。

10.5　移行経済諸国とは

　移行経済諸国（以下，移行国）は社会主義経済システム（Socialist Economic System）から市場経済（資本主義経済システム，Capitalist Economic System）への移行過程にあり，新興市場経済諸国と同様に，発展途上国の分類に入る諸国のことである。

　ソ連社会主義経済システム[7]とは，カール・マルクス（Karl Marx），フリードリッヒ・エンゲルス（Friedrich Engels）の思想だけではなく，20世紀初頭のロシアの特徴を反映し，1928年から1930年にかけて形成されたシステムのことである。社会主義は共産主義（無階級社会）への一段階として位置づけられ，経済システムとして中央計画経済（Centrally Planned Economy）を基盤とし，私的所有と市場を基礎としている資本主義経済システムに替わる経済システムとして構想されていた。歴史的に，社会主義経済システムはソ連に併合されたバルト3国（ラトビア，リトアニア，エストニア），東欧諸国（ポーランド，ハンガリー），モンゴル，中国，北朝鮮，ベトナム，キューバなどにおいて形成され，各国は初期条件（initial conditions）が異なったことから独自の社会主義経済システムの構築を模索していた（吉井・溝端2002）。

　歴史的に，ソ連型経済システムには著しく経済成長をしている時期があったが，情報管理コストの高さ，一般大衆の考え（消費者が何を必要としているのか）を拾い上げるシステムの機能不全，ソフトな予算制約（国有企業の赤字が

出ても，それを補助金等で存続させる仕組み）などの問題点および国際政治での社会主義と資本主義の対立によってソ連社会主義経済型システムが崩壊した。

　バルト3国を除く旧ソ連諸国では，1991年末以降，民主化と市場経済移行が開始され，社会主義的計画経済システムを市場経済の原理により再編および社会主義時代に存在しなかった新たな制度を作り出すことになった。市場経済移行の過程では，経済システム改革（民営化と価格自由化）とマクロ経済安定化および経済構造改革が進められた（吉井・溝端 2011）。

　2000年代に入ってから多くの移行国は高い経済成長を経験した。体制転換以降失われた10年のキャッチアップ，貸出残高の増加に伴う国内消費の拡大および資源輸出の価格増加等が移行国の経済成長に著しく貢献したと考えられる（Gevorkyan 2018, p. 225）。ただし，移行国の経済発展は一様ではなく，多くの国が最低生活水準以下のレベルにあり，移行国間の経済発展にはばらつきがかなり大きい。

10.6　ロシア経済の動向

　世界一の面積を誇るロシアは大国意識が極めて強いが，世界経済におけるロシアの役割は非常に限定的であり，競争力が相対的に低いレベルにある。ロシアの国際競争力指数（Global Competitiveness Index）のトータルランキングは毎年改善されるものの，依然として発展途上国以下の水準の項目がある。とりわけ，制度（所有権保護，司法の独立性等），インフラ，健康（平均寿命等），財市場，金融制度が深刻なレベルにある（表Ⅱ-10-2）。

　また，Transparency International 社の汚職認知指数によると，2018年にロシアは180か国ランキングで第138位となっており，イラン，ミャンマー，パプアニューギニアと同じ順位にある。このように，ロシア経済には構造的・制度的な問題が多く存在し，ソ連型経済システムの遺産・経路依存性[8]が不利に働いている。ただし，世界銀行 Doing Business 2018 では，ロシアのランキングは31位となり，2000年代中に大きな進歩が見られた[9]。

表Ⅱ-10-2　ロシアの国際競争力ランキング（順位）

国際競争力指数	2018 （トータル）	1. 制度	2. インフラストラクチャ	3. ICT 導入	4. マクロ経済安定化	5. 健康
順位（140か国）	43	72	51	25	36	100
6. 能力（教育）	7. 財市場	8. 労働市場	9. 金融制度	10. 市場規模	11. ビジネス・ダイナミズム	12. イノベーション
50	83	67	86	6	51	36

（出典）World Economic Forum（2019），*The Global Competitiveness Report 2018*。

　ソ連崩壊後，1997 年を除く 90 年代の間，ロシアではマイナス経済成長が続いており，社会主義・計画経済から市場経済システムへの移行コストが極めて高かった。1992 年には GDP 成長率が –14.5％を記録し，経済・社会保障制度が崩壊し，経済・社会制度が非常に不安定であった。プーチン大統領が就任した後，2000 年の世界経済景気の向上と石油価格の安定的な上場の恩恵を受け，ロシア経済が徐々に成長し続け，世界経済に占めるその割合が 2％から 4％まで拡大した。ただし，2008 年の世界金融危機が資源依存型経済の経済構造の問題を新たに露出させ，2009 年には世界石油価格に敏感なロシア経済は –7.8％まで低下し，2000 年代に入ってから最も低いパフォーマンスとなった。その後，一時的に回復が見られたものの，2012 年以降は経済成長が事実上低下し続け，2014 - 16 年の間，欧米の経済制裁および世界経済の純化の影響が大きかったため，2015 年に GDP 成長率が –2.8％まで下がった。

　近年も，ロシア経済は低成長を示している。2018 年に世界経済の景気回復，石油価格の高騰，2018 年ワールドカップのロシア開催とそれに伴う一時建設の増加等といった要因があいまって，GDP 成長率が過去 5 年間の GDP 成長率を上回り，2.3％まで回復したが，2019 年の予測では経済成長の純化が再び生じると予測されている（World Bank Group 2019）。

　ロシア経済は構造的な問題を抱えているものの，マクロ経済的な指標は相対的に安定している。2014 年以降に導入された対ロシア経済・金融制裁および世界経済の不景気がロシア経済に大きな打撃を与え，ロシア企業による国際資本市場からの資金調達を困難にさせたが，2018 年時点では，ロシア輸出品目であ

るエネルギー資源の価格上昇に伴い貿易収支が改善し，その結果，経常収支が1,138億米ドルまで回復し，GDPに占める経常収支の黒字が6.9%となった。ロシア連邦関税局によれば，2017年の主な輸出品目は付加価値の低い鉱物製品60.4%（そのうち，燃料・エネルギー製品59.3%），金属および同製品10.4%であるのに対して，輸入品目は付加価値の高い機械・設備・輸送用機器48.6%，化学品・ゴム17.7%，食料品・農産品（繊維を除く）12.7%であり，非常に偏った貿易構造となっている。経済・金融制裁の下で政府が進めている輸入代替政策の効果は限定的であると言わざるを得ない。

2021年までのロシアの主な輸出先は，中国，オランダ，ドイツ，トルコ，ベラルーシ，イタリア，カザフスタン，韓国，ポーランド，米国，日本となっており，輸入国は中国，ドイツ，米国，ベラルーシ，イタリア，フランス，日本，韓国，カザフスタン，ウクライナである。伝統的に，ロシアの貿易相手国にはEUおよび旧ソ連諸国の国が多いが，近年，東方シフト化の政策およびウクライナ紛争の影響で中国との貿易・投資協力が膨張し，中国が主な貿易相手国となっている。

国際政治が不安定な状況の下，ロシアからの純資本流出が増加し，GDPに占める海外直接投資の割合が1.8%から0.5%まで低下した。ロシア外国資本の流出入の特徴の1つとしては，オフショア地域の存在が挙げられる。ロシア対内外外国直接投資では，キプロス，バージン諸島，バミューダ諸島等のオフショア地域およびルクセンブルク，オランダ，アイルランド，イギリス等の特別目的会社（Special Purpose Vehicle）を誘致する擬似オフショア地域の割合が高い。国内制度の不完全さ・未発達さを回避するために，ロシア資本がオフショア地域の投資先を経由して国内に循環する迂回直接投資（round-tripping effect）という現象が見られる。

外貨準備高が徐々に増え続け，2019年第1四半期では4,878億米ドルとなった（中国，日本，スイス，サウジアラビア，台湾に次いで世界6位）。外貨準備高およびロシア準備基金の資金は外部リスクを軽減する役割を果たしており，景気回復等に使用されている。

ロシアの財政基盤も比較的に安定しており，2018年のGDPに占める財政黒字が2.9%となり，連邦予算・連邦主体予算とともに回復している。なお，歳入

面では，資源採掘税等の資源関係の歳入が多いことから，ロシア連邦予算は他の資源依存型経済と同様に，脆弱な構造となっている。

2019年に失業率が4.8％と極めて低く，多くの産業部門における賃金値上げが見られるものの，実質所得が低下し続け，国内における貧困問題が問題視されている。また，人口の高齢化が進み，雇用者数が70万人，労働活動人口が90万人減少した（World Bank Group 2019）。

2023年9月現在，2022年2月24日に始まったウクライナとの軍事紛争が続いており，その影響でロシア経済は前代未聞の数の経済・金融制裁を受けている。2022年のGDP成長率は−2.1％まで落ち，多くの外資系の企業はロシア市場を撤退した。ロシア経済は事実上，2000年代から段階的に実施した世界経済への統合時期から西側諸国とのデカップリング時期に入った。ロシア経済にとっての焦眉の課題は歯止めがかからないルーブル安，国内物価高，通貨防衛のために実施されている景気抑制政策，頭脳流出や国外移住による人的資本損失，拡大している軍事費用，技術移転の代替輸入先の模索などである。西側の研究者の予測に反して，ロシア経済はここ2年間の制裁に対して相対的に高い耐久力を見せているが，紛争が続いている限り経済的・人的な損失が大きく，また軍需経済化が進んでいる中で，ロシア経済の今後の見通しは不明瞭である。

10.7　ロシア経済の特徴

ロシア経済は歴史的にソ連遺産から移行期（1991−1999年），成長期（2000−2008年），停滞期（2009年−2012年），世界経済への統合期（2012年−2022年），世界経済（とりわけ，欧米諸国経済）からのデカップリング期を辿ってきた。ロシア経済には他の国に見られない構造上の特徴が見られる。

第一に，豊富な資源（石油・ガス，希少資源）を有するロシアはモノカルチャー経済となっている。豊富な資源を持つ結果，ロシアは産業構造の多角化（diversification）を達成することができず，輸出の60−70％が天然資源である。天然資源はロシア経済構造を支えており，資源依存型経済システムの基盤と政府の主な財収入源になっている。さらに，ロシア経済にはオランダ病[10]の特徴も見られ，近代化・イノベーション政策が進まない要因となっている。ロシア

政府は経済構造の多角化を強調しているが，現実には資源依存型経済が浸透している[11]。経済制裁の中で輸入代替化政策の傾向を強めているが，国内生産を育成するための先端技術の輸入が欠かせず，中国やインドなどの新興国からの輸入依存度が高まりつつある。

第二に，広大な国土と豊富な資源である。ロシアは世界一の面積を誇り，国土は日本の45倍である。シベリア鉄道では，モスクワからウラジオストクまで一週間かかる。さらに，世界で最も多くの標準時を持つ国であり，その数は11にのぼる。広大な面積はガバナンス（統治）問題をもたらし，高いコストおよびインフラの未発達の問題の原因にもなっている。土地開発コスト，輸送コスト等がロシアの世界競争力の足かせとなっている。

第三に，ロシア経済にソ連の遺産と社会主義の経路依存性という特徴が見られる。長い間，存在していた社会主義システムは現代のロシア人の価値観に依然として影響を与えており，移行過程で輸入された経済制度・資本市場の価値観はロシアに根付いていない。ロシア政治経済制度を考える上では，歴史の重大さを否定することができない（吉井・溝端編 2011）。

第四に，資源依存型経済と関連している国家主導資本主義である。経済における国家主導性が極めて強く，国有部門の割合がかなり高い。ガスプロム，ロスネフチ（石油・ガス），ズベルバンク，ガスプロムバンク（銀行・金融）などの大企業は事実上ロシア政府により管理運営されており，当該国有企業のロシア経済における役割は極めて大きい。ロシア発多国籍企業・銀行の海外進出動機・形態および戦略が国家チャンピオン（national champions）により影響されていることに対して研究者の関心が集まっている。

第五に，ロシア政府はルールメーカーでもあり，市場のプレイヤーでもあり，さらに，市場の規律を守る監視役まで果たしている。民間企業の経営陣には，政府関係者が配置されることがしばしばあり，資源輸出で得られた政府の収入がレント依存の産業部門（公務員・教育・医療など）へ分配されるレント経済構造がある。さらに，政府と民間部門の密接な関係もロシア経済の特徴の1つであり，こうした関係の構築は90年代に民営化政策の際に生じたオリガルヒ（政治的影響力を有する新興財閥）問題から由来している。概して，レント経済構造および民間部門との関係は市場メカニズムの歪み，汚職，ガバナンス

の低さをもたらしており，ロシアにおける国家の質（government quality）の低さに繋がっている。

　このように，ロシア経済は体制転換後の問題およびソ連遺産という数多くの課題を抱えているものの，土地の大きさ，資源の豊富さ，相対的なマクロ経済の安定性および潜在的成長の可能性があることから，新興市場経済国としての特徴を有する珍しい国である。また，ロシアは歴史的に一度工業化および都市化を達成した，ソ連という大国の後継者であるという点で他の新興国と大きく異なっている。

10.8　経済構造の特性と課題

　新興市場経済諸国と移行経済諸国の経済発展が徐々に世界経済の構造的および国際分業構造の変化をもたらし，当該国の今後の行方が興味深い。

　新興国市場および移行国市場として分類される諸国は，同質性よりもむしろ異質性を有することが明らかである。新興国には，いくつか共通点が見られるものの，各国の歴史的背景・経済・政治・法律・社会制度が独自な環境を作り出しており，BRICS の事例から明らかなように，各国の経済成長の要因が異なる側面もある。

　ソ連社会主義経済体制の崩壊後，世界の注目を集めたのが移行国である。先進国の多国籍企業は新しい市場の開拓を目指し，移行国の体制転換を促進する役割を果たした。当該国においては，市場経済の構築に向けてさまざまな構造改革が行われたが，出来上がった市場経済の質は，先進国の市場の質に比べて大きく見劣りしている。

　ロシアは新興国・移行国双方の特質性を有する国であり，比較的に高所得レベルにあるが，市場経済移行の過程では天然資源に傾斜した歪んだ経済構造を引き継いでいる。天然資源の割合が輸出品目の 6 割以上を占めており，ロシア国家予算の半分以上が資源採掘税等で賄われている。新興国として，潜在的に成長の可能性が高いとはいえ，このような経済構造は持続可能か否か課題が残る。加えて，ウクライナとの軍事紛争および経済制裁の影響がロシア経済の今後の行方を大きく左右するだろう。

【注】

1　The Financial Times Stock Exchange（FTSE），The Morgan Stanley Capital International（MSCI），Goldman Sachs，新興国市場潜在能力指数（Emerging Market Potential Index）などがある。

2　ブラジル，ロシア，インド，中国，南アフリカの総称である。

3　ベトナム，韓国，インドネシア，フィリピン，バングラデシュ，パキスタン，イラン，エジプト，トルコ，ナイジェリア，メキシコの総称である。

4　コロンビア，インドネシア，ベトナム，エジプト，トルコ，南アフリカの総称である。

5　2022年世界対内直接投資トップ20のホスト国ランキングでは，中国2位，香港4位，ブラジル5位，インド8位，メキシコ11位，ポーランド14位，アラブ首長国連邦16位，インドネシア17位，チリ19位という順となっている。また，世界対外直接投資トップ20のホーム国においても，中国3位，香港7位，ブラジル14位，アラブ首長国連邦15位，サウジアラビア17位，台湾18位，インド20位，新興国（発展途上国）ランキングが目立っている（UNCTAD 2023）。

6　BATはBaidu，Alibaba，Tencentの頭文字をとった略語である。

7　ソ連型社会経済システムの特徴は，①生産手段の共有（国有），②命令的計画による数量調整，③財・サービスの価格は，国家価格委員会による設定であった。

8　経路依存性（path dependence）は，人々が過去に決定や経験した出来事にどのように制限されているかについての説明である。ものごとにおいて，歴史的経緯の重要性（'History matters'）を主張している考え方である。

9　ロシアにおけるビジネスしやすさは同ランキング2010年において124位であった。

10　オランダ病とは，天然資源の輸出により製造業が衰退し失業率が高まる現象であり，1959年にフローニンゲンのガス田発見以降にオランダで見られた。

11　このような現象は，ロシアに限らず，中東産油国，南米の資源大国，およびオーストラリアなどの資源依存度の高い国でも見られ，高度な製造業を発展させる際の課題となっている（熊谷2015）。

【参考文献】

Bhalla,V, Orglmesister, D. and D. Tong（September 2016），*What Makes Family Businesses in Emerging Markets So Different?*（https://web-assets.bcg.com/img-src/BCG-What-Makes-Family-Businesses-Emerging-Markets-So-Different-Sep-2016_tcm9-74598.pdf，2023年12月12日アクセス）

Cavusgil, S. T., Ghauri, P. Z. and L. A. Liu（2021），*Doing Business in Emerging Markets,* 3rd ed., Sage Publications Ltd.

Gevorkyan, A. V.（2018），*Transition Economies. Transformation, Development, and Society in Eastern Europe and the Former Soviet Union,* Routledge.

Gorshkov, V.（2022），"Cashless Payment in Emerging Markets: The Case of Russia"，*Asia and the Global Economy,* 2, 100033. doi: https://doi.org/10.1016/j.aglobe.2022.100033

Gorshkov, V. and Z. Podoba（2022），"Internationalization of Multinational Entreprises from North-East Asia"，In: Haba, K., Canavero, A. and S. Mizobata,（eds.），*100 Years of World Wars and Post-War Regional Collaboration,* Springer, Singapore, pp. 265-280.（https://doi.org/10.1007/978-981-16-9970-2_21）

Looney, R. E.（2014），*Handbook of Emerging Economies,* Routledge.

UNCTAD（2023），*World Investment Report 2023. Investing in Sustainable Energy for All.* https://unctad.org/system/files/official-document/wir2023_en.pdf（2023年12月12日アクセス）。

World Bank, *Private Participation in Infrastructure*（PPI）. Annual Report 2022. https://ppi.worldbank.org/content/dam/PPI/documents/PPI-2022-Annual-Report.pdf（2023 年 12 月 12 日アクセス）

World Bank Group, *Russia Economic Report: Modest Growth - Focus on Informality*（Russian）. Russia economic report, no. 41, Washington, D.C.: World Bank Group. http://documents.world-bank.org/curated/en/628951561127248518/Russia-Economic-Report-Modest-Growth-Focus-on-Informality（2023 年 12 月 12 日アクセス）

伊藤亜聖（2020）『デジタル化する新興国―先進国を越えるか、監視社会の到来か』中央公論新社。

熊谷亮丸（監修）・大和総研（2015）『世界経済入門』日経 BP 社。

塩川伸明・池田嘉郎編（2016）『社会人のための現代ロシア講義』東京大学出版会。

溝端佐登史（2022）『国家主導資本主義の経済学』文眞堂。

溝端佐登史・吉井昌彦（2002）『市場経済移行論』世界思想社。

吉井昌彦・溝端佐登史編（2011）『現代ロシア経済論』ミネルヴァ書房。

11 途上国の開発と援助

　開発とは，貧困や飢餓，政治的混乱等の課題に悩まされている国・地域が社会・経済的発展を実現させるプロセスである。援助とは，国際社会が手を差し伸べて，貧しい国・地域を悩ませる諸課題の解決に向けて支援することである。日本をはじめとする豊かな国・地域（先進国）に暮らす人々から遠いと感じる課題かもしれないが，実際にはグローバル化が進むなか，世界経済の構図における貧しい国・地域（途上国）の位置づけが高まってきており，貿易や投資活動をとおして先進国の人々の生活が途上国と緊密な相互依存関係（Interconnectedness, interdependency）を持つようになってきた。こうした経済のグローバル化が世界的な貧困削減そして人類社会の進歩をもたらしていると同時に，格差の広がりや金融・経済危機を引き起こす原因だとしばしば指摘されている。

11.1 開発と援助の考え方

　開発援助の概念は，1949年1月20日のトルーマン・アメリカ大統領就任演説における外交政策としてまとめられた4つの行動方針「ポイント・フォー・プログラム」の中で，低開発国・地域への経済支援・経済協力の実施としてまとめられている[1]。具体的には，世界人口の半数以上が食糧不充分で疫病に悩まされ，悲惨な生活状態を強いられているという状況に対して，アメリカの工業技術や科学技術を低開発地域の発展に役立てれば，世界的に産業活動が促進され，人々の生活水準が大幅に向上するだろうと述べられている。「ポイント・フォー・プログラム」によって，アメリカの対外援助は，第二次世界大戦からの復興途上国（ヨーロッパや占領国の西ドイツおよび日本）から，アジア，アフリカ，中東などへ向けられるようになった。その背景として，第二次

世界大戦後に多くの植民地が宗主国から独立し近代国家が形成され経済的自立
を求めたこと，冷戦時代の資本主義陣営と社会主義陣営との対立・競争が始
まったことが挙げられる。「ポイント・フォー・プログラム」は，世界的な「開
発の時代（the era of development）」の幕開けを告げたものであり，先進国が
途上国の開発に貢献し世界の貧困問題を解決するという援助の考え方を形成す
るものであった。

　このように，開発援助もしくは互換的に使われる開発協力は，途上国の生産
性や貿易能力が向上し，自立発展に向けて成長することを目指していた[2]。そ
の本質は，貧困問題を解決するために，先進国や国際開発金融機関が協力して
途上国に対して資金や技術支援し，被援助国の能力構築（Capacity building）
を促進させることである。さらに，近年では地球温暖化といった地球規模の課
題の解決に向けて，国際援助を通して途上国と協力することも狙いの1つと
なった。

11.2　途上国への資金フローと開発援助

　資金援助は途上国への経済開発において重要な意味を持つ。図II-11-1は，
1970年代以降の途上国に向かう外部資金の流れの構成およびその推移を示し
たものである。途上国に向かう外部資金の流れは，(1) 政府開発援助（ODA：
Official Development Assistance），(2) ODA以外の政府資金（OOF：Other
Official Flows），(3) 民間資金（直接投資，ポートフォリオ投資，銀行融資等
を含む），(4) NGO等による贈与の4種類に分けられる。公的部門から途上国
に流れるODAやOOFが伸び悩む一方で，民間部門から途上国に流れる資金の
規模が拡大してきた。直接投資やポートフォリオ投資により資金が途上国に環
流していこともわかる。ただし，民間部門からの資金は，経済成長が好調で受
け入れ条件を整えている一部の新興国に集中する傾向がある。後発開発途上国
（LDCs：Least Developed Countries）の国民総所得（GNI：Gross National
Income）に対するODAのシェアは1990年代半ば以降低下してきたといって
も，いまだに5%程度の規模を維持している。また，営利目的を持つ民間資金
が公共財を供給するための投資（例えば，教育や医療といった社会インフラへ

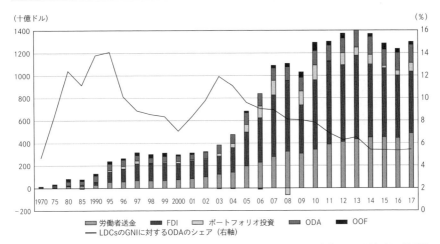

（注）労働者送金，FDI，ポートフォリオ投資の指標における途上国の定義は，世界銀行の低所得
　　国および中所得国の合計によるものである。

（出所）World Bank Annual Remittances Data（Apr. 2019），World Development Indicators（WDI）
　　Databank, OECD-International Development Statistics（IDS）online databases より作成。

図Ⅱ-11-1　途上国に対する資金の流れ（1970～2017 年）

の投資）に向かうことはないため，ODA や OOF の公的資金は公共財供給のための投資を必要とする途上国にとっては，依然として重要な資金源である。

　国際的に援助政策や援助の質向上について定期的に検討・協議する機関は，1960 年に設置された経済協力開発機構（OECD：Organization for Economic Cooperation and Development）の内部委員会の開発援助委員会（DAC：Development Assistance Committee）である。DAC には，現在 EU の他に，日本も含む OECD 加盟国中の 29 か国が加盟している。こうした伝統的なドナー（援助国）・コミュニティに加え，2000 年以降，急速な経済発展をする新興国（中国，インドなど），中東の産油国（クウェート，サウジアラビアなど），そして中東欧の EU 新規加盟国（ポーランド，ハンガリーなど）も積極的に援助活動を行うようになり，その規模が拡大しつつある。これらの国々は「新興ドナー」と呼ばれる。新興ドナーのうち，OECD に援助実績を報告している国もあれば，ODA や OOF の概念に沿って情報集約・公表していない国もあるため，その援助活動の全容をつかむのは難しい。表Ⅱ-11-1 は，世界の援助実績

表Ⅱ-11-1　世界の開発協力資金の推定値（2014〜2019年，単位：十億ドル）

	2014	2015	2016	2017	2018	2019
DAC 加盟国の ODA 実績	151.1	143.1	157.6	161.4	164.8	151.7
非 DAC 加盟国の ODA 実績（推定）	30.7	17.7	23.7	27.5	29.5	23.7
世界合計	181.9	160.8	181.2	188.2	194.3	175.4

（出典）OECD Development Finance of Countries beyond the DAC より作成（https://www.oecd.org/dac/dac-global-relations/non-dac-reporting.htm, 2023/10/19 アクセス）。

を取りまとめている OECD が推計した非 DAC 加盟国の ODA 実績（ネット，支出純額）と DAC 加盟国の実績と比較したものであり，2014 年から 2019 年までの間に新興ドナーが世界の ODA 実績の 14% 程度を占めている。

　新興ドナーが援助活動に参加するようになった結果，開発援助のあり方が多様化し，先進国から途上国への経済協力だけでなく，途上国同士で知識・経験を補う経済協力（南南協力）が生まれた。また，先進国が途上国同士の経済協力に参加する三角協力という形での開発援助も注目されるようになった。他方，新興ドナーの行動様式は伝統的なドナー・コミュニティと異なり，自国の利益を優先し，非援助国の人権の推進，環境保護，ガバナンスの改善などの要素を軽視しているとの指摘もある。また，新興ドナーは，非援助国の返済能力以上に巨額な融資を供与し，潜在的に債務持続性を悪化させる可能性があるとも指摘されている。こうしたことから，近年では新興ドナーの台頭がこれまでの国際社会の努力によって形成された DAC 援助モデルに挑戦するものではないかと懸念されている。

11.3　中国の開発協力の特徴

　新興ドナーによる開発協力が増加している中で中国による規模はとりわけ大きい。ただし，中国は自国の対外援助に関する統計をほとんど公表していないため，その規模や特徴を把握することは難しい。ここでは，Kitano and Miyabayashi（2020）による推計を紹介しておきたい。図Ⅱ-11-2 が示すように，中国の対外援助額（ネット，支出純額）は，2001 年の 7 億米ドルから，2019 年に 68 億米ドル，2020 年に 62 億米ドルまで増加してきた。これらの金額

（億米ドル）

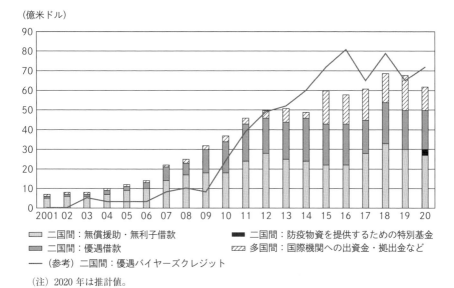

■ 二国間：無償援助・無利子借款　　　　　■ 二国間：防疫物資を提供するための特別基金
■ 二国間：優遇借款　　　　　　　　　　　▨ 多国間：国際機関への出資金・拠出金など
── （参考）二国間：優遇バイヤーズクレジット

（注）2020 年は推計値。
（出典）Kitano, N., and Miyabayashi, Y.（2020）より作成。

図Ⅱ-11-2　中国の対外援助額の推移（2001～2020 年）

を DAC 諸国などの ODA 額と比較すると，米国，ドイツ，イギリス，フラン
ス，日本，トルコに次ぐ世界第 7 位の援助国になっている。

　以下，中国を事例に，新興ドナーの行動様式は伝統的ドナー・コミュニティ
と異なるか否かについて確認してみる。第一に，中国の対外援助の対象地域
は，アフリカ地域が重要視しており，豊富な資源が賦存するアフリカ地域での
開発を支援し，安定的な資源の供給を確保する姿勢が見受けられる。図Ⅱ-11-
3 からわかるように，2000 年以降アフリカ諸国の対外債務が大幅に増加してお
り，2000 年から 2020 年の間に約 9 倍も増えた。そのうち，中国が 2010 年以降
のアフリカ向け融資の 2 割以上を占めており，アフリカ諸国の債務増加を助長
していることがわかる。

　第二に，中国は，経済基盤の整備や産業開発といったハード面の資金提供を
重要視し，人的資源開発，緊急人道支援などのソフト面の支援が不足してい
る。また，被援助国の債務救済・削減に向けた措置がほとんど取られていない。
中国が提供した開発協力資金の分野別配分をみると，2012～2021 年の間に全体

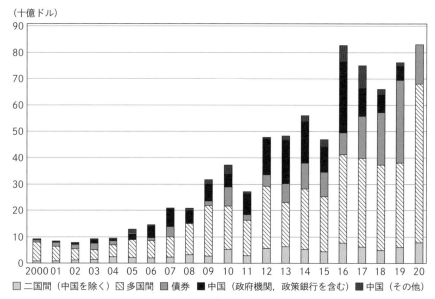

（十億ドル）

凡例：
□ 二国間（中国を除く）　▨ 多国間　▧ 債券　■ 中国（政府機関，政策銀行を含む）　■ 中国（その他）

（注）中国（その他）は，国有企業や国有商業銀行による借款を含む。

（出典）Africa Debt Database（ADD），Kiel Institute for the World Economy（2023 年 4 月）。

図Ⅱ-11-3　債権者別アフリカ向け融資の推移（2000〜2020 年）

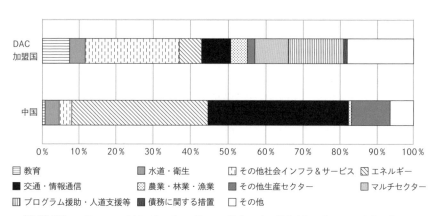

凡例：
▤ 教育　　　　　　　　　　　　　 ▨ 水道・衛生　　　　　 □ その他社会インフラ＆サービス　▧ エネルギー
■ 交通・情報通信　　　　　　　　 ▦ 農業・林業・漁業　　 ▨ その他生産セクター　　　　　　 ▨ マルチセクター
▥ プログラム援助・人道支援等　　 ■ 債務に関する措置　　 □ その他

（出典）Chinese Loans to Africa Database, Boston University Global Development Policy Center,
　　　　Total Official Development Flows by country and region, OECD.Stat. より作成。

図Ⅱ-11-4　中国と DAC 加盟国の開発協力資金の分野別配分（2012〜2021 年）

の 36.8％がエネルギー，37.7％が交通・情報通信に流れていることがわかる
（図Ⅱ-11-4）。他方，DAC 加盟国が提供している資金のうち，37％が教育，水
道・衛生を含む社会インフラ＆サービス，14.9％がプログラム援助，人道支援
などに流れている（図Ⅱ-11-4）。産業開発への資金提供についても，DAC 加
盟国が第一次産業を重要視しているが，中国は，途上国にとっての新興産業の
金融サービスの割合が高い。

　第三に，中国の開発協力は援助の要素が比較的に低い。Malik et al.（2021）
によれば，2000〜2017 年においてアメリカが提供した開発協力資金の73％は
無償援助や譲許性の高い借款によって占められていたことに比較すると，中国
が提供したもののうち，譲許性の比較的に低い借款，非譲許的借款やバイヤー
ズ・クレジットが81％を占め，ODA 等は12％であった。また，表Ⅱ-11-2 が
示すように，中国はアフリカ諸国向けに積極的に融資拡大をしており，その融
資の金利が平均3.2％であり，民間セクターの対アフリカ貸出金利の6.2％を下
回るが，IMF や世界銀行といった国際開発金融機関が提供する融資の1％を上
回る。また，中国のアフリカ向け融資の平均返済期間は民間融資のそれに相当
するものである。中国の対アフリカ貸出は，民間セクターと比較すれば有利だ
が，国際開発金融機関やその他のドナーが提供している融資ほど魅力的ではな
い。

表Ⅱ-11-2　債権者別アフリカ向け融資の条件

	平均利率	平均返済期間
民間融資	6.2%	14.5 年
中国からの融資	3.2%	15.0 年
二国間融資	1.3%	24.7 年
多国間融資	1.0%	21.8 年

（出典）Africa Debt Database（ADD），Kiel Institute for
the World Economy（2023 年 4 月）より作成。

11.3　開発援助・協力の方向

新興国の社会・経済開発がかなり進んできた今の時代では，「途上国」に対し

て「先進国」といった二項対置された用法の妥当性について疑問が呈されている。世界銀行によれば，1日当たり2.15ドル以下で暮らす貧困人口が世界人口に占める割合が1990年の38%から2019年の8%まで減少した。開発の概念が形成・定着された1950年代とは異なり，世界人口の多くがいわゆる中所得国に暮らしており，衣食住に不自由がある極度の貧困という現象が局地的なものになってきている。

　こうしたなか，開発援助・協力も新しい局面を迎えるようになった。中国，インド，トルコなどの新興ドナーによる開発協力が増加しつつある。新興ドナーの台頭は，非援助国にとっては，資金の選択肢の多様化をもたらす一方，これまで国際社会で形成された考え方と異なるやり方で開発協力を行うと，被援助国の債務負担の増加につながることも懸念されている。新興ドナーは過去に援助を受け入れてきた経験から，途上国に対して開発効果を重視する新たな開発モデルを提供できるかがまだはっきりしないが，新興ドナーと伝統的ドナーである先進国と連携することによって，持続可能な開発のための2030アジェンダの達成，および援助に依存する国がなくなるような将来に貢献するように，開発協力および関連政策の促進が期待されている。

【注】

1　「ポイント・フォー・プログラム」とアメリカの開発援助の歴史的経緯について，Macekura（2013）を参考されたい。
2　日本の「開発協力大綱」（2023年6月9日閣議決定）は，開発協力とODAがほぼ同義に使われ，公的機関による活動やそのための資金として狭く定義している。一方，OECDのように，援助という言葉に含まれる上から目線のニュアンスを避け，民間部門の活動も考慮にいれて，さまざまな形の経済協力を開発協力として広く定義している。

【参考文献】

Kitano, N. and Miyabayashi, Y. (2020), Estimating China's foreign aid: 2019–2020 Preliminary figures. JICA Ogata Sadako Research Institute for Peace and Development.

Macekura, S. (2013), "The Point Four Program and U.S. International Development Policy," *Political Science Quarterly*, Vol. 128 (1), pp. 127–160.

Malik, A., Parks, B., Russell, B., Lin, J., Walsh, K., Solomon, K., Zhang, S., Elston, T. and S. Goodman. (2021), Banking on the Belt and Road: Insights from a new global dataset of 13,427 Chinese development projects, Williamsburg, VA: AidData at William & Mary.

12 国際経済の統合と分断

12.1 グローバルバリューチェーンと地域貿易協定

　ITや輸送手段が飛躍的に進歩した結果，一国内の生産拠点に集約されていた生産工程が細分化され，グローバルに分散して立地することが可能となると同時に，生産工程に投入される部品・中間財を世界の最適な地域から調達するグローバルなアウトソーシング（外部調達）が進展することになった。この結果，異なる地域に分散されて立地し，付加価値を生産する工程が最終財を生産するまでの多段階にわたって連鎖し，工程間を部品・中間財が取引されるグローバルな付加価値生産網（グローバルバリューチェーン，GVC）が形成されてきた[1]。

　GVCを通じて部品・中間財の国境を越える取引が活発になれば，自由で無差別な貿易ルールの整備が一層必要とされる。「ドーハ開発アジェンダ」としてスタートした国際貿易の新たなルール作りにはそうした期待が寄せられたが，多国間交渉は進展しなかった。160か国を超えるWTO加盟国の中には，貿易自由化の利益がそれほど大きくない国や貿易自由化が困難な国内事情をかかえる国が存在し，多国間交渉のモメンタムが低下していることが一因である。その結果，WTO加盟国の全員一致によるWTO協定に替えて，合意可能な特定の国々の間で地域貿易協定（Regional Trade Agreement：RTA）を締結することによって，貿易自由化を進めようとする取り組みが活発化している。

　WTOルールでは国による差別的取扱いは認められないが，協定を締結する国（地域）の間での貿易障壁が実質的に撤廃され，かつ，協定を締結しない国との間での貿易障壁が協定前よりも高くならないという条件を満たすならば，特定国間で貿易協定を締結することがGATT第24条において認められている。こうした地域貿易協定はGATT発足時から一部の地域に見られたが，

1990年代以降，多くの地域において締結され，2023年において発効している協定数は 360 を超えている（表Ⅱ-12-1 参照）。

表Ⅱ-12-1　地域貿易協定の発効数

	協定数
1980 年以前	12
1981–1990	10
1991–2000	60
2001–2010	129
2011–2020	101
2021–2023	49
合計	361

（出典）WTO, Regional Trade Agreements Information System（RTA-IS）.

　RTA は加盟国に正の経済効果をもたらすとしても，非加盟国には負の影響をもたらすかも知れない。非加盟国との間で行われてきた貿易が加盟国との貿易にシフト（貿易拡散効果）し，非加盟国への需要が減少することによって交易条件が悪化する可能性がある。他方，加盟国間での NTMs の撤廃，投資規制手続きの改善・簡素化，ルールの調和が進めば，その効果は非加盟国にも波及し，非加盟国の負の影響が相殺される可能性がある。RTA のもたらす貿易への効果だけでなく制度の統合による長期的効果を考慮することも必要である[2]。

　1989年に発足した「アジア太平洋協力（Asia-Pacific Economic Cooperation：APEC）」は，アジア太平洋地域の参加国・経済の自主性を重んじつつ，域外に対しても貿易投資の自由化の成果を分け合う「開かれた地域主義（open regionalism）」を掲げた多国間の協力組織であり，APEC からアジア太平洋地域における地域貿易協定への発展が見られた。図Ⅱ-12-1 はアジア太平洋地域における各国が加盟する RTA が重なり合って形成されていることを示している。

　「環太平洋パートナーシップに関する包括的及び先進的な協定（Comprehensive and Progressive Agreement for Trans-Pacific Partnership：CPTPP または TPP11 協定）[3]」は，最初の提唱国であるニュージーランド，シンガポール，チリ，ブルネイをはじめ加盟各国が「貿易投資の例外なき自由化」への高い目

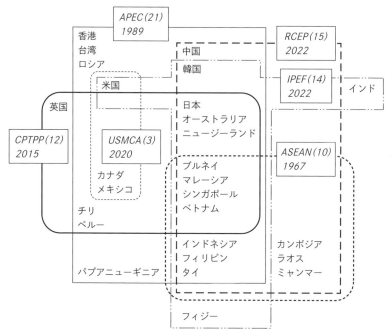

(注)（　）内は2023年9月時点での参加国（地域）数。
(出典) 筆者作成。

図Ⅱ-12-1　アジア太平洋地域の地域貿易協定

標を掲げて交渉した協定である。署名された協定は「例外なき自由化」には至らなかったものの，関税の原則的撤廃，農産物・自動車・サービス貿易・金融サービス・投資の自由化，原産地規則の共通化，知的財産権の保護，国有企業の公正競争の確保，競争政策の整備等について高い水準の貿易自由化が加盟国間で合意されている

また，「地域的包括的経済連携（Regional Comprehensive Economic Partnership：RCEP）協定[4]」は，発展段階が異なるアジア諸国にとって参加し易いものとなっている。合意・署名された協定（2020年）には，原産地規則の明確化，市場アクセスの改善，知的財産の保護，電子商取引に関するルール等の分野での共通ルールが盛り込まれたが，関税引下げによる貿易自由化はCPTPPに比べると高い水準とは言えない。

　一方，CPTPPやRCEPに加盟していない米国のイニシアティブによる「インド太平洋経済枠組み（Indo-Pacific Economic Framework for Prosperity：IPEF[5]）」は，労働，環境，デジタル貿易，サービス国内規制等の分野に注目した公正な貿易へのコミットメント，国際供給網のマネジメントへの協力，クリーン経済の実現，マネーロンダリング防止など，国際貿易が直面する新たな課題への協力に取り組んでいる。

　近年の協定締結に向けて取り組まれているRTAの中には，貿易の自由化だけでなく，貿易ルールを共有する参加国間の相互依存関係を強化することによって国際協調体制を構築し，国際政治における影響力を高めようとする狙いも見られる[6]。

12.2　大国の保護主義化

　WTO加盟国が増加する過程において，自由な国際貿易は大きく進展してきた。とりわけ2001年にWTOに加盟することにより世界市場への自由なアクセスが可能となった中国は，財・サービスを世界に供給する最大国となり，世界の工場と称されるに至った。ただし，WTO加盟時に期待された程には中国国内の市場経済化が進展しない中での輸出の拡大は貿易摩擦を生むことにもなった。

　鉄鋼・アルミニウム産業において政府補助金を得て生産能力を拡大した中国企業が世界市場への供給を増大する結果，輸入の急増に見舞われた米国産業に被害が生じ，米国の安全保障が損なわれたとして，米国は通商拡大法に基づき，2018年3月に鉄鋼に25%，アルミニウムに10%の関税を賦課することになった。また米国は，中国が知的財産権を侵害しているとして，2018年から2019年にかけて，産業機械，半導体，家具，家電製品などの中国からの輸入財に対して関税を賦課することを決定した。これに対して中国は報復し，自動車，農産品，古紙，LNG，木材等の米国からの輸入財に対して相当額の関税を賦課したことから，両国間の貿易は急速に保護主義化することになった[7]。

　WTO協定は，反ダンピング関税，補助金への相殺関税，緊急輸入制限を認めており，また，2国間協議やWTO紛争処理委員会（パネル）での審議を条

件として安全保障上の理由による輸入制限を認めている。WTO 協定に拠らない米中両国の相互の関税賦課は，一方的措置であり，国際貿易ルールを逸脱する不当なものであるが，反ダンピング規定，補助金相殺関税規定，紛争処理規定などの貿易ルールがあるにもかかわらず，WTO ルールに拠らない輸入制限が行われたのは，WTO における裁判機能を担う紛争処理小委員会（パネル）・上級委員会が機能不全に陥っていたことが影響している。

　両国間の貿易紛争は，自国産業の救済を必要とする経済的理由に拠るだけでなく，国有企業の存在や市場への国の関与に見られる制度的要因，米中間でのハイテク産業の優位性を巡る覇権争い，軍事力にかかわる先端技術や知的財産権の保護といった安全保障上の理由に拠るところが大きい。この結果，米中間の財・サービス貿易全体が大幅に減少するには至らないものの，ハイテク産業における両国間の貿易は縮小に転ずることとなった。

12.3　国際紛争と国際貿易

　2022 年 2 月のロシアによるウクライナへの軍事侵攻は国際貿易に大きな変化をもたらしている。ウクライナ産の農産物の輸出が妨げられたことから世界市場への農産物の供給が大きく減少し，農産物の世界市場価格が急騰したことは世界的インフレの一因となった。特に，低所得国に与える負の影響は小さくなかった。

　また，ロシアの軍事侵攻に反対する G7 諸国は，ロシアへの輸出やロシアからの輸入，特に主要輸出財である原油・LNG の輸入を制限した。このためロシアと欧米日との貿易は減少したが，他方で，制裁措置に参加しない国との貿易や制裁措置に参加しない国を迂回する貿易は増加することになった。図 II-12-2 は，ロシアの国別輸出入を軍事侵攻後の 1 年間（2022 年 3 月〜2023 年 2 月）とそれ以前の 1 年間（2021 年 3 月〜2022 年 2 月）とで比較したものであるが，経済制裁前後の貿易額に顕著な変化が生じていることを示す。EU や米国によるロシアへの工業品輸出やロシアからの原油・LNG の輸入が減少するのに対して，制裁に参加しない中国，インド，トルコのロシアとの貿易額が増加している。

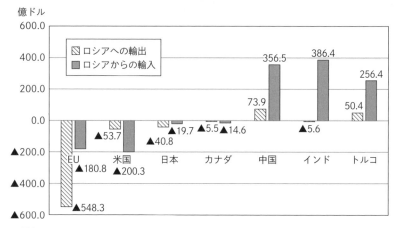

(注) 2021.03–2022.02 と 2022.03–2023.02 の 2 期間の輸出入額の増減を算出。
(出典) UN Comtrade, GACC China Trade Statictics をもとに筆者作成。

図Ⅱ-12-2　ロシア貿易の変化

　経済制裁に参加しない中国とロシアとの間では，原油・LNG や農産物に関する貿易が拡大したことに加え，ロシアの金融機関が国際銀行間決済システム（SWIFT）から排除されたことが契機となってロシアの決済通貨のドル離れと人民元へのシフトが生じるなど，ロシアと経済制裁不参加国との経済関係が深化している。一方，ロシアとヨーロッパ諸国や G7 諸国との間での経済取引は縮小することとなり，ロシアの軍事侵攻がもたらした国際紛争は世界の貿易構造を大きく変化させ，世界市場の新たなブロック化をもたらしつつある。

12.4　安全保障と国際貿易の制限

　世界の工場となった中国の貿易拡大は，グローバルバリューチェーンの形成に大きな役割を果たしてきたが，同時に，安全保障上の観点からグローバルバリューチェーンを見直す要因にもなっている。
　2019 年末に発生し，世界に感染が拡大した COVID-19 から多くの人々の命と健康を守る上で，自由貿易は大きな役割を果たした。アメリカ・ヨーロッパにおいて発明・生産されたワクチンや治療薬は，分配上の公平性に課題はある

ものの，貿易を通じて世界の国々に供給された。また，中国で生産された感染防護用のマスク・ガウン・手袋などの医療用機材は世界各国に供給された。もし，ワクチン，医薬品，医療用機材の自由な貿易が妨げられていたならば，感染の収束はより困難なものとなっていたであろう。

　他方，COVID-19への対応はグローバルバリューチェーンの課題を浮き彫りにしている。感染発生後の中国では，感染拡大を防止するために人の移動や生産活動を厳しく制限した結果，中国企業による部品・中間財の生産が滞り，その影響はグローバルバリューチェーンを通じて中国企業とリンクするグローバル企業の生産工程にダメージを与えることになった。また，新たな変異ウイルスによる感染拡大を防止するために，中国では，引き続き厳しい外出制限や事業活動の停止を伴う「ゼロ・コロナ政策」を実施した。このことは，グローバルバリューチェーンを通じて中国企業とリンクするグローバル企業の生産活動に対して大きな影響を与えることになった。

　中国企業とリンクするグローバル企業は，コロナ禍での中国企業の生産の中断がもたらした事業リスクを経験し，将来におけるリスクを軽減するために，部品・中間財の中国企業からの調達や中国における生産拠点の立地を見直し，各生産段階における在庫の積み増し，生産の海外から国内への回帰だけでなく，部品・中間財の調達先を中国以外の国に分散し始めている[8]。

　また，中国の巨大市場の購買力を背景とした外国製品へのボイコットや輸入制限，中国が主要供給国となっている先端産業分野に必要とされる重要物資（レアメタル・レアアース）の外国への輸出制限がもたらすリスクを軽減するため，国際供給網を通じて中国企業とリンクするグローバル企業には中国市場への依存度を低める傾向がみられる。

　高度の電子・通信機器に必要とされる先端的半導体は軍事技術の優位性の源泉ともなることから，安全保障上重要とされる。近年，米国と中国の間に生じている貿易紛争の背景には，自国のハイテク分野での先端技術の優位性を確保し，ハイテク産業を育成しようとする米国・中国の両国間でのハイテク分野の覇権争いがある。中国では「中国製造2025」に示される補助金による半導体をはじめとするハイテク分野での自国産業の育成，供給力を持つ戦略的重要物質（レアアース・レアメタル）の輸出規制，「一帯一路」構想の下での経済開発の

支援を通じた新興国・途上国との新たな経済的連携の強化が見られる。

　米国では，先端技術分野での自国の優位性を維持するため，先端半導体に関する貿易制限（先端的半導体・製造装置・生産技術の中国への輸出禁止），投資制限（米国企業への中国による投資・買収の制限，中国企業への投資の制限）を行うとともに，産業の育成（補助金による自国内での半導体産業の育成）を進めている。また，市場の大きさを背景とする経済的威圧に反対して，レアメタル・レアアースなどの先端ハイテク産業や安全保障において戦略的に重要とされる物質の調達先を多角化することにより，供給先における中国への依存度を低めるとともに，民主主義を共有する友好国との間での供給網（フレンド・ショアリング）[9]への代替や拡大を進めている。こうした政策は他のG7諸国においても見られる。

　こうした米中の貿易政策は貿易構造の変化に現れている。2021年以降の中国の米欧諸国とのハイテク製品の輸出入は減少に転じている。また，中国の輸出入相手先にも変化が見られる。図Ⅱ-12-3は中国における財・サービス輸出入の国別シェアをコロナ感染拡大前後で比較したものである。この図が示すよう

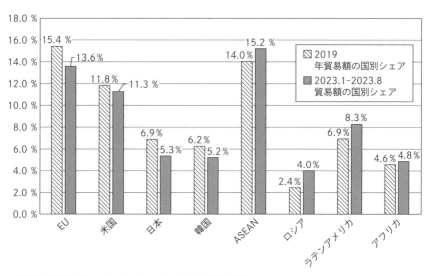

（出典）GACC, China Trade Statictics をもとに筆者作成。

図Ⅱ-12-3　中国の貿易額（輸出＋輸入）変化（国別シェア，2019-2023.1〜8）

に，中国では，コロナ感染拡大が収束した後の時期には，それまで拡大を続けてきた EU・米国・日本・韓国との貿易シェアを低下させる一方，それに替わって ASEAN，ロシア，アテンアメリカ，アフリカとの貿易シェアを高めている。

第二次大戦後の長期にわたり市場がグローバル化し，統合を深めることにより，世界の多くの国々は自由貿易の利益を得てきたが，自由で無差別なグローバル市場を維持するモメンタムが低下し，世界市場には統合から分断への変化が見られる。

【注】

1　日本企業のアウトソーシングに関しては冨浦（2014）が詳しい。
2　CPTPP の原型である TPP に関する世界銀行の経済予測では，TPP が非加盟国の経済にもたらす直接的影響は負であるが，TPP 加盟国との競争の結果，非加盟国では生産要素の投入が製造部門からサービス部門に異動し，新たな産業が発展する余地のあることを示しており，こうした資源配分上の効果を考慮すると，非加盟国にもたらす負の効果は限定的となる可能性がある。
3　2015 年 10 月に米国アトランタでの TPP 閣僚会合において大筋合意に至り，2016 年 2 月に 12 か国（日本，オーストラリア，ブルネイ，カナダ，チリ，マレーシア，メキシコ，ニュージーランド，ペルー，シンガポール，米国，ベトナム）により署名が行われたが，2017 年 1 月に米国が離脱宣言をしたため，同国を除く 11 か国が協定の早期発効を行うことで合意し，同年 11 月にベトナムでの TPP 閣僚会合において，環太平洋パートナーシップに関する包括的及び先進的な協定（以下，「TPP11 協定」）を合意し，2018 年 3 月に 11 か国により TPP11 協定が署名され，同年 12 月に発効した。この協定の交渉において日本は積極的貢献を果たした。その後，2023 年 7 月に英国からの加盟申請が承認され，参加国は 12 か国となった。
4　RCEP は ASEAN が核となった協定である。2005 年に中国が提案した東アジア自由貿易圏構想（ASEAN＋3（日中韓）），2007 年に日本が提案した東アジア包括的経済連携構想（ASEAN＋6（日本，中国，韓国，オーストラリア，ニュージーランド，インド））を踏まえ，2012 年に ASEAN・日本，中国，韓国，オーストラリア，ニュージーランド，インドの間で交渉がスタートし，協定は 2020 年に署名され，2022 年に発効した。ただし，インドは 2019 年以降，交渉に参加せず，2020 年の署名にも加わっていない。
5　米国が中心となってインド，日本，韓国，ASEAN7 か国等 15 か国による協議が行われている。
6　RCEP には米国が参加国から外れ，IPEF には中国が参加国から外れている。
7　米国の関税引き上げの影響については若杉（2018）を参照。
8　コロナ禍で変化する国際貿易については若杉（2020），Hayakawa and Mukunoki（2021）を参照。途上国や世界経済への影響に関しては佐藤（2021）により多角的な研究が行われている。
9　インド，インドネシア，トルコ，南アフリカといったアジアやアフリカなどの新興国・途上国（国際連合 G77 グループに属する国が多い）で，G7 諸国にも中国・ロシアにも偏らない立場を取るグローバル・サウスと称される国々の経済的発展がみられる。これらの国々に対して，G7 諸国と中国・ロシアの双方から経済連携を強める働きかけが見られる。

【参考文献】

Hayakawa, Kazunobu and Hiroshi Mukunoki (2021), "The impact of COVID-19 on international trade: Evidence from the first shock," *Journal of the Japanese and International Economies,* Volume 60, June 2021.

U.S. Department of Commerce, "The Effect of Imports of Aluminum on the National Security, 2018"

U.S. Department of Commerce, "The Effect of Imports of Steel on the National Security, 2018".

佐藤仁志編著（2021）『コロナ禍の途上国と世界の変容』日経 BP・日本経済新聞出版本部。

冨浦英一（2014）『アウトソーシングの国際経済学』日本評論社。

若杉隆平（2018）「米輸入制限の弊害（上）―品目拡大・海外の報復招く」日本経済新聞経済教室，2018 年 4 月 5 日。

若杉隆平（2020）「新型コロナ後の国際貿易」国際経済連携推進センター編『コロナの先の世界』産経新聞出版。

第Ⅲ部

地域経済を学ぶ

1 空間経済学から見た国際経済・地域経済

1.1 国際経済・地域経済と空間経済学

　最初に，国際経済と地域経済の違いについて考えてみよう。国際経済では，さまざまな国境の障壁（関税・非関税障壁，言語・文化的障壁，通貨の交換，外資規制…）を前提に，異なる国同士が貿易や投資を行う。一方，地域経済学では国境に相当する障壁は存在しない。また制約の強い国家間の労働移動に対して[1]，国内の労働者は地域の境界を越えて自由に移動できる。このように，対象とする空間領域の前提条件が異なるため，国際経済学と地域経済学は異なる発展を遂げてきた。

　しかしながら，世界的な規模で貿易自由化や地域統合が進展し上述の前提条件は変化した。なかでもヨーロッパ連合（EU）では，域内の人，物，資本，サービスの自由な移動を前提とする単一市場や共通通貨を流通させる通貨統合が実現し，国際経済と地域経済を分けていた国境の存在が希薄になった。またグローバル化の進展によって地域経済が国際経済の影響を強く受けるようになったため，国際経済と地域経済を共通の枠組みで分析できる理論モデルが求められるようになった。

　以上のような歴史的経緯を踏まえて，1990年代初頭に登場したのが空間経済学である（クルーグマン 1993，藤田・クルーグマン・ベナブルズ 2000）。空間経済学では，貿易自由化や技術進歩によって進められる輸送費用の低下が国際経済と地域経済によって構成される異なる空間領域に対して，どのような影響を及ぼすのかを理論モデルを使って分析する。具体的には，規模に関する収穫一定を前提とする完全競争に代わって差別化された財の生産に関する規模経済性を前提とする独占的競争が導入され，産業集積についても天然資源の賦存や自然条件といった外生的条件ではなく経済の内生的条件によって集積が形成さ

れるメカニズムに焦点があてられる。本章では，産業集積のメカニズムについて触れながら，貿易自由化や経済統合が東アジア諸国の経済発展や国内経済地理に及ぼす影響について考えてみよう。

1.2　産業集積のメカニズム

　都市の形成や集積の要因として，天然資源の賦存や自然条件（気候，地理的条件等を含む）があげられる。例えば，世界中の多くの大都市（ロンドン，パリ，ニューヨーク，シカゴ，上海，東京…）は，水運の便のよい港湾都市として発展してきた。しかし，仮にこれらが唯一の集積要因であるとすると，それらの条件が失われれば，都市は衰退するはずである。ところが，これらの大都市は，港湾機能が主たる経済活動でなくなった後も繁栄を続けている。その理由は，天然資源の賦存や自然条件以外にも，産業集積を形成する内生的な要因があるためである。これらの大都市は，当初，港湾都市のもつ集積の経済によって成長し，その後は「ロックイン効果」が働いて持続的に成長したと考えられる。

　それでは，産業の集積力はどのように生まれるのか。ここでは藤田（2003）に依拠しながら，空間経済学で扱われる集積メカニズムのエッセンスについて説明しよう。

(1)　消費財の多様性に基づく集積メカニズム
　多くの人々が都市に引きつけられる。その理由の一つは都市が提供する財・サービスの多様性である。人口の多い都市では多様な消費財が入手可能であり，そのことが都市の魅力（＝消費者の効用あるいは労働者の実質賃金）を高め，多くの労働者（＝消費者）が都市に引きつけられる（＝前方連関効果）。他方，労働者の集積によって消費財市場が拡大すると，今度はより多くの特化した企業が都市に引きつけられて消費財の多様性が増大する（＝後方連関効果）。消費財の多様性は，さらに多くの消費者を都市に引きつけるため，循環的メカニズムが働いて都市の規模は拡大していく。

(2)　中間財の多様性に基づく集積メカニズム

　自動車などの産業では，サプライヤー（＝中間財生産者）とアセンブラー（＝最終財生産者）が近接して立地し企業城下町を形成しているケースが見られる。その背景として，サプライヤーの集積によって多様な中間財（原材料，部品，企業向けサービス等）が供給されれば，それを使用する最終財生産者の生産性が向上するため，より多くの最終財生産者が引きつけられる（＝前方連関効果）。他方，最終財生産者の集積によって誘発される中間財の需要拡大は，今度はより多くのサプライヤーを引きつけるため中間財の多様性が高まり（＝後方連関効果），集積形成の循環的メカニズムが働く。

(3)　人材の多様性に基づく集積メカニズムと知識外部性

　イノベーションを目的とする活動では，多様な人材とサポートティング活動（資金調達，経営，技術等の起業に関連するサービス，ベンチャーキャピタル等）が必要である。そのため集積の進んだ地域では，集積内部における人材およびサポーティング活動の補完性によってイノベーション活動の生産性が高まり，より多くのイノベーション活動が起こる（＝前方連関効果）。他方，イノベーション活動の集積はより多くの人材，サポーティング活動への需要を生むため，多様性が高まり（＝後方連関効果），循環的メカニズムが働く。同時に，人材，なかでも知識労働者の集積は，人材同士の対面接触を通じて知識，情報のスピルオーバー（＝知識外部性）を促しイノベーションの生産性を高める。このような集積メカニズムはイノベーション活動にとって非常に重要であり，アメリカのシリコンバレーなどでは，組織の垣根を越えた人材交流が盛んである。

　産業集積は経済発展にとって重要な役割を果たす。例えば，デトロイトや豊田市における自動車，ニューヨークやロンドンにおける金融，シリコンバレーにおける IT 産業などは，世界的に著名な産業集積の事例である。同様に，東アジアにおいても広東や重慶における自動車，深圳における通信機器，バンコクにおける自動車，ペナンにおける半導体など，国際的競争力をもつ産業クラスターが育っており，各国の産業発展をリードしている。また，これら諸国の

経済発展とともに産業集積の役割が変化しており，なかでも⑶を目的とする産業集積の役割が高まっている。例えば，中国の北京や深圳，台湾の新竹，シンガポールのバイオポリス，マレーシアのサイバージャヤなどでは，政府が産業クラスター政策を積極的に押し進め，知識労働者の集積やハイテク産業の育成に努めている。

1.3　輸送費用と産業の集積，分散

　空間経済学では輸送費用の低下と製造業の集積・分散の関係を，理論モデルを使って分析する。輸送費用と集積度の関係を簡略化して示すと図Ⅲ-1-1のような逆Ｕ字カーブとなる。

　図Ⅲ-1-1において輸送費用が極端に高い場合には，地域間（あるいは国間）の貿易は困難になり，各地域に居住する労働者（＝消費者）の需要に応えるために自給自足の生産が行われる。そのため，製造業の集積は見られず，生産の効率性は低い（「分散」の局面）。続いて，輸送費用がある水準まで下落すると，生産の集中が可能になり，集積のメリットを享受することができる。例えば，上流企業と下流企業の間で連関効果が働けば（前節②のケース），製造業は裾野産業が発達した先進地域（＝核地域）に集積するとともに，後進地域（＝周

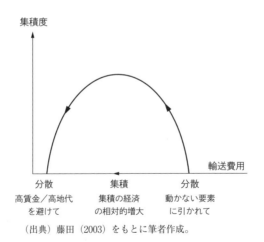

（出典）藤田（2003）をもとに筆者作成。

図Ⅲ-1-1　輸送費用の低下と集積度の逆Ｕ字カーブ

辺地域）の製造業は衰退するであろう。その結果，先進地域は製造業，後進地域は農業など一次産品の生産に特化していく（「集積」の局面）。

ただし，貿易自由化が進められて，輸送費用がさらに低下すると，局面は変化する。輸送費用が十分に低下すると，アセンブラーとサプライヤーの近接性によって裏付けられていた連関効果は弱まり，集積のメリットは低下する。他方，製造業の集積によって賃金や地代が上昇するため，生産費用を低く抑えるために，一部の製造業は先進地域から後進地域へと分散していく（「分散」の局面）[2]。

1.4 経済統合と東アジア諸国の経済発展

上述のように輸送費用の低下によって，生産活動の集積度は分散→集積→分散と逆U字型の変化を示す。ここでは，集積から分散に向かう移行過程に焦点をあて，東アジア諸国の産業発展プロセスについて考察しよう。

図Ⅲ-1-1を振り返ると，産業集積は，集積がさらなる集積を生み，累積的に拡大していく傾向をもつ。しかし集積がある限度を超えて拡大すると，賃金，地代の上昇によって集積が飽和して分散し始める。例えば，賃金が高騰しはじめると，集積力が弱く労働力を集約的に使う産業から順番に集積地を離れていく。その際，集積するメリットと分散するメリットが比較考量されるが，輸送費用が小さければ，分散に伴う追加的な費用（＝従来の生産拠点と新しい生産拠点の間で中間財や最終財を運ぶ費用）が低下するため，分散を促しやすい。なかでも，集積地と隣接した地域や，集積地と優れた輸送・ロジスティックネットワークで結ばれた地域は，集積地から生産活動を引きつける可能性が高い（図Ⅲ-1-2参照）。

集積地から分散した生産活動は，賃金が低い後進地域（＝周辺地域）へと移転するが，そこで新たな集積地（＝核地域）が形成されれば，飽和して別の地域へと移転していく（＝「集積を伴う分散プロセス」）[3]。図Ⅲ-1-2が示すように，東アジアでは，このような集積と分散のプロセスが繰り返されて，産業発展のダイナミズムが先発国から後発国に向けて順次伝播した。戦前の日本に始まった東アジアの産業発展のダイナミズムは，NIEs→先発ASEAN諸国→中

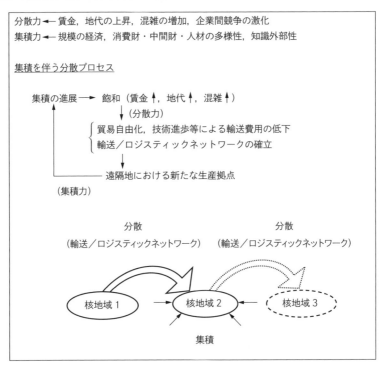

分散力 ◀— 賃金，地代の上昇，混雑の増加，企業間競争の激化
集積力 ◀— 規模の経済，消費財・中間財・人材の多様性，知識外部性

<u>集積を伴う分散プロセス</u>

集積の進展 ——▶ 飽和（賃金 ↑，地代 ↑，混雑 ↑）
　　　　　　　　　　↓（分散力）
　　　　　　　　{ 貿易自由化，技術進歩等による輸送費用の低下
　　　　　　　　{ 輸送／ロジスティックネットワークの確立
　　　　　　　　　　↓
　　　　　　　—— 遠隔地における新たな生産拠点
（集積力）

　　　　　　　分散　　　　　　　　　　　　分散
（輸送／ロジスティックネットワーク）　（輸送／ロジスティックネットワーク）

核地域 1　→　核地域 2　←　核地域 3

集積

（出典）筆者作成。

図Ⅲ-1-2　集積を伴う分散プロセス

国→ CLMV 諸国へと伝播し，後発の東アジア諸国は先発国に対するキャッチ
アップの過程にある[4]。

1.5　経済統合の国内経済地理への影響

　図Ⅲ-1-1 で示したように，地域間の所得格差には，先進地域での集積が進む
ことによって所得格差が拡大する局面と，集積から分散に転じることによって
後進地域との格差が縮小する 2 つの局面があることがわかる。他方，貿易自由
化や経済統合が国内経済地理に及ぼす影響については，北米や東欧諸国を中心
に興味深い研究が行われてきた。ここではメキシコの事例を取り上げよう。
　第二次世界大戦後，メキシコは長い間輸入代替政策を採用してきたが，1986

年に関税及び貿易に関する一般協定（GATT）に加盟し貿易自由化を開始した。さらに 1994 年に北米自由貿易協定（NAFTA）が発効したため，メキシコ企業の立地環境は大きく変化した。つまり，1980 年代後半以前には，輸入代替政策による国内市場向け生産が中心であり，メキシコシティ周辺に多くの企業が集まった。しかし，1980 年代後半以降は，アメリカ市場へのアクセスに優れた北部国境地帯の優位性が高まった。また，同様な現象は，中東欧や東南アジア諸国でも見られ，貿易自由化や経済統合の進展とともに，大都市に代って，国境地帯や国際港湾都市などフロンティア地域と呼ばれる地域の優位性が高まった。

　重要なポイントは，メキシコシティのような大都市は，人口規模が大きく同時に多数のサプライヤーが立地しているため，国内市場において強い集積力をもつ。しかしながら，貿易自由化や経済統合が進むと，部品調達や製品市場を海外に依存する割合が高まるため，都市の集積力は低下する。他方，国境地帯や国際港湾都市を抱える沿海部は，国際市場へのアクセスにおいて有利であり，貿易自由化や経済統合の進展とともに優位性は高まっていく。

　なお，東アジアでは，改革・開放で飛躍を遂げた中国沿海部の諸都市のように，輸出志向型への開発戦略の転換によって急速に発展した都市があった。ところが，沿海部には当初より所得水準の高い大都市が含まれていたため，貿易自由化によって内陸部との所得格差はさらに拡大する傾向が見られた。他方，辺境の国境地帯がフロンティア地域として発展する場合には，大都市との格差を改善する働きがあるため，貿易自由化の地域格差に対する影響は明らかに異なるであろう[5]。

【注】

1　経済統合のなかで取り扱われる人，物，資本，サービスの自由な移動のなかで最も取り扱いが難しいのは，人の移動である。例えば，イギリスの EU 離脱問題でも東欧諸国からの労働者の大量流入がその発端になっている。また通常の自由貿易協定（FTA）でも，労働移動の扱いは限定的であり，国境を越えて労働者（特に未熟練労働者）が自由に移動できる状況は想定されていない。

2　第 II 部第 7 章 7.1 節を読めば分かるように，図 1 における分散→集積，集積→分散の移行過程は，それぞれボールディングの「第一のアンバンドリング」，「第二のアンバンドリング」に対応している。

3　他方，既存の集積地は周辺地域に生産活動を移転するとともに，自らはより高度な財の生産や活動に移行していく。

4　このような東アジア諸国の経済発展パターンは「雁行型発展」と呼ばれる。
5　経済統合と地域格差の関係については黒岩・坪田（2014）を参照せよ。

【参考文献】

黒岩郁雄・坪田建明（2014）「地域格差」黒岩郁雄編『東アジア統合の経済学』日本評論社。

藤田昌久（2003）「空間経済学の視点から見た産業クラスター政策の意義と課題」 石倉洋子・藤田昌久・前田昇・金井一頼・山崎朗『日本のクラスター戦略』有斐閣。

藤田昌久，ポール・クルーグマン，アンソニー・J・ベナブルズ（2000）『空間経済学―都市・地域・国際貿易の新しい分析』東洋経済新報社。

ポール・クルーグマン（1993）『脱「国境」の経済学―産業立地と貿易の新理論』東洋経済新報社。

2 産業集積の起源

2.1 集積の多様性

2.1.1 集積とは何か？

　集積（産業集積）とは，特定の地理的範囲（地域）に事業単位（企業）や経済活動，あるいはそれに従事する人が集中している状態及び集中する現象を指す。経済活動が地理的に均一に分散していることは実際には珍しく，むしろ偏在している状態が一般的である。

　また，集積現象は古くから知られており，その1つの類型は，専業化した人・企業の濃密な分業ネットワークが一定の地域に集中することであり，人が密集して生活する「都市」というものと密接に関連している。ある古代遺跡が都市と呼べる存在であったかどうかは，工芸を生業とする分業化された職人の集住があったことが1つのメルクマールとなっている。このように集積という現象は，歴史が文字記録として存在するようになる以前から，人類とともに普遍的に存在した。

　さらに重要なことに，特定の地域に集積する理由は，そこで事業を行う企業や人にさまざまなメリット（正の外部性）が生じるからである。この点は後半部分で詳述する。

2.1.2 集積のタイプ

　現代の日本でも我々の身の回りにいろいろな集積が見られる。分かりやすいのは「同一の産業や関連の深い産業に属する企業が特定地域に集中する集積」（以下「同一産業の集積」）である。同種の製品を扱う小売店が集まる例として，東京秋葉原の電気製品，パソコン部品，アニメのキャラクターなどのフィギュアの例，神田神保町の古書，浅草合羽橋の飲食店が用いる道具や食器がよ

く知られている。同一製品を販売する小売店が集積を形成するメリットとしては，消費者やユーザーが異なる店舗を短時間で探索し目的の商品を手に入れられる可能性が高まることにより，多くの集客が見込めることなどが挙げられる。

　サービス産業の事例としては，米国ニューヨーク市マンハッタンのウォール街，イギリスのロンドンのシティの，銀行，証券会社，保険会社といった金融業の集積が世界的に有名である。

　製造業の同一産業の集積としては，まず自動車などの加工組立型産業の例が挙げられる。愛知県豊田市にみられるように，トヨタの組立工場という大規模事業所を中心にそこに部品など中間財を供給する企業群を伴った「企業城下町」を形成することも少なくない。部品製造企業は一次下請から二次，三次と階層構造を形成し，数字が大きくなるほど企業規模が小さく，企業数が多くなるという形で最終製品組立の大工場を頂点とするピラミッド構造となる特徴がある。

　京都の西陣織の集積は，先染（さきぞめ）の紋織物の制作における各工程を分業する中小零細な事業単位が多数，同じ地域に集まっている例で，こうした集積は「産地」と呼ばれる。福井県鯖江市の眼鏡フレーム，新潟県燕市のナイフ，フォークなどの洋食器，三条市の刃物，佐賀県唐津市周辺の唐津焼などはいずれも産地を形成している。産地よりも集積の程度，事業の地理的広がりが小さいものは，「地場産業」と呼ばれることもある。新潟県の各都市には歴史のある酒蔵が存在している。これは地場産業の例である。

　日本に特徴的な同一産業の集積として，東京都大田区や大阪府東大阪市周辺にみられる各種金属加工を行う中小零細な規模の企業が集まった「ものづくり中小企業集積」がある。金属加工とは部品製造に関わる鋳造，鍛造，プレス，切削，めっきなどの加工プロセスを言い，これらの地域には金属加工の1つのプロセスを専業で行う単工程加工型企業が集まっている。こうした企業は従業員が数名程度の零細な企業も多い。新潟県の燕三条地域は，産地という側面だけでなく単工程加工型企業の集積という性格も有している。大田区では，試作品などの注文を受けると，自社でできない工程の加工を周辺の中小企業の協力を得て，顧客の注文に応じる「横請け」（下請けではない）という独特の事業慣行も見られる。

　以上述べてきた広い意味での「同一産業の集積」と異なる集積のタイプがある。それは「都市」という集積であり，異なるさまざまな事業を行う多様な業種に属する企業が集まっているのが特徴である。通常，都市の人口規模が大きくなるに従い，分業によりより専門特化する形で，細分化された多様な業種に枝分かれをする「多様性の拡大・深化」が見られる。例えば，小さな町では1つの美容院がさまざまなサービスを提供するが，大都市ではネイルサロン，まつげエクステサロン，フットケアサロンなどの専門店に分化する。

2.2　経済学における集積論—マーシャルの外部経済性

　一定の地理的範囲に企業が集中して立地する「集積」は，"agglomeration"が経済学の正式用語である。経済学において最初に集積を体系的に論じたのはイギリスの経済学者アルフレッド・マーシャルで，代表的著作である「経済学原理」（Marshall 1890）の一章（第10章「産業上の組織続論　特定地域における特定産業の集積」）を割いている。彼は，「同一産業の集積」に注目し，そこに立地する企業だけが受けられるメリット，個々の企業にとって何らかの正の外部性が集積から生じることを指摘した。

　マーシャルは，同一産業の集積が形成され一定程度発展すると，①その産業に必要とされる特殊技能労働者のプールができる，②個々の企業は小さくても，生産に必要な部品，原材料などの中間投入財のまとまった需要ができ，それを供給する専門分化した企業の高度な分業ネットワークが周辺に形成される，③企業に蓄積されたさまざまなノウハウ，技術など（以下「知識」）が集積に立地する企業間で相互にスピルオーバーし，イノベーションが生み出されやすくなる，という3点を指摘した。

　①と②について，前節で挙げたいずれの例にも，多かれ少なかれ働いていることは容易に理解できよう。例えば，ニューヨークのウォール街の金融産業集積には，①が顕著であり，不祥事などで企業が倒産しても専門金融人材は容易に他社に就職できるし，金融機関も優秀な人材を容易に周辺企業に見出すことができる。②は豊田市の企業城下町の事例そのものと言ってもよい。

　おそらく説明が必要なのは③であろう。スピルオーバーとは，愛犬のミルク

皿に牛乳を注ぐ時にうっかりして皿からあふれてしまうような状況をいう。企業などの経済主体がR&D投資のコストをかけて生み出した発明やイノベーションの成果は，その企業が完全には専有できないという特徴がある。言い換えれば，他の企業は特段の対価を払うことなく成果の一部を利用できる。こういった現象を「スピルオーバー（spillover）」という。

マーシャルの原文では，「ある企業がある地域を選び，そこに長く留まる可能性が高いのは，そこにいる人々が近隣からお互いに得られる同じ事業上のノウハウや秘訣などを共有することに大きなメリットがあるからである。その地域の人々にとって，事業上の秘訣は何の不思議でもなくなり，まるで空気中に拡散するように伝わる。子供達は無意識のうちに多くのことを学ぶ。」と表現している。

スピルオーバーは外部性の1つであり，③は集積に集まる企業の間で，離れて立地している場合に比べ，知識が安価かつスムースに伝達され，イノベーションを生み出す上でメリットがあるというケースである。米国シリコンバレーのIT関連産業の集積でイノベーションが活発に見られることの一部はこの効果で説明できる。

2.3　産業集積と外部性

マーシャルは，こうした集積に関する論考から，より一般的な「マーシャルの外部性」の概念を導き出した。これは，企業あるいは産業間の連関によって「産業全体としての生産量が増加するとともにその産業に属する企業の費用が逓減する現象」をいう。言い換えれば，その産業に属する企業から見て，自らの努力ではなく産業全体の成長がもたらす外部経済によってコストが下がることになる。例えば，自動車産業が発展し生産量が拡大するとともに多数の部品専業の下請企業を含む効率的な分業体制が構築され自動車産業全体の費用が低下するといった例が挙げられる。

同一産業の集積をもたらす外部経済を「MAR外部性」という。これは集積現象における「マーシャルの外部性」をケネス・アロウ（Arrow 1962）とポール・ローマー（Romer 1986）の二人が「一地域内における1つの産業への集中

が，企業間のスピルオーバーを促進し，その産業と地域のさらなる成長を促進する。」という形で定式化したことから三者の頭文字をとって"MAR"と名付けたものである。言い換えると，集積に限った「マーシャルの外部性」が「MAR 外部性」ということになる[1]。

これに対し，多様な業種に属する企業，とりわけ多くの中小企業が立地する都市という集積に着目し，業種を異にする企業の間に生じる知識のスピルオーバーの重要性を論じたのがジェイン・ジェイコブズである（Jacobs 1969）。彼女が強調したのは，都市に立地する異業種の多様な企業が相互に刺激し合うことで，古い仕事にわずかな新しい仕事を付け加える形，あるいは都市特有の多様な分業がどんどん枝分かれしていく形で，新製品，すなわちプロダクト・イノベーションが都市から次々に生み出されるという点である。

都市はイノベーションを生み出すことでますます発展し，こうした都市の繁栄が国全体の発展を支えるというのが彼女の持論である。経済学者は，ここから「ジェイコブズの外部性（Jacobs externalities）」という概念を導き出した。すなわち，「都市に立地する異業種に属する企業間での知識のスピルオーバーによって生じる外部性」である。都市に多様な産業が存在すること自体がさまざまな恩恵を立地する企業にもたらすという意味で，「多様性（diversity）の外部経済」と呼ばれることもある。

2.4　集積の外部性とイノベーション—実証研究の紹介

その後，集積のイノベーションに与える好ましい効果として，「MAR 外部性」と「ジェイコブズの外部性」のどちらがより強く働くかについて，世界各国のデータを用いてさまざまな実証分析が行われてきた。米国のエドワード・グレイサーなど（Glaeser, Kallal, Scheinkman and Shleifer 1992）は，米国のデータを用いて，MAR 外部性を産業特化の度合いを示す指標，ジェイコブズの外部性を業種の多様性を示す指標で表し，都市の雇用の伸び率に与える影響を分析するという形で，ジェイコブズの外部性の優位を説いている。一方，同じく米国のデータを用いた研究で MAR 外部性の優位を説くものもあり，決着は未だ着いていない。その大きな理由はイノベーションを測る代理変数，業種

の分類の方法など計量分析手法に，結果が依存していることが指摘できる。日本のデータを用いた大塚（2008）は，日本の先行研究では MAR 外部性の効果がより強く出てジェイコブズの外部性はその効果の存在が明確に示されてこなかったと指摘した上で，自らの研究でジェイコブズの外部性がいくつかの業種で正の影響を与えており，とりわけ電気機械で大きいことが実証されたとしている[2]。

2.5　追加的に考慮すべき論点

2.5.1　輸送費の問題

　輸送費を横軸，集積の規模を縦軸に取り図示すると，逆 U 字型になる。輸送費が極めて高いと消費地生産とならざるをえず生産場所は分散する。輸送費が低下していくと集積が形成・発展し 1 か所で大量に生産し各地に輸送されるようになる。さらに低下しゼロに近づくと遠隔地からでも輸送でき，分散したり，より有利な場所に移転したりして既存集積が失われる可能性が出てくる。したがって，集積が生じるには適当な正の値の輸送費の存在が前提となる。

　大きな歴史の流れをみると輸送費は交通手段の発達とともに低下し，輸送費の低下が集積を促したと見られる事例が数多く存在する。クルーグマン（Krugman 1991）は，米国北東部及び五大湖周辺の中西部に 19 世紀後半に形成された工業地帯について，製造業の規模の経済性の高まりや地域の大きな需要に加え，鉄道などの発達により他の地域より交通が整備され全国の市場へのアクセスが容易だったことを指摘している。

　これに対し，関税や海外直接投資に対する規制など製品や企業活動が国境を越えるコストも広義の輸送費に含めると，20 世紀第 4 四半世紀以降のグローバル化に基づく輸送費の低下はこれまで先進国にのみ存在した工業の集積を発展途上国に拡散させるなど既存の集積の経済的メリットを低める方向に働いている部分もあると考えられる。

2.5.2　混雑現象

　混雑現象（congestion）ついては，発展著しい東アジアの大都市の交通渋滞

が分かりやすい例である。より一般的には，企業や人が特定地域に集まることによる負の効果を意味し，dispersion forces（集積を拡散させる力）ともいう。例えば，特定の国や地域に産業活動が集中すると，労働の需給が逼迫し賃金上昇を招きやすい。これも広義の混雑現象である。混雑の影響する度合いが産業，企業毎に異なることが重要である。例えば労働集約的産業は賃金上昇に耐性が低く賃金の安い地域や国に工場を移動させやすい。

2.5.3　暗黙知と粘着性のある情報

　メリットがあるから特定の地域に集まるのであるから，集積に生じる外部性は一定の地理的範囲に留まる必要がある。知識のスピルオーバーを例にすれば，何らかの理由で距離の増大に伴いその効果が減衰することになる。知識，特に「暗黙知（tacit knowledge）」と呼ばれるような知識は，一般的な「情報」と異なり，移転のためのコストに距離が影響すると考えられる。イノベーションとの関係では，暗黙知とも関係の深い「粘着性のある情報（sticky information）」という概念が重要である。特定の場所に粘着性のある情報がイノベーションを生み出す上で重要である場合，そうした情報を獲得するには近接性，例えばフェイス・トゥ・フェイスのコミュニケーションや頻度の高い繰り返しの接触が必要となるという捉え方である。金融業などは，広い空間を必要とせず混雑現象の影響を受けにくく，一方フェイス・トゥ・フェイスのコミュニケーションから得られる情報が重要であるためますます都市に集中し，都市型産業の集積を形成する。

2.5.4　イノベーションと競争条件

　もう1つ重要な論点は，イノベーションを生み出しやすい競争条件に関する議論である。シュンペーターは1911年出版の『経済発展の理論』で，イノベーションを「新結合を遂行する企業家の行為」と定義し企業家（新人・新企業）の群生的出現の傾向を述べたのに対し，1949年出版の『資本主義・社会主義・民主主義』では資本主義の発展の結果として技術的進歩は大企業における専門家の仕事となる傾向を強めるとし，自説を180度転換したとされる（清成1998）。

MAR 外部性は，シュンペーターの後者の考え方，すなわちイノベーションに対する独占の有用性と結びついている。すなわち MAR の背景には，知識は完全には専有可能ではないためスピルオーバーが生じるものの，専有可能な範囲で独占利潤が確保される場合には，研究開発を積極的に行い企業内でイノベーションを生み出すインセンティブが高まるという考え方がある。

これに対し，ハーバードビジネススクールの教授で，クラスター論の提唱者であるマイケル・ポーターは，クラスターのパフォーマンスを規定する要因としてクラスターを構成する企業間の「競争」の重要性を強調している。ポーター（1999）は，クラスターを「特定分野における関連企業，専門性の高い供給業者，サービス提供業者，関連業界に属する企業，関連機関（大学，規格団体，業界団体など）が地理的に集中し，競争しつつ同時に協力している状態」（Porter 1985，邦訳 67 頁）と定義している。クラスターとは集積に存在するプレイヤーに着目した集積論の一種と見ることができる。

また，Jacobs（1969）も競争に価値をおいているが，市場への財・サービスの供給に関わる企業間の競争ではなく，新製品を生み出す新しいアイデアを巡る競争が活発であること，いいかえれば新しい製品のニッチ市場を確保しようとしてアイデアを競い合う企業が多く存在する状態が，イノベーションを次々と生み出すという都市の機能が発揮されるために好ましいとしている（Audretsch and Feldman 2004）。

【注】
1　ローマーは，1980 年代後半以降の内生的成長理論の創始者の一人とされる人物であり，アロウは技術進歩を外生的に扱っていた新古典派成長理論の華やかなりし 60 年代のはじめ，のちの内生的成長理論で定式化に用いられる「人的資本」の概念の背景にある「学習効果（Learning by doing）」の重要性を指摘し，その先駆的業績が評価されている。このように内生的成長理論と集積の理論は，経済理論系譜上深いつながりがある。
2　大塚の結果は，集積のライフサイクルと外部性の対応に関係している。すなわち，先端技術に基づく発明はジェイコブズの外部性が見られる都市部で行われ，それが量産される段階で都市から離れた場所に同一産業の集積が形成され，そこでは MAR 外部性が働くという考え方である。そこから先端的産業ではジェイコブズの外部性が働き，成熟産業では MAR 外部性が働くという仮説が生まれる。大塚は先端的技術を用いる業種として電気機械を想定し，正のジェイコブズの外部性の結果がみられたことを強調している。

【参考文献】

Audretsch, David and Maryann Feldman (2004), "Knowledge Spillovers and the Geography of Innovation," Henderson, J. V. and J. F. Thisse (Eds.) *Handbook of Regional and Urban Economics* Volume 4, Elsevier, Amsterdam, pp. 2713-2739.

Glaeser, Edward., Hedi Kallal, Jose A. Scheinkman and Andrei Shleifer (1992), "Growth in Cities," *Journal of Political Economy*, Vol. 100, No. 6, pp. 1126-1152.

Jacobs, Jane (1969), *The Economy of Cities*, Vintage Books, Random House, New York.

Krugman, Paul (1992), *Geography and Trade*, MIT Press. (北村行伸他訳『脱「国境」の経済学』東洋経済新報社, 1994年, 21-25頁。)

Marshall, Alfred (1990), *Principles of Economics.* (馬場啓之助訳『経済学原理Ⅲ』東洋経済新報社, 1966年, 250-262頁。)

Porter, Michael E. (1985), *On Competition*, Harvard Business Review Book. (竹内弘高他訳『競争戦略論Ⅲ』ダイヤモンド社, 1999年, 67頁。)

Schumpeter, Joseph (1949), *Capitalism, Socialism, and Democracy.* (中山伊知郎他訳『資本主義・社会主義・民主主義(上巻)』東洋経済新報社, 1962年。)

Schumpeter, Joseph (1911), *Theory of Economic Development.* (塩野谷祐一他訳『経済発展の理論(上・下)』岩波文庫, 1977年。)

大塚章弘 (2008)『産業集積の経済分析』大学教育出版, 108-125頁。

清成忠男 (1998)「編訳者による解説」J. A. シュンペーター『企業家とは何か』東洋経済新報社, 149-181頁。

細谷祐二 (2008)「ジェイコブズの都市論—イノベーションは都市から生み出される—」㈶日本立地センター『産業立地』第47巻6号, 33-40頁。

3 グローバル経済における地域企業

3.1 地域内に地域外から需要を持ち込む企業

3.1.1 集積のライフサイクルと需要条件

　集積に立地する企業は，長期的に事業を継続するのに十分な需要が確保できないという悲観的見通しが高まると廃業し，櫛の歯が抜けるように企業数が減少し，集積の正の外部性が減じ，さらに企業数が減少する悪循環に陥り集積が衰退することが少なくない。大田区のものづくり中小企業数の減少は著しく，ピークの 1980 年代前半に比べ現在は 25％の水準を割り込んでいる。最大の要因は自主廃業の増加である。60 年代の高度成長期に従業員がのれん分けの形で独立し大田区の企業数は大きく増加した。当時 20 歳代で創業した経営者は 2010 年代では 70 歳代になる。こうした経営者の中には，自分が元気で従業員や使用可能な機械設備を移転できる企業がいる間に工場を畳もうと考える者も多い。廃業増加の背景には後継者難があると言われるが，需要の見通しが明るければ，親族に事業を承継する経営者はもっと多かったと考えられる。

3.1.2 需要を地域にもたらす企業

　需要条件が悪化し，負のサイクルが回り始めると集積は急速に衰退し，大規模な新規需要がないと歯車を逆回しにはできない。産地の再活性化の取組みは各地にみられるが，いずれも苦戦している。こういう場合，集積全体の維持を目指すのではなく，何らかの新しい需要を開拓して企業と雇用で伸びるところを伸ばすという発想に切り替える必要がある。

　そうした取組みを進める上で欠かせない企業のタイプがある。地域の外から受注し，地域の中にいる企業に発注する企業である。別の言い方をすると，受発注のネットワークで地域内の企業と地域外の企業を結びつける結節点

(node）に位置する企業である。こういう企業の概念として専門家が指摘する代表的なものは以下の2つである。

①需要搬入企業

伊丹（1998）によれば，「需要搬入企業」とは「最終製品のための生産活動への需要をその地域に持ち込む企業」である。集積の内部に存在する場合と，集積の外部に存在し「集積の中に需要を投げ込み」生産結果を受け取るだけの場合の両方が存在するとしている。域外需要を集積に持ち込むという意味である。沖縄県には，本土の企業の需要に応じ沖縄県の物産を県下の企業から調達する独特な商社が発達している。「需要搬入企業」の一種とみることができ，近年では沖縄の事例から「地域商社」という言葉も一般化してきている。

②コネクターハブ企業

似た概念に「コネクターハブ企業」がある。東京大学工学部のネットワーク論の専門家坂田一郎教授の議論を 2014 年版中小企業白書が採用し広く普及した。坂田の定義は，「地域や業種の区分の中で取引が集中する度合いと地域や業種を超えた取引を行っている度合いがともに高い企業」である。中小企業白書は分かりやすく「地域経済への貢献が高い企業として，地域からより多くの仕入を行い，地域外に販売している企業」（533 頁）と表現している。ネットワークの中で地域の他の企業と取引上の多数の紐帯（ちゅうたい）を保有する結び目に当たる企業で，同時に地域外とも紐帯を豊富に有している企業である。集積内にある需要搬入企業をネットワーク上の位置付けから明確に規定したものといえる。

3.2　グローバル経済の発展と需要拡大

既に本書の他の部分で触れられているとおり，20 世紀の第 4 四半世紀以降，経済のグローバル化が急速に進展している。製造業を中心に日本の大企業は海外直接投資を通じて先進国や東アジア諸国を中心に生産拠点を移転し，今や複数の外国に拠点を有する多国籍企業となっている。日本のものづくり産業集積に立地する中小企業も海外展開に進んだり，需要の悲観的見通しに基づき廃業したりして大きな影響を受けている。

　一方，少子化による人口減少が進み，既存製品の国内需要は長期的に頭打ち，あるいは減少が見込まれる。新製品についても，製品のライフサイクル（市場導入から普及などに伴う需要の頭打ちまで）の期間の短縮化や，スマートフォンに見られるとおり市場投入初期から日本企業により海外生産され逆輸入される例も増えてくることが予想される。

　しかし，国内とは対照的に，東アジアの国々の多くは，人口増加の下で，経済発展による所得の向上やライフスタイルの変化から，中長期的に需要の伸びが期待されている。日本企業の投資先国の経済発展の果実を国内に立地する企業が域外需要として積極的に取り込むことは重要な課題である。それだけでなく，成熟した欧米先進国などの高付加価値製品に対する潜在的ニーズに応え，差別化された高級・高価格の製品セグメントの需要を開拓し，日本で生産し輸出していくことも求められている。

3.3　グローバル需要とグローバル・ニッチトップ企業

　近年注目されているグローバル・ニッチトップ（GNT）企業は，日本で今後とも長期にわたり生産を継続する可能性の高いものづくり中小企業で，海外需要を開拓し地域に付加価値を落とす企業である。「製品差別化を通じた市場のセグメンテーションにより自らが生み出した『ニッチ市場』で高いシェアを有する『ニッチトップ（NT）型企業』のうちで，競争力で特に優れ国際市場でも活躍する企業」と定義することができる。画一化された大量生産品の大きな市場を，消費者やユーザーに性能，デザイン，使い勝手などの観点からより優れていると認識させる差別化という方法に基づき，小さい市場（ニッチ市場）に分断し，その市場に特化することで，極めて高い非価格競争力を獲得することに成功している企業である。併せて，簡単にコピー製品を作られない模倣困難性を何らかの手段により確保し，結果としてニッチ市場で高いシェアを維持している企業である。

　具体例を挙げれば，Mipox（栃木県鹿沼市）は音響映像関係機器の研磨剤でトップメーカーの評判を確立し，スマートフォンのディスプレイのひび割れ問題に苦慮したメーカーの要請に応え，薄いガラスの端面の細かい傷を消す研磨

剤を開発した。金型メーカーの昭和精工（神奈川県横浜市）は，飲料用容器の金型に特化し，絶対に漏れないペットボトルの蓋や落としても割けず指で簡単に開けられるアルミ缶のステイオンタブを実現している。

　GNT企業は業種や製品が異なっていても共通する特徴を有している。第1に大部分が中小企業である。第2に日本全国に広く分布し，良質な雇用を生み出すなど地域においてプレゼンスが高い。第3に需要搬入企業やコネクターハブ企業の特徴を備え，海外など域外から受注し，部品の製造などを域内に発注する。第4に，何よりも重要なこととして，イノベーション能力が極めて高く，新製品を次々と生み出す。特定分野で優れた企業であるという評判を確立し，潜在的ユーザーから製品開発ニーズが持ち込まれることが，他の企業にない強みである。域外から受注し域内に発注する機能は短期的な需要取込みであるのに対し，域外ユーザーの潜在的ニーズを受けてソリューションとして新製品を生み出すことは長期的・潜在的な需要の取込みと言える。第5にGNT企業は地域に本社を置くため，製品の開発，設計などの付加価値の高い企業活動を域内で行う。この結果，域内企業への外注と合わせ，地域に落とす付加価値の割合が大きい。第6に非価格競争力が高いため，国内の人件費高や為替レートの円高化にも強い耐性を有し，地域に長くとどまることができる。このように，GNT企業は地域経済にとって好ましい性格を有している。

3.4　ドイツ・イタリアのGNT企業の特徴

　GNT企業と呼べる中堅中小企業は，日本だけでなく成熟した資本主義国に広く存在する。米国にもかつて，特化して特徴のある製品を提供する中小企業が多数存在したが，今ではM&Aの活発化により売買の対象となり，企業数が減少していると言われる。現在でも，特に活動が活発な国として，日本以外ではドイツとイタリアがある。

　国毎に異なる特徴がある。日本のGNT企業は，日本列島全体が1980年代まで世界の工場の状況を呈していたことを背景に，大手企業の工業製品の量産現場や研究開発などを行う機関のニーズに応じ，必要な装置や機械あるいは測定機・計測器などを作る（企業向けビジネス：BtoB）企業が多いという特徴があ

る。

　ドイツの GNT 企業は,「隠れたチャンピオン」と呼ばれる。あまり目立たな
い相対的に規模の小さい企業だが世界市場でナンバーワンのチャンピオンであ
るとして,経営学者のハーマン・サイモンが名付けた(サイモン 1998)。中堅
中小企業で,地方都市に本社を置き,創業からの歴史が長く,ニッチ市場で世
界的にみて高いシェアを有し,売上げの50%以上を海外向けに輸出していると
いう共通の特徴がある。日本の GNT 企業と比較すると,従業員の平均で日本
が 100 人程度なのに対し隠れたチャンピオンは平均 2,000 人位と中堅企業が多
い,日本より,輸出比率が高く,消費者向け(BtoC)の製品を扱う企業が多
い。隠れたと言うには有名すぎるが,電気シェーバーのブラウンが挙げられる。

　イタリアの GNT 企業の特徴は,日本より小規模な 15 人以下の小企業が同じ
分野の製品の製造で「産地」を形成している点である。産地は,イタリア全体
で 200 程度あり,ガラス工芸,貴金属,皮革,アパレル製品(デザイン性に優
れた衣服),食品加工,産業機械などさまざまである(稲垣 1999))。イタリア
中北部に位置するボローニャの包装機械の産地は,特徴が際立ち,詳細な研究
が行われている。キャンディーやチョコレートなど食品を包み紙で自動的に包
装する機械で,製品毎に大きさや形状が異なるため,包装機械も多種多様で,
多品種少量生産の傾向が極まっている。包装機械メーカーの従業員が,独立し
て別種の機械を作る形で枝分かれするように企業が増える「スピンオフの連
鎖」がみられ,産地が形成される。規模は小さいがいずれも海外市場志向の強
いグローバル企業で,世界各国の菓子メーカーなどの注文に応じ製品を輸出し
ている(稲垣 2003)。

　日独伊では,大企業の国外への生産拠点のシフトが進む中で,逆に中堅中小
企業の GNT 企業が国内におけるものづくりにおいて 1970 年代以降注目される
存在となってきている。しかし,異なる事業環境や経済情勢の下で長期にわた
り独自の発展をしてきたことから,歴史的経路依存性(historical path depen-
dency)により,国毎に特徴のある GNT 企業像が育まれている。現状の輸出志
向の違いなど表面的な比較論に基づく安易な彼我の評価には慎重な姿勢が必要
である。例えば,日本は周囲を海に囲まれ,長い間,周辺には発展段階の異な
る国しか存在していなかった。一方,西欧は陸続きでアルプス地方を除き平坦

な地勢が続き，同じような発展段階，所得水準の国が隣接し，周辺国とは文化的均質性が高く，産業革命以前から長い交易の歴史もある。こうした条件下ではドイツやイタリアの企業が国内市場のみを前提に製品開発を行う方がむしろ不自然である。最初から周辺諸国を含めて市場と想定し輸出を前提とした開発を行い，結果として輸出志向が強くなると考えられる。

3.5　日本の GNT 企業の特徴

　これまで触れた以外の日本の GNT 企業の特徴について，異なるタイプの中堅中小企業と比較し，具体的な数字も交えて整理しておこう。

　ものづくり中堅中小企業は大きく3つの異なるタイプに分けられる。1つは，いわゆる下請企業で，ここでは SC（サプライチェーン）型企業とする。自動車などの加工組立型産業で部品を量産し，その部品を用いる上位の企業に納入することから，一連のサプライチェーン（部品供給の連鎖）に組み込まれている企業という意味である。一方，大田区などに典型的に見られる零細な企業の多くは，特定の金属加工の工程（鋳造，鍛造，切削，めっきなど）のうち一種類だけ行う単工程加工（シングルプロセッシング）型企業，略して SP 型企業と呼ぶ。そして，もう1つが NT（ニッチトップ）型企業である。

　SC 型企業は，昔，系列内取引が中心だった時代は二次，三次の下請として特定の発注元1社専属の企業も多かった。1980年代以降，組立メーカーは系列外に取引先を広げ，部品メーカーは特定企業への依存度を下げようと取引先を拡大した。この「多角化」の動きにより SC 型企業の取引先は近年増加している。しかし，20社，30社というレベルである。

　これに対して NT 型企業は，製品分野はさまざまであるが，特定の取引先向けではなく，市場に直接自社ブランドで製品を販売しているため，年間を通じ取引のある企業は200社，300社が一般的である。GNT 企業では，外国企業も取引先に含まれる。SC 型か NT 型かを見分ける最も簡単な方法は，この取引先の数である。

　また，SC 型が大量生産であるのに対し，NT 型の生産量は少ない。製品によって実際の生産量は異なっており，同種の製品で比べて相対的に少量生産で

ある。製品差別化を通じ元の汎用品市場をセグメント化した当然の結果としてニッチ市場は小さいものとなる。

　従業者数も生産量の多寡を反映して同様の傾向にあり，相対的に，SC型は多く，NT型はそれより少ない。製品1個当たりの利益率は，自動車部品産業を筆頭に納入先からのコスト引下げ要求が厳しいSC型企業の場合，非常に低いが，生産量が多く薄利多売で売上高は大きくなり，年間売上高が100億円を超え，従業員数が300人以上の企業も少なくない。一方，NT型企業は，競争の少ない小さな市場で大きな市場シェアを持つため，利益率は高い。しかし，小さな市場のため売上高はSC型と比べると相対的に少ない。2012年に筆者が行った全国2,000社のNT型企業を対象に663社から回答を得たアンケート調査によると，NT型企業は平均で従業者数は97人，年間売上高は23.5億円となっている。

　SC型企業とNT型企業には，立地場所の選択に違いがある。加工組立型産業では，組立工場を頂点とし部品製造企業が階層をなすピラミッド型の分業構造が形成される。加えて，トヨタのカンバン方式のように加工組立メーカーは生産ラインなどの部品在庫を極力減らしコスト削減，生産性上昇に努めている。このため，部品を納入する企業は短時間に納入できるよう組立工場に距離（時間的な意味で）が近い場所に立地する必要がある。

　これに対してNT型企業は，広く取引先が存在し，非価格競争力が高い製品で納期に余裕のあるものを製造している。このため，基本的にSC型企業のように特定の場所に立地する必要はなく立地制約が小さいという特徴がある。実際全国に広く分布している。一方，NT型企業が比較的集中しているのが，四国と北陸である。これは，両地域とも加工組立の大規模工場から距離的に隔たっており，SC型企業が立地しづらい環境にあるため，結果としてものづくりを行っている企業はNT型企業になるという事情も反映されている。

　特定の金属加工サービスを顧客の求めに応じ提供するSP型企業は，零細性が特徴で従業員数名という企業が多い。取引先の数はSC型とNT型の中間にあたる。NT型の企業は，部品や加工を外注するアウトソースの傾向が強く，NT型企業の外注先はSP型企業が多い。しかし，NT型企業は利益率が高く，内部留保も潤沢で，従業員の待遇で大手工場に匹敵する企業も少なくない。SP

型企業よりも賃金水準がかなり高いのも特徴である。

3.6 GNT 企業への政策支援

　今後も日本に残りものづくりを続ける方針の SC 型や SP 型の企業は，NT 型企業への業態転換を目指すケースが多い。SP 型の企業は廃業するケースが急増している。しかし，後継ぎが決まっている企業の多くは，加工ではなく自社製品を持つことを悲願としている。一方，元気のいい SC 型企業は，大手企業の要請の有無にかかわらず積極的に生産拠点の海外展開を行っている。その中で，後継者が既に入社し30年先も事業を行うことを目指す企業などは，日本でものづくりを続けたい，特定の顧客に依存しない直接市場に売れる製品を持ちたい，海外に輸出したいと考えている企業がかなりの比率にのぼる。

　こうした SC 型，SP 型企業の動きに対し，国は「第二創業」という特別な用語を設けている。ゼロからはじめる創業ではないが，大きく事業内容を見直し業態転換を図るという創業に準じる課題に挑戦しているという意味である。NT 型企業を目指す中小企業の動きは，既に 1990 年代から活発化し，国や自治体の支援も 90 年代末から本格化する。例えば，1999 年に制定された「新事業創出促進法」は，全国の都道府県，政令市に中核的支援機関を設け中小企業の研究開発から販路開拓までを一貫して支援する地域プラットフォーム事業をスタートさせた。この主な目的は第二創業支援であった。しかし，補助金を活用し新製品開発を行う中小企業が大幅に増加したにもかかわらず，販路が開拓できない例が数多く発生するなど結果は今のところ，必ずしもかんばしくない。その理由の 1 つは，SC 型や SP 型の企業が目指すモデルになる GNT 企業の特徴や成功の秘訣が，支援される側にも支援する側にも共有されていないことがある。筆者は 2008 年以降，NT 型企業のインタビュー調査，アンケート調査を通じ GNT 企業の特徴を明らかにしてきたが，目的の 1 つは，このモデル化である。

　一方，既に成功している GNT 企業をさらに発展させる政策については，「地域未来投資促進法」が2017年に制定され，地域経済牽引事業計画の承認を得た地域の中核企業を支援するスキームに基づき，GNT 企業の行う前向きな設備

投資に対する税制上の優遇措置などさまざまな活動に政策資源が投入されることとなった。

【参考文献】

伊丹敬之（1998）「産業集積の意義と論理」伊丹敬之・松島茂・橘川武郎編『産業集積の本質』有斐閣，第1章，1-23頁。

稲垣京輔（1999）「産地と企業」馬場康雄・岡沢憲芙編『イタリアの経済』早稲田大学出版会，第8章，124-138頁。

稲垣京輔（2003）『イタリアの起業家ネットワーク─産業集積プロセスとしてのスピンオフの連鎖』白桃書房。

サイモン，ハーマン（1998）『隠れたコンピタンス経営─売上至上主義への警鐘』トッパン。

サイモン，ハーマン（2012）『グローバルビジネスの隠れたチャンピオン企業』中央経済社。

中小企業庁（2014）『中小企業白書』日経印刷，533-535頁。

細谷祐二（2014）『グローバル・ニッチトップ企業論─日本の明日を拓くものづくり中小企業─』白桃書房。

細谷祐二（2017）『地域の力を引き出す企業─グローバル・ニッチトップ企業が示す未来─』筑摩書房。

4 特異性を発揮する地域経済・産業

4.1 地域資源と経済・産業の基盤形成

　新潟と言えば「米」のイメージが強い。明治7年の府県物産表で米の収穫量を当時の府県で比較すると，新潟は他を大きく引き離している（山口1951，29–30頁）。その頃の人口と照らしても多く，域外への移出を通じて，新潟のイメージとして定着していったと思われる。食の確保によって発展の礎が築かれた，と言っていいだろう。

　長い海岸線には多くの港が開かれた。人口が多く当時の商取引の中心だった米の主要産地であったことなどから域外との交易が盛んになり，農業以外の産業も活発化した。経済産業大臣指定の伝統的工芸品のうち，新潟県のそれは13産地，16品目にもおよび，京都府，東京都についで全国3番目の多さである。こうした伝統的工芸品も含めて，新潟における今につながる農業以外の産業について触れておこう[1]。

　伝統的工芸品には，日常生活で使用され伝統的な技術・技法や原材料を用いて製造される等の条件を満たし，一定の地域で産地が形成されている工芸品が取り上げられている。7品目が挙がっている繊維関連では，冬場の農民の副業として豊かな水資源も活用しながらこうした織物が発展し，当初の絹や麻などを材料にしたものから合繊織物にも徐々に広がっていった。その後の集中化の過程で，十日町，五泉，見附，栃尾といった地域が産地として定着した（斎藤・坂口・丹呉・真水1990，531–532頁）。3品目が挙がっている金属・金属加工関係では，燕三条が有名だ。同地域の金属加工は，江戸時代の和釘づくりが出発点とされる。その後三条は，大工道具や庖丁などの刃物鍛冶へと転換していった。そこで蓄積された鍛造等の技術を基に，作業工具などへと展開している。燕は，その後銅器など別の金属加工業に展開し，そこで培われた金工技術

をふまえて，洋食器や金属ハウスウェアへと転換していった[2]。

　工芸品以外にも，新潟ならではの産品として石油や天然ガスが挙げられる。越の国から燃える水が献上されたという記述が日本書紀にあるように，古くからその存在が知られ，現在の新潟県でも原油は国内生産の6割台，天然ガスは国内生産の8割前後を占め，どちらも生産量は全国一だ[3]。灯油が石油ランプの燃料として使われる中で，石油の生産は拡大していった（斎藤・坂口・丹呉・本間1990，359頁）。その後，第一次大戦あたりを機に軽油などの動力や工業用原燃料に重点を移したとされる。当初は手掘り削井だったのが機械によるそれに移行していく過程で，合併などを経て資本力のある大規模な石油会社が誕生していった（斎藤・坂口・丹呉・本間1990，442頁）。さらに，機械掘りの要請は県内機械産業の発展を促すこととなった。

　大河川の流域という立地からは，水力発電の電力会社が誕生していった。県内の電灯需要や産業用の需要に応えるものばかりではなく，京浜地方に送電する県外資本の発電所も建設された（斎藤・坂口・丹呉・本間1990，464-465頁）。豊富な電力に加えて港による原材料の輸入し易さなどにひかれたさまざまな工場の進出があり，例えばアルミニウムの生産では新潟県は全国一を誇った。

　地元資源の活用から発展したという意味では，化学産業もその1つである。豊富な電力に加えて，県内各地の石灰石や天然ガスなどの資源が化学工業の発展を促した。豊富な電力と石灰石の組み合わせでは，上越などで化学肥料の原料となる石灰窒素の生産が活発になった（斎藤・坂口・丹呉・本間1990，440-441頁など）。

　産業が発展する中で，戦後の県内ではさまざまなインフラ整備が進行した。関越自動車道と北陸自動車道の工事は1960年代から続けられ，全線開通は関越自動車道が1985年，北陸自動車道が1988年である（斎藤・坂口・丹呉・真水1990，558頁）。1970年代から始まった上越新幹線の工事も1982年に大宮と新潟間が開通した（斎藤・坂口・丹呉・真水1990，559頁）。新潟港は，1967年には日本海側初の特定重要港湾（現在は国際拠点港湾）に指定された。以降1995年には日本海側唯一の中核国際港湾に，そして2011年には日本海側の総合的拠点港に位置づけられるなど，日本海側を代表する港として現在に至っている[4]。交通インフラの大枠部分は周辺地域に先駆けて整った，と考えていい

だろう。

4.2　日本経済・産業構造の変化と新潟

　こうした工業化の流れは，日本を巡る経済状況の変化の中で，修正を余儀な
くされた。1970年代の2回の石油危機による電力コスト上昇は，アルミや合金
鉄の生産といった電力多消費型産業の日本での工場立地に対して大きな制約と
なった。1971年のいわゆるニクソンショック以降，断続的におきる円高の中
で，輸出依存度が大きい産業や発展途上国の追い上げを受けやすい産業は守勢
に立たされ，工業化の増勢は鈍っていった。最近では，いわゆるバブル経済の
崩壊とその後の平成不況，さらにはいわゆるリーマンショックに伴う世界同時
不況といった出来事も，新潟県の経済に大きな影響を与えている。

　このような出来事を経て，産業面から見た新潟県の経済の現状はどうなって
いるのだろうか。以下では，経済規模として県内総生産，就業者数として国勢
調査を使い，2020年度（但し県内総生産は2019年度）の数値で概観しておこ
う。新潟県を全国と比較すると，第一次産業と第二次産業の割合は，どちらも
全国を上回っている一方で，第三次産業のそれはどちらも全国を下回っている
ため，新潟県は第一次産業と第二次産業に特徴がある，ということになる。農
林漁業で構成される第一次産業に特徴があるのは，新潟は「米」に代表される
農業の盛んな県，という一般的な認識とも一致している。第二次産業は鉱業，
建設業，製造業で構成される。鉱業，建設業の構成比は，県内総生産でも就業
者数でも全国のそれより高く，新潟県の特徴である。鉱業は石油や天然ガスの
産出県であること，建設業は県内道路延長が長いことや大きな河川の流域であ
ることなどから土木工事が多い，といった状況が反映されたものと考えられ
る。ただ，県内総生産での割合をみると，農林漁業が1〜2%，鉱業が1%程度，
建設業にしても6%程度とどれも小さい。これに対して新潟県の製造業は，県
内総生産も就業者数も20%前後と高い割合を占めており，全国の数値と比較す
ると県内総生産でも，就業者数でもやや高くなっている。このように新潟県に
おける製造業の重要性は高いことから，製造業についてさらに詳しく見ていく
こととする。

表Ⅲ-4-1　新潟県の産業中分類別製造業概況（従業者数上位 10 業種）

	事業所数 （事業所数）	従業者数 （人）	製造品出荷額等 （十億円）	付加価値額 （十億円）
食料品	687	31,998	778	323
繊維	374	7,472	63	36
化学	80	8,075	797	291
プラスチック製品	243	6,936	155	51
金属製品	1,209	25,849	578	242
はん用機械	214	8,215	216	99
生産用機械	704	17,546	440	169
電子部品・デバイス	156	15,762	417	190
電気機械	217	8,932	279	84
輸送用機械	162	7,913	207	77
その他共計	5,777	179,502	5,119	1,965

（注）事業所数及び従業者数は 2022 年 6 月 1 日現在，製造品出荷額等及び付加価値額は 2021
　　年通年。
（出典）経済構造実態調査・製造業事業所調査（2022 年）。

　表Ⅲ-4-1 では，2018 年（平成 30 年）工業統計調査を使って従業者数でみた
製造業の上位 10 業種を取り上げた。
　事業所数が最も多いのは金属製品，次いで食料品，生産用機械，繊維と続
く。従業者数が最も多いのは食料品，次いで金属製品が多く，両者で従業者数
全体の 3 割を超える。新潟県の雇用面から見た場合に，これら 2 業種の重要性
がみてとれる。製造品出荷額等および付加価値額を産業別でわけると，最も多
いのは食料品で，化学や金属製品が続いている。事業所数や従業者数で多い食
料品や金属製品が上位に来るのは当然として，事業所数や従業者数が少ない化
学が上位に来ていることからは，大規模な工場で効率的に生産している様子が
うかがえる。
　新潟県の製造業の全国での位置については，事業所数の全国順位は 14 位と
なっている。全国 17 位の従業者数に対して，製造品出荷額等は同 23 位，付加
価値額は同 21 位とさらに順位を下げる。以上から，総じていえば，規模の小さ
い事業所が多く，従業員一人当たりでみた出荷額や付加価値額は高くない，と

表Ⅲ-4-2 新潟県の主要地域別製造業概況

	事業所数 (事業所数)	従業者数 (人)	製造品出荷額等 (十億円)	粗付加価値額 (十億円)
新潟市	1,068	35,970	1,185	455
長岡市	854	25,045	657	256
燕三条地域	1,388	29,186	742	279
（三条市）	590	13,241	296	117
（燕市）	798	15,945	446	161
上越市	373	16,008	590	288
柏崎市	225	7,573	202	89
その他共計	5,777	179,502	5,119	2,132

（注）事業所数及び従業者数は 2022 年 6 月 1 日現在，製造品出荷額等及び粗付加価値額
は 2021 年通年。
（出典）経済構造実態調査・製造業事業所調査（2022 年）。

いうのが新潟県の製造業の姿，ということになる。

　次に，同様の統計を使用して，県内の地域毎に整理してみよう（表Ⅲ-4-2）。

　市町村別で上位 6 市を比較すると，新潟市，長岡市，三条市，燕市，上越市
の 5 市がすべての項目で上位に来て，併せて 6 割程度を占めている。6 番目は
すべての項目で柏崎市が入るが，5 市とはかなり差が開く。また，新潟市とそ
れ以外の地域についても，大きな差がある。

　燕市と三条市の事業所数を併せた燕三条地域の事業所数は，新潟市のそれを
上回る。産業別での事業所数は金属製品が最も多く，同地域が金属製品産業の
集積地であることと整合性が取れている。上越市は，出荷額や付加価値額は大
きい一方で，事業所数や従業者数は少ない。同地域は化学産業に強みがあり，
先の産業別の数字と整合性が取れている。

4.3　産業集積・インフラ整備と地域産業

　県内の地域の産業にはさまざまな変化が見られている。以下では，地域に着
目して燕三条の産業活動，業種に着目して中分類の食料品に飲料・たばこ・飼
料を加えた食品製造業，酒造業，エネルギー産業の活動を紹介しよう。

4.3.1　燕三条地域

　地域として，上位5市のうち燕三条地域（三条市＋燕市）を取り上げるのは，新潟県において重要な産業である金属製品産業の集積地であり，中小企業が多く立地しているといった理由である。燕三条地域と同様に中小製造業の集積地と言われている東大阪市と東京大田区の製造品出荷額等の推移を1980年からみたのが図Ⅲ-4-1である。どの地域も1991年にピークをつけたあと水準を下げている中で，燕三条地域は僅かな落ち込みに留まっている様子が見て取れる。こうした比較をふまえれば，地域の強みである金属製品産業を中心とした産業の集積は引き続き維持されており，生産面でも十分に活用されている，とみていいだろう。

　燕三条における中小製造業者の集積は，モノづくりの現場を体感できるといった形でも活用されている。燕三条地域の製造業者等が一斉に工場を開放するイベント「燕三条 工場の祭典」が順調に推移している中で，日常的なオープンファクトリー化を進める企業も増えており，産業観光による交流人口の増加や人材確保にもつながっているようだ。三条市と燕市で分かれている行政も，燕三条地場産業振興センターなどを軸に，一体的な活動を展開しており，燕三条の地域ブランドの確立に寄与している。

単位：十億円

（出典）統計で見る市区町村の姿，各市区の工業統計調査。

図Ⅲ-4-1　製造品出荷額等の推移

中小製造業の集積を活用した地域の産業基盤を強化していく動きは，ほかにも広がっており，例えば五泉市でも，五泉ニット工業協同組合が中心になって，毎年11月20日前後をいいニットの日として「五泉ニットフェス」を開催するなど五泉ニットの地域ブランド化に向けた取り組みを進めている。

4.3.2　食品製造業

産業面から見た動きとして食料品と飲料・たばこ・飼料を併せたものを食品製造業として取り上げたのは，県内製造業に占める割合が大きいこと（表Ⅲ-4-1参照）に加えて，地域独自の産品をベースにしているものが多くあり，県内各地域がそれぞれの状況をふまえて取り組んでいると考えたためである。

本県食品製造業の製造品出荷額等を，2020年の工業統計調査で品目別にみると，1位は米菓やビスケット等の製造が含まれるパン・菓子製造業で，40％程度と大きな割合を占めている。項目としてこれに次ぐのは，切餅・包装餅，総菜，冷凍食品，或いは麺類といった項目を含むその他の食料品製造業で20％強，これに地場の1次産品の加工関係が含まれる畜産食料品や水産食料品，大方が清酒製造業である酒類製造業（酒造業）が，それぞれ5％から8％台で続いている。

食品製造業に含まれる品目について都道府県別の全国順位を「新潟県ベスト5及び主要指標」から取り上げると，1位には米菓，水産練製品，切餅・包装餅といった3品目の出荷額が挙がっている。ビスケット類・干菓子は2位，清酒の出荷額は3位だ。食品製造業は，多くの地域が関わる新潟県の基幹産業といってもいいだろう。

4.3.3　酒造業

食品製造業の中でも県内全域にわたる産業として，日本酒（清酒）の製造（醸造）も取り上げたい。日本酒の出荷数量でみると，大規模なメーカーの立地する兵庫（灘），京都（伏見）に次いで，新潟は全国3位となっている。とはいえ，県内各地には約90の蔵元が点在しており，蔵元の数は全国一である。業界では，新潟清酒産地呼称協会の5つの基準に示されるように，地元の資源を使った生産を心掛けている。5つの基準とは，「米」として原料は全て新潟県産

米,「地」として醸造地が新潟,「水」として仕込み水が新潟,「質」として精米歩合60％以下の特定名称酒,「技」として品質管理委員会で認められたもの,となっている。地元産の酒米を使った醸造への切り替えは,越淡麗など地元にあった酒米の開発や普及に努めた新潟県農業総合研究所などの存在も支えとなっている。毎年使用する酒米の100％は蔵の半径10キロ以内のエリアでまかなっていることを自社ホームページ上で宣言している酒蔵もある[5]。地元の資源活用を進めながら,特定名称酒のみならず普通酒も含めた全体としての品質の向上に取り組んでいる姿勢が見て取れる。

4.3.4　インフラを活用するエネルギー産業

　既存のインフラを活用して新しい展開を模索する動きもある。本章では港とエネルギーに関係したものを挙げておきたい。

　新潟県の発展の過程で港の存在が大きかったことは既に述べたとおりである。県内の港における輸出入額の推移を通関統計からみておこう[6]。輸出額は1990年代半ばあたりからじりじりと増えて2008年にはほぼ2,000億円に達したが,リーマンショックの影響などで落ち込んだ以降は横ばい程度で推移し,2018年に至ってもリーマンショック前の水準には戻っていない。一方で輸入は,2009年に4,000億円強の水準にまで落ち込んだものの,その後大きく回復し2014年には1兆円を超えた。以降2016年や2020年に大きく落ち込んだものの,2022年は再び1兆円を超えている。このように振れ幅は大きいながらも増加基調だ。輸入額増加の背景にあるのは鉱物性燃料であり,その内訳は液化天然ガス（LNG）が大半を占めている。新潟（東）港に隣接した東北電力東新潟火力発電所に加えて,2012年には直江津港に隣接した中部電力上越火力発電所が稼働を始めたことがこうした輸入増加につながっている。LNG受け入れに際してはLNG基地設備が必要であり,2018年11月に北陸電力の富山新港火力発電所が稼働するまでは,本州日本海側においてLNG基地があるのは新潟県だけだった。県内で産出した天然ガスの利用拡大を受けて敷設が始まった新潟のパイプライン網は,現在では県内に留まらず太平洋側にまで通じ,東北地方から関東甲信,さらには中部地方まで網羅しており,パイプラインというインフラが整っていることが,LNG基地の集積に結びついた,と考えられる[7]。

港に隣接する LNG 基地やパイプラインといったインフラに加えて，新潟県には油田やガス田があり，石油や天然ガスの生産を通じて培われた機械産業の蓄積がある。こうしたエネルギー関連産業における幅広い分野での蓄積を有効に活用することも，変化の 1 つの方向として注目される。

【注】

1　以下の伝統的工芸品に関する詳細は新潟県「新潟県の伝統的工芸品」などを参照（https://www.pref.niigata.lg.jp/sec/chiikishinko/1293144423860.html，2023 年 9 月 23 日アクセス）。

2　詳細は，新潟県「新潟県地場産地ガイドブック」などを参照（https://www.pref.niigata.lg.jp/sec/shogyoshinko/1356918639749.html，2019 年 9 月 28 日アクセス）。

3　新潟県ホームページ「石油（原油）・天然ガスの生産概況」を参照（https://www.pref.niigata.lg.jp/sec/sogyosuishin/1277420495419.html，2023 年 9 月 23 日アクセス）。

4　新潟市「新潟港の歴史」を参照（https://www.city.niigata.lg.jp/kurashi/doro/port/rekisi.html，2023 年 9 月 23 日アクセス）。

5　麒麟山酒造株式会社ホームページを参照（https://kirinzan.co.jp/story/，2023 年 9 月 23 日アクセス）。

6　県内の港の数字は，新潟港，直江津港，柏崎港，新潟空港の合計。姫川港は直江津港に含めて計上されている。

7　LNG 基地やパイプライン敷設については，日本ガス協会「都市ガスが届くまで　日本の LNG 基地と主要導管網」および北陸電力資料を参照（https://www.gas.or.jp/gastodokumade/，2023 年 9 月 23 日アクセス）（http://www.rikuden.co.jp/press/attach/18112101.pdf，2023 年 9 月 23 日アクセス）。

【参考文献】

経済産業省「工業統計調査」。

経済産業省・総務省「経済構造実態調査」。

斎藤昭・坂口守二・丹呉善衛・本間恂一・真水淳（1990）「第 5 章　近代国家の形成と新潟県」『新潟県のあゆみ』新潟県，311-417 頁。

斎藤昭・坂口守二・丹呉善衛・本間恂一（1991）「第 6 章　二つの大戦と新潟県」『新潟県のあゆみ』新潟県，419-500 頁。

斎藤昭・坂口守二・丹呉善衛・真水淳（1990）「第 7 章　現代の新潟県」『新潟県のあゆみ』新潟県，501-563 頁。

内閣府「県民経済計算」。

新潟県「新潟県ベスト 5 及び主要指標」（https://www.pref.niigata.lg.jp/site/tokei/1356776832118.html，2023 年 9 月 23 日アクセス）。

安田信之助・利根川雄大（2017）「新潟県における産業の現状と施策展開について」『城西大学大学院研究年報　30 号』城西大学大学院経済学研究科，3 月，29-50 頁。

山口和雄（1951）「「明治 7 年　府縣物産表」の分析」『北海道大学経済学会　経済学研究 1』23-58 頁。

5 地域経済と地球環境

5.1 経済活動と環境問題

　21世紀は「環境の世紀」と呼ばれている。近年，地球温暖化やプラスチック海洋汚染などの地球環境問題は新聞やテレビ番組で取り上げられる回数が増え，注目を集めている。多国籍企業や上場企業では投資家やグリーンコンシューマと呼ばれる環境意識の高い消費者に対して，自社の環境保全の取り組みについて宣伝し，環境に配慮した製品開発に取り組む企業が増えている。1997年に一般発売されたハイブリッドカーはガソリン車よりも価格が高い車種であるのにも関わらず人気の車種であり，一般消費者に環境性能が評価され，販売台数は増加傾向にある。環境保全の取り組みは企業の利益に繋がっている。

　図Ⅲ-5-1に経済活動と環境問題の関係を示す。環境問題の原因は不適切な経済活動によって引き起こされる現象と捉えられている。環境学では生産側の環境問題を『資源の劣化』と呼び，消費側の環境問題を『環境汚染』と呼んでいる。『資源の劣化』とは，環境問題によって資源の利用が難しくなる状況のことである。ここでの資源とは自然界の天然資源のことであり，人間が都市で生活するために必要な水資源（河川），森林資源（森林），水産資源（河川，湖沼，海）及び大気を対象としている。さらに，景観や快適性などのサービスも資源に含める場合もある。人間が生活している人間界の規模が自然界と比べて小さい状況では，自然界から得られる天然資源は自然界により再生産されるため，資源の劣化は起こらずに，環境問題が人々に認識されず，経済活動と自然環境はバランスのとれた状態で推移する。都市の人口が増加し，人間界からの需要量が自然界からの供給量（再生産量）を超えた状態になると，資源の劣化は進んだ状態になる。天然資源が利用困難な状態になった段階で人々は「環境問

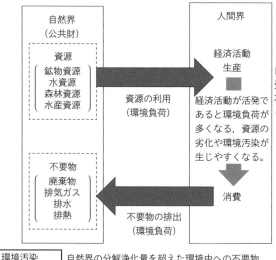

（出典）筆者作成。

図Ⅲ-5-1　経済活動と環境問題の関係

題」を認識する。このことは消費側の『環境汚染』についても同様に解釈することが出来る。人間界の不要物が自然界の浄化量を超えて放出され，自然界に不要物が蓄積し，健康被害が発生した段階で環境問題が人々に認識される。従って，環境問題は経済活動と，自然界から供給される資源の量，自然界に蓄積された不要物の量，都市の人口及び人間の環境に対する意識に関連性がある。

5.2　環境問題の変遷

　環境問題（公害）は工業化が進んだ18世紀後半の産業革命以降の都市問題と認識されていることが多い。しかし実際には古代ローマや古代ギリシャなどの古代都市においても環境問題は発生している。表Ⅲ-5-1に環境問題の変遷を示す。ここでは環境問題と都市インフラの整備について説明する。

表Ⅲ-5-1　環境問題の変遷

	環境問題の段階	汚染者	主な環境問題	主な環境対策
古代～	①衛生環境の確保	居住者	飲料水の確保，廃棄物・排泄物処理，伝染病の防止	上水道，下水道，ごみ焼却場など
18世紀後半～	②工業都市と公害	工場事業者	公害問題（水質汚濁，大気汚染）	汚染者負担の原則に基づく環境法の整備
19世紀～	③自動車と都市の広域化	自動車利用者など	都市の拡大，大気汚染	都市計画法の整備，自動車の規制，燃料の規制など
20世紀後半～	④地球環境問題	地球上の全人類	オゾン層の破壊，酸性雨，砂漠化，熱帯林の減少，海洋汚染，地球温暖化	国際的な防止対策（フロンガス規制，気候変動枠組条約など）

（出典）筆者作成。

5.2.1　衛生環境の確保

　これまでの世界中の都市は人口増加によって飲料水の確保や廃棄物処理，排泄物処理が課題になっている。この対策のために各種インフラの整備が進められる。飲料水では溜め池や井戸，水道施設などが建設され，廃棄物や排泄物処理では廃棄物処理施設，下水施設が整備される。インフラ整備が進むにつれて省資源及び資源循環の発想が生まれる。18世紀前半の江戸を振り返ると，100万人を超える世界有数規模の大都市であった。江戸は低湿地地帯であり，井戸水は海水が混入するため，利用が困難な地域であった。江戸の都市計画では初期段階で飲料水の確保が課題であった。そのため，近隣河川から飲料水を供給するために，江戸の六上水と呼ばれる上水道を整備している。また，江戸の排泄物処理には資源循環の仕組みが存在していた。庶民は排泄物回収業者に排泄物（肥料）を売り，都市から農村地域へ肥料を供給する仕組みがあった。江戸は先進的な都市であった。

　明治以降，貿易拡大に伴い海外から持ち込まれるコレラなどの感染症の対策は急務であった。感染症対策のために，明治政府は明治33年に日本で最初の環境法である汚物掃除法と下水道法を定めている。これらの法律は現行法へ引き継がれている。汚物掃除法は，土地所有者が汚物掃除を行い清潔に保つ義務があること，市町村は廃棄物収集の義務があることを定め，下水道法では下水道の整備は完全公共事業により整備することを定めている。法律の制定により，

国を挙げて下水道，廃棄処理場などの都市インフラが整備され，市民はインフラ整備によって得られる質の高い生活環境を享受し，都市インフラ整備費は市民の税金によって賄う社会システムが構築されていく。

経済学では，あらゆる人が利用できる財・サービスのことを公共財と呼ぶ[1]。都市インフラも公共財である。公共財は市場価格を払って財を消費する完全競争市場と異なり，財の非排除性と非競合性の2つの性質を持っている。排除性とは価格の設定などによってある人の財・サービスの消費を排除することが出来る性質のことであり，非排除性は誰もが排除されることなく自由に消費することが出来る性質のことである。競合性とは財・サービスの消費がある消費者に限定され他者が消費できない性質のことであり，非競合性とは同じ財・サービスを複数の消費者が同時に消費することが出来る性質のことである。

飲料水の確保は人が生きていくためには必要不可欠であり，飲料水は誰もが自由に使用できることが保証しなければならない資源である。このため，飲料水は非排除性にある財である。一方で伝染病予防対策のためには飲料水の水質管理は必要不可欠であり，その水質管理の費用は誰かが負担しなければならない。明治以前の都市では都市を管理する組織によって衛生環境が確保され，都市インフラは公共事業として整備されるようになった。

5.2.2　工業都市と公害

18世紀後半に始まった産業革命以降，工業都市が出現し，工業は急速に発展した。農村地域から工業都市へ労働者が流入し，さらに化石燃料の使用と工場生産量の拡大により，自然界の浄化作用を超えた有害物質を含む工場排水及び排気ガスが自然界へ放出された。公害問題の始まりである。自然界の河川水や大気は，非排除性と非競合性の性質がある公共財である。河川の水質を維持するためには，有害物質を含む工場排水を浄化する設備を工場に設置する必要がある。環境中に放出する有害汚染物質の処理は「汚染者負担の原則」に基づき，排出者自らが処理をすることが原則である。産業革命以前の家内制手工業の製造形態では工場は小規模で環境中に排出する不要物も少量であり，必ずしも工場が環境問題に取り組む必要はなかった。「汚染者負担の原則」は工場の生産形態が大規模化する過程で生まれた考えである。非排除性と非競合性の性

質を持つ公共財は，その性質上，費用を負担せずに消費することも可能であるため，勝手に消費される可能性がある。必要な費用を払わずに勝手に消費することをフリーライド（ただ乗り）という。河川の水質汚濁及び大気汚染は，汚染者が環境保全の費用を払わずに，勝手に消費した結果である。このため，公共財である河川や大気は，勝手に消費させないようにするため，国家は工場に対して排水や排ガスの排出量及び有害物質濃度の基準を設定し，工場の業種，生産量に応じて浄化設備の設置を義務付け，法律によって生産方法を規制している。

5.2.3　自動車と都市の広域化

　1886 年にゴットリープ・ダイムラーがガソリン自動車を発明した以降，自動車の普及と道路網の発達により，人々の移動時間は短縮化され，貨物の輸送量が増加し，移動の自由度は広がっている。自動車による移動時間の短縮は郊外地域の安価な土地を求めるきっかけになり，しだいに都市は拡大する。新たに開発された郊外地域の都市インフラは整備が求められるため，都市のインフラ整備費用は増加する。都市の拡大はさらなる都市の拡大につながる。現代の都市政策では交通計画は極めて重要なテーマである。

　自動車による環境問題をみると，1952 年 12 月に英国でロンドンスモッグ（London Smog Disasters）と呼ばれている亜硫酸ガスを含む排ガスにより，2 週間で 4,000 人を超える死者を出す大気汚染事故が発生している。このロンドンスモッグの原因は，家庭や工場による石炭燃料の利用と，都市交通を路面電車からディーゼルバスへ転換したことが原因とされている。同時期に米国のロサンゼルスでは 1947 年ごろから光化学スモッグによる大気汚染が問題になった。光化学スモッグは工場や自動車の排ガスに含まれる窒素酸化物と炭化水素が原因物質であり，大気中で日光の紫外線により光化学オキシダントが発生し，光化学オキシダントの強力な酸化作用により健康被害が生じる。大気汚染対策のため 1960 年代に英国と米国それぞれで大気浄化法が制定され，日本も 1962 年にばい煙規制法，1968 年に大気汚染防止法を施行している。

　現在，大気中の窒素酸化物，硫黄酸化物の対策は化石燃料中の硫黄分を除去したサルファフリー燃料の普及による対策，自動車の燃費規制，自動車排出ガ

ス規制などが取り組まれ，大気中の窒素酸化物，硫黄酸化物濃度は改善している。都市インフラの対策も進められ，交通渋滞が少ない道路網の整備や，自動車よりも環境負荷の小さい鉄道や乗り合いバスの整備なども取り組まれている。

5.3　都市の環境負荷低減

　国連人口基金（UNFPA）によると世界人口は2022年に約80億人に達し2050年には98億人に達するといわれている。一方，日本の人口は平成20年国勢調査による1億2,808万4千人をピークに減少し，地方都市は人口減少，少子高齢化の課題を抱えている。地方都市の人口減少は都市インフラ整備の面でも重要な課題である。人口減少に伴い，地方公共団体の税収は減少しており，地方公共交通や上下水道などの都市インフラは利用者数の減少によりサービスの維持が困難になっている。日本は高度経済成長期に多くの公共施設，道路，上下水道などの都市インフラが建設されている。財政状況の制約のもと，老朽化し耐用年数を超過した都市インフラの修繕を必要である。都市インフラの利便性の低下は地域の魅力低下につながり，さらなる人口減少を招く可能性がある。したがって，老朽化した都市インフラの修繕を進めるとともに，都市インフラの統廃合や長寿命化などの新たな対策が求められている。

　図Ⅲ-5-2は都市の人口密度と一人当たり自動車CO_2排出量の関係を示す。人口密度と環境負荷の関係は5.1節で述べているが，一人当たり自動車CO_2排出量をみると人口密度の高い都市は人口密度の低い都市よりも自動車のCO_2排出量は低い傾向にある。人口密度の高い大都市では都市が集約されており，鉄道やバスなどの公共交通は運行しやすく，公共交通の利便性は高い。大都市は公共交通分担率が高く，住民は自家用車よりもCO_2排出量が少ない公共交通を利用し移動している。一方，人口密度の低い小都市では電車やバスの路線および運行本数が限られる。公共交通の利便性が低く，自家用車に依存した生活になり，地方都市の公共交通分担率は大都市と比べて低い。住民はCO_2排出量が少ない公共交通よりも自家用車を選択するため，環境負荷は増加してしまう。人口減少は長期的にみると環境負荷を低減させる傾向になるが，短期的には人口減少に伴う交通状況の変化により環境負荷が増えることが指摘されている。人

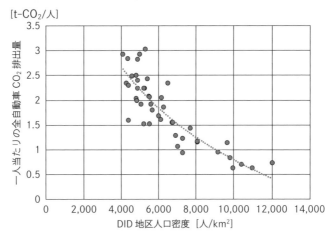

（出典）筆者作成。

図Ⅲ-5-2　市街化区域の人口密度と一人当たり自動車 CO_2 排出量の関係[2]

口減少による都市機能低下を防ぐためには，拡大した都市を再開発し，中心市街地に人口を集め，都市インフラを集約させるなどの，都市の再構築が必要になる。環境問題の話では，しばしば産業革命以前の生活に戻るといった極端な提案をする人がいる。現代社会において，産業革命以前の生活に戻すことはあり得ない。産業革命当時の乗り物は日本では舟運による輸送がメインであり，陸上の乗り物は権力者が使用する駕籠ぐらいであった。現在の社会経済システムでは舟運や駕籠をメインの交通手段にすることはありえない。またハイブリッドカーや太陽光発電などの環境技術だけで環境対策を行うことは困難である。私たち一人ひとりのライフスタイルの見直しが今後強く求められる。

5.4 地球規模の環境問題

　地球環境問題はこれまでの環境問題と異なり，人類の存続を脅かす大きな問題へと拡大している。地球環境問題にはオゾン層の破壊，酸性雨，砂漠化，熱帯林の減少，海洋汚染，地球温暖化などがあり，これらは1970年代から指摘されていた問題である。環境保全対策は一般に「汚染者負担の原則」に従い，汚染者自らが対策費用を捻出し，環境汚染対策を講じる。しかし，地球環境問題

は地球規模の環境問題であり，汚染者は地球上の全人類であるため，法律による規制は困難である。図Ⅲ-5-3 に人間の視野と地球環境問題の時間・空間スケールを示す。時間スケールは世代間の衡平性の問題（世代を超えて環境問題が引き継がれてしまう問題）と関係があり，水平距離スケールは地域間の衡平性の問題（地域や国を超えた環境問題）と関係がある。人間が日常生活において意識している時間スケールは大凡 3～5 年であり，空間スケールは 100～300 km 程度である。従来の環境問題は人間の視野に入っている現象であるため，原因解明と対策がイメージしやすく，都市インフラと法律の整備により環境保全対策を進めることが可能である。また，有害汚染物質の排出者の特定も比較的容易に行うことができ，汚染者負担の原則に従って環境対策を進めることができる。しかし，地球温暖化などの地球規模の地球環境問題は我々人間の視野を遥かに越える現象であるため，地球環境問題の解決には最新の科学知識に基づき，人間が意識できる時間・空間スケールの活動に変換して，大量生産・大量消費・大量廃棄の社会経済システムを再評価し，環境負荷を減らす新たなライフスタイルの開発が求められる。

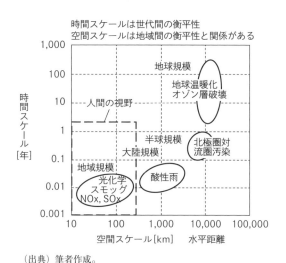

（出典）筆者作成。

図Ⅲ-5-3　人間の視野と地球環境問題の時間・空間スケール[3]

5.5　気候変動と脱炭素化

5.5.1　温室効果ガスによる気候変動

　1850年代に産業革命が始まって以来，人類社会は経済，エネルギーシステム，交通，インフラ，消費行動を劇的に変化させ，化石燃料（石炭，石油，天然ガス）がエネルギーの主要な供給源となった。温室効果ガスは大気のごく一部を占めるに過ぎないが，地球の熱が宇宙空間に逃げる前にその一部を閉じ込め，温室効果をもたらしている。

　1750年から2021年までの土地利用変化によるものを除いたCO_2の世界累積排出総量は，1,736ギガトンに相当すると推定されるが，そのほぼ半分（46%）は石炭によるものである。温室効果ガス排出による世界平均気温の変化は，累積CO_2排出量の推移と密接に関連している（図Ⅲ-5-4）。

　世界気象機関（WMO）と国連環境計画（UNEP）によって1988年に設立された気候変動に関する政府間パネル（IPCC）では，人為的な気候変動の科学的

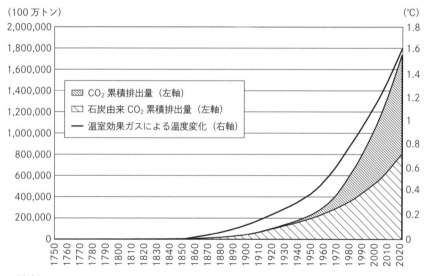

（出典）Hannah, R, et al, 2020.

図Ⅲ-5-4　世界の二酸化炭素累積排出量と世界平均気温の変化

根拠とリスク，その潜在的な影響，適応と緩和の選択肢に関して，科学的，技術的，社会経済的情報を評価している。

最新の第6次評価報告書（AR6）によれば，温室効果ガスの排出を中心とする人間活動が地球温暖化を引き起こしたことが示されており，2011〜2020年の地球表面温度は1850〜1900年を1.1℃上回り，既に大気中に蓄積済みの温室効果ガスによって短期的（2021〜2040年）に温暖化の進行が続くうえ，現在の国際的対応の下でも，2100年までに地球は2.8℃温暖化する可能性がある（IPCC，2023年）とされている。

人為的な気候変動は，すでに世界中のあらゆる地域で，多くの異常気象をもたらしており，自然や人間に広範な悪影響を及ぼして，さまざまな損害をもたらしている。温暖化の進行に伴って，これらの損害は拡大するだろう。従って，より野心的な緩和策を推進することと並行して，各国は気候変動に対する強力な適応策を講じる必要がある。

5.5.2　温室効果ガス削減への国際的対応

1970年代から1980年代にかけて気候動向に関する広範な科学的研究が行われた後，1992年にUNFCCC（気候変動枠組条約）が採択され，気候変動に対する国際的な政治的対応が始まった。この条約は1994年に発効し，ほぼ全世界が加盟している。この条約の究極の目的は，気候システムに対して危険な人為的干渉を及ぼすこととならない水準で，大気中の温室効果ガス濃度の安定化を達成することである。

この条約を批准した国を締約国（Parties）と呼ぶ。締約国は大きく2つのグループに分けられる。1つは，附属書I締約国で，歴史的に温室効果ガスの累積排出量の大部分の原因となってきた先進工業国である。その他の国々，すなわち非附属書I締約国は発展途上国であり，累積排出量に対する責任はより小さい[4]。

条約の実施状況は，国連の5つの地域グループが交代で主催する年次締約国会議（COP）で検討される。UNFCCCの常設事務局は1996年に設立され，ドイツのボンに置かれている。政府間組織（IGO）や非政府組織（NGO）は，オブザーバー資格を取得すれば，会議に代表団を派遣することができる。

　京都議定書は，1997 年に京都で開催された第 3 回締約国会議（COP3）で合意され，2005 年に発効した。京都議定書は，附属書Ⅰ締約国に対して法的拘束力のある排出量目標を設定した。そこでは，2008 年から 2012 年までの第一約束期間には，温室効果ガスの総排出量を 1990 年比で少なくとも 5％削減し，2013 年から 2020 年までの第二約束期間には，1990 年比で少なくとも 18％削減することになっていた。京都議定書の下では，非附属書Ⅰ締約国には法的拘束力のある排出削減目標はなかった。

　2015 年，パリで開催された COP21 で，締約国は気候変動に関する法的拘束力のある国際条約として，パリ協定を採択した。パリ協定は 2016 年に発効し，2020 年以降は京都議定書に取って代わった。パリ協定の主な目標は，「世界の平均気温の上昇を産業革命前と比べて 2℃より十分低く保つとともに，1.5℃に抑える努力を追求する」ことである（パリ協定第 2 条）。

　パリ協定の各締約国は，2020 年以降の削減目標とそのための国内措置を示した「国が決定する貢献（NDC）」を作成，提出，維持することが求められている。NDC は，パリ協定および気候変動目標の達成努力の中核をなすものである。

5.5.3　脱炭素社会への国際協力

　大気中の CO_2 の寿命が長く，何世紀も何千年も残ることを考えると，温室効果ガス濃度を何らかのレベルで安定させるには，世界の CO_2 排出量を現在の水準から大幅に削減する必要がある。パリ協定の目標は，二酸化炭素の大気中濃度を 450 ppm 以下に安定化させることを求めており，世界はこの限界に急速に近づいている[5]。そのため，世界の炭素排出量を 2030 年までに現在のレベルから 43％以上減少させ，2050 年までにネット・ゼロ（森林や土地利用による炭素吸収を考慮）にする必要がある。想定される温室効果ガス排出量レベルと要求される気候目標との間のギャップが拡大することは，目標が達成されないリスクが高くなることを意味し，2030 年以降に温暖化の影響の緩和のためのより多くの努力とコストが必要となる。

　ネット・ゼロまたはカーボン・ニュートラルとは，温室効果ガスの排出を可能な限りゼロに近づけ，それでも残る排出分を大気から回収している状態のこ

とである。ネット・ゼロを達成するには，脱炭素化の推進が必要である。脱炭素化には，エネルギーシステムや経済活動からのCO_2やその他の温室効果ガスの排出を削減または皆減する方策や，海洋，森林，直接二酸化炭素除去（CDR）[6] によって大気から回収する方策がある。CDR 技術は現在，コストが高く，経済的に実現不可能な場合がほとんどである。したがって，脱炭素化とネット・ゼロの達成には，技術的なブレークスルーが不可欠である。実際のところ，どの国も単独で地球温暖化防止目標を達成することはできず，個別の貢献にも限界があるので，脱炭素化とネット・ゼロの達成には包括的な国際協力が不可欠である。

5.6　環境対策への政策手段

　環境問題への対策には主にⅢ-5-2の4つの政策手段が取り組まれている。まず，健康に害を及ぼす物質の排出を抑制するためには規制的手段が採用されている。これは法律等で定められる基準に基づき物質の使用量・排出量を規制するアプローチである。一方で，レジ袋のように直接的に健康への悪影響が少な

表Ⅲ-5-2　環境対策への政策手段

手段	概要	事例
規制的手段	環境保全の基準を法律等で設定し，遵守しない者には罰則を科す方法	環境基本法環境基準（大気，騒音，水質，土壌，ダイオキシン類）など
経済的手段	①経済的賦課 　環境負荷を増やす行為に対して税や料金等を課す方法	環境税・ピグー税，ゴミの有料化，レジ袋の有料化 汚染者負担の原則
	②経済的便益 　環境保全行為に対して経済的利益をもたらす方法	所有権の設定，排出権取引，エコカー減税，エコポイント制度
情報的手段	環境問題への市民の理解を深めるため，正しい環境保全に関する情報の発信，地域環境に親しむ活動を紹介する方法	環境保全に関するイベントや環境教育など
行動インサイト	行動観察結果から心理的な傾向を利用し，それとなしにより良い方向へ導く方法。	電力検針票にメッセージをつけて節電を呼び掛ける活動など

（出典）筆者作成。

い物の使用量や排出制限に基づく規制的手段を実施することは難しい。たとえば世帯ごとに年間のレジ袋の購入量を制限することは難しい。このような対象に対して経済的手段は有効であり，レジ袋有料化によってレジ袋の国内流通量は減少している。

　最近注目されているアプローチに，情報的手段や人の行動に焦点を当てた取り組み（行動インサイト）が注目されている。これらの手段は比較的コストが低く抑えられ，市民が環境保全に対して積極的な役割を果たせる特徴がある。一方で規制的手段や経済的手段と比べて効果を得るまでに時間がかかる欠点がある。行動インサイトは近年行動経済学の研究成果を取り入れ，環境問題に新しいアプローチをもたらす方法として注目されている[7]。

【注】

1　公共財に関しては，第1部第5章を参照。
2　環境省運輸部門（自動車）CO_2 排出量推計データ・平成27（2015）年度推計値と平成27年国勢調査からの東京都を除く県庁所在地及び政令指定都市のデータを抽出し45都市の結果を示す。著者作成。
3　秋元（1990）とローマクラブレポートの図に基づき著者作成。
4　北米（25％）と欧州（33％）が CO_2 の累積排出量の58％を占め，中国は全体の12.7％を占めている（Hannah et al, 2020.）
5　マウナロア観測所での最近の測定では，CO_2 のレベルが423.28 ppm（2023年4月）と過去最高を記録した。
6　CCS（炭素回収・貯留），CCU（炭素回収・利用），DAC（直接空気回収）などである。
7　行動インサイトについては環境省日本版ナッジ・ユニット（BEST）（https://www.env.go.jp/earth/ondanka/nudge.html，2023年9月29日アクセス）を参照。省エネルギーやゴミ分別などの事例が紹介されている。

【参考文献】

IPCC（2023）, Summary for Policymakers. In: Climate Change 2023: Synthesis Report. Contribution of Working Groups I, II and III to the Sixth Assessment Report of the Intergovernmental Panel on Climate Change [Core Writing Team, H. Lee and J. Romero (eds.)]. IPCC, Geneva, Switzerland, pp. 1–34, doi: 10.59327/IPCC/AR6–9789291691647.001.

Meadows, Donella H. Meadows, Donnis L. and Jørgen Randers, William W. Behrens III (1972), *THE LIMITSTO GROWTH – A Report for The CLUB OF ROME'S Project on the Predicament of Mankind*.（大来佐武郎監訳『成長の限界—ローマ・クラブ「人類の危機」レポート』ダイヤモンド社，1972年，5頁。）

Ritchie, Hannah Roser Max and Pablo Rosado (2020), "CO_2 and Greenhouse Gas Emissions." Published online at OurWorldinData.org. Retrieved from: 'https://ourworldindata.org/co2-and-greenhouse-gas-emissions' [Online Resource].

秋元肇（1990）『地球汚染』『空気調和・衛生工学』第64巻，第9号，5-10頁。

環境省（2008）『平成 20 年版環境・循環型社会白書』69 頁。

環境省（2015）『図で見る環境白書・循環型社会白書・生物多様性白書（平成 27 年度版)』環境省，16 頁。

萩原清子編著，朝日ちさと・坂本麻衣子著（2008）『生活者からみた環境のマネジメント』昭和堂，58-68 頁。

樋口忠彦（1985）『グラフィックス・くらしと土木　都市』オーム社，52-77 頁。

藤倉良・藤倉まなみ（2016）『文系のための環境科学入門』新版，有斐閣，3-15 頁。

第IV部

情報・データを読む

1 経済統計の実像と虚像

1.1 全ての経済統計には意図がある

私たちが経済統計を学ぶ目的は，日本，地域，海外の人々や企業，政府による経済活動のこれまでの経緯と現状を，彼らが残した経済データに基づいて理解することである。IT技術の発展により，私たちは主要な経済統計データにオンラインで手軽にアクセスできるようになった。まずは第2節で紹介した利用方法を読み，経済統計とはどのようなものかを確認してほしい。

政府・公的機関によって公表されている経済統計は，日本各地域で家計や企業が日々行なっている経済活動を調査した結果の原データを，私たちの問題解決に役立つようにさまざまな形式で集計・加工されたものである。経済統計を読み解くにあたり，収録されているデータの形式について理解を深めておくことが大事である。なぜなら，データ形式は経済活動を眺める視点によって異なるからである。

ほとんどの経済統計は，経済活動を時間的推移の視点で明らかにする「時系列」データという形式で提供される。この場合，経済活動は1年，半期（6か月），四半期（3か月），1月，1日といった間隔で記録される。国の経済状況を知るための国内総生産（GDP）は代表的な時系列データである。時間を一時点に固定して，国，自治体，地域単位で集計した経済活動を比較できるような形式を「クロスセクション」データという。クロスセクションデータを一定の時間間隔で積み重ねると「パネル」データという形式になる。例えば経済成長の国際比較をする際には，対象国のGDPを一定期間記録したパネルデータが必要である。

経済統計を読み解くもう1つの視点は，価格や生産量といった値そのもの，すなわち「実数」の時間的推移を観察するか，それとも異なった時点間での比

較に重点があるかというものである。後者は「指数」という経済統計の重要な表現方法である。指数は基準となる時点（基準時）の経済活動の値と，他の時点における値の相対的な大きさを数値化したものである。代表的な例として，ニュースなどで「物価」と呼ばれている「消費者物価指数（CPI）」がある。例えば基準時のCPIを100として今年のCPIが101.9であるならば，物価は1.9%上昇したと知ることができる。

　実数や指数の形式で表現される経済統計の一部については，この物価の影響を考慮する必要がある。仮に所得が2倍になっても物価が2倍になっていては，勤労者が購買するモノやサービスの量は実質的に変わらないだろう。毎年の経済活動をその年の金額で表示したものを「名目値」という。その年のモノやサービスの量で表示したものを「実質値」という。実質値は金額表示の名目値を基準年の物価水準で除すことで得られる。厚生労働省が作成する「実質賃金指数」は，各月の賃金の名目値を基準年との相対的な値（指数）に変換し，これを物価水準で除すことで「各月の購入できる量」の指数を算出している。また，国の経済成長は国内で生産されたモノやサービスの総量の金額表示で測られるが，この目的のために各年のGDPの名目値から物価の影響を取り除いた「実質GDP」が用いられている。

1.2　経済統計の作られ方と利用方法

　経済統計は「統計調査」という調査によって，全国の家計や企業・事業所から原データを収集することから始まる。統計調査には2種類の方法がある。「全数調査」とは，経済活動に携わる全てに対して実施される統計調査である。日本の包括的な産業構造を明らかにする目的で全国の全ての事業所・企業を対象とした「経済センサス」（総務省・経済産業省）が代表的な例である。総務省「令和3年経済センサス―活動調査」によれば，企業数は約368万，事業所数は約515万も存在する[1]。これらの調査結果を記録・集計するためには莫大な費用と時間が必要である。それに対して「標本調査」とはより短い周期で統計データを公表することを目的として，一部の経済活動のデータのみを「標本」として収集し，統計データを作成する。上で紹介した消費者物価指数を算出するた

めの「小売物価統計調査」の価格調査では，全国167市町村から約28,000の小売店舗と事業所から，約550品目の商品やサービスの価格を調査している。

　現在では，このような統計調査を基礎に作成された統計データや統計資料をインターネットから入手するのが一般的である。以下に代表的なウェブサイトを紹介しよう。

- 総務省統計局「e-Stat（https://www.e-stat.go.jp）」：ここには省庁が作成した主要なデータが集結しており，このウェブサイトからデータを管轄する省庁の一次配布元まで辿り，詳細な内容説明を得ることも可能である。e-Statが提供する「統計ダッシュボード」ではオンラインで複数の統計データを操作し，出来上がった成果を数値データとしてダウンロードすることができる。

- 「地域経済分析システムRESAS」：日本の地域（都道府県・市区町村）のデータに関してはe-Statからも入手することができるが，多岐にわたる経済統計データの中から自分の知りたいことに関係するものを選定し，組み合わせて利用するのは結構な手間である。「RESAS」では，特に国内地域間の経済活動の関係について，人の動き・産業・企業活動・財政といったテーマでデータを入手したり，提供されているウェブインターフェイスのグラフ生成機能によって簡単な分析も行うことができる。

- OECD iLibrary（https://www.oecd-ilibrary.org）内に開設されている「OECD.stat」および「World Bank Open Data（https://data.worldbank.org）」：経済活動の国際的統計の入手先として代表的なウェブサイトである。

　その他，観光・特許といった特定の経済活動に関して国際機関が存在する場合には，これらのウェブサイトでデータを入手することが可能なことが多い。

　経済統計の利用に際して，注意すべき点を2つ挙げる。1つには，それが標本調査をもとに作成されたものであるならば，調査対象は誰か，調査項目に自分の関心が含まれているか，指数を使うならば基準年はいつなのかなど，利用している経済統計に対する正しい理解が必要である。不適切な経済統計を用いることで誤った認識が形成され，経済の虚像を眺めてしまうことになりかねない。

経済統計を入手したら，データを扱えるソフトウエアでその動きを考察することになる。留意すべき2つ目の点は，データとして現れている経済取引は需要サイドと供給サイドによってなされた結果であるということである。例えば経済学における市場分析の基本的な方法で説明されるように，財やサービスに対する需要と供給の変化要因として，価格の変動，またはそのときの社会状況や政策による需要曲線や供給曲線のシフトが挙げられる。その結果が経済統計に現れる取引量といった数値である。私たちが経済統計のデータの推移に対する理解を深めるためには，数値の裏に隠れた需要と供給の動き方について考察を行うことが必要である。

1.3　社会と経済の動きを読む

本節では，「世界・日本・地域」にまたがる経済統計の例として，「観光」というテーマを取り上げる。海外との関係でいえば，観光は輸出産業である。日本国内で生産された観光に関する財やサービスを，こちらが輸送費を負担する代わりに旅費を負担して訪日することで，外国人が消費を行うからである。そして，国際的には国の経済成長に今後大きく貢献し得る産業として注目されている[3]。ここでは観光産業の「宿泊」という経済活動，その需要サイドに焦点を当てる。

最近は全国の都市部や行楽地などで多数の外国人旅行者を目にすることがある。宿泊客数は年間を通してどのように推移しているだろうか。国内旅行客と訪日外国人旅行客（インバウンド）の宿泊時期と出発国の構成について，新潟県を事例として統計から詳細を調べてみよう。

図Ⅳ-1-1はRESASを情報ソースとし，観光を主目的とした宿泊客の延べ宿泊客数データをグラフで表したものである。点線で描かれている日本人宿泊客数の推移には，多くの国民が夏季休暇をとる8月に繁忙期があり，4月に閑散期がある。外国人宿泊客数の推移を見ると，1～2月に繁忙期がある。新潟県の観光に対する需要は，日本人と外国人で質的に異なっている可能性がある。外国人宿泊客数の推移で顕著なのは2016年以降の冬季宿泊客数が激増している点である。この理由を調べるために，国ごとの内訳を調べてみよう。RESAS

(注) 日本人宿泊者数の推移（点線）は左軸に，外国人宿泊者数の推移（実線）は右軸に対して描かれている。

(出典) RESAS（https://resas.go.jp/tourism-hotel-analysis/，2023 年 9 月 30 日アクセス）から筆者作成。

図IV-1-1　新潟県の宿泊者数（2016 年 1 月から 2023 年 7 月まで。延数）

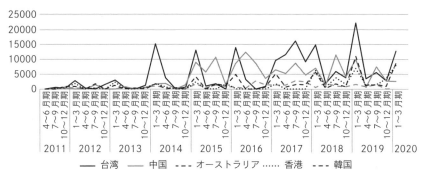

(出典) RESAS（https://resas.go.jp/tourism-hotel-analysis/，2023 年 9 月 30 日アクセス）から筆者作成。

図IV-1-2　新潟県の外国人宿泊客数の上位 5 か国の推移（2011 年第 2 四半期から 2020 年第 1 四半期まで）

のインターフェイスを操作してダウンロードした新潟県宿泊者数上位 5 か国の四半期データを Excel のグラフで表したのが図IV-1-2 である。台湾はおおむね第一四半期（1〜3 月）に集中して宿泊する傾向があり，中国と香港からの宿泊客は 2016 年から台湾と同じような宿泊パターンになっている。図IV-1-1 で2016 年から 1 月から 2 月にかけて外国人宿泊者数が大きく増えている理由の 1つは，これら 3 つの国と地域からの貢献が大きいと推察できる。

　観光の宿泊客数という経済統計から，以上のような需要サイドの特徴が明らかになった。特に2016年以降の中華圏の需要の増大を理解するには，航空路線の整備，日本の彼らに対するビザ発給条件の緩和措置，さらには春節（旧正月）といった需要曲線のシフトをもたらす社会的要因，または所得の増加により新潟県への旅行支出が容易になったという価格面の要因などが考えられる。この間，宿泊サービスの供給サイドはどのような対応をしていたのだろうか。興味のある方はこれらについてさらに分析を深めてほしい。

1.4　ビッグデータ時代の民間統計とその意図

　われわれが日々利用しているオンラインショップは，商品名と価格，そしてその商品に関する詳細な説明といった供給サイドの情報が記載されているだけでなく，それを既に購入した消費者のレビュー（口コミ）やおすすめ度を星の数で表すような，需要サイドの情報が利用できることも多い。商品情報と特定の商品に対する消費者の評価がダイレクトに分かるという点で，このようなウェブサイトは消費者行動に関する有益な情報を提供してくれている。残念なことに，個人や企業の経済活動に関する経済データが一般利用可能な統計として公表されることはめったにない。そこで，近年，主に「ウェブスクレイピング」というプログラミング手法でウェブサイトに表示されるデータを収集・蓄積し，これを経済統計データとして利用する経済研究も盛んに行われている。データの種類は多岐にわたり，しかもウェブサイト上のリアルタイムな変化に対応するために収集作業は持続的かつ頻繁に行う必要がある。その結果得られるデータは，サイズが巨大な「ビッグデータ」となる。官公庁が一般公開する経済統計との最大の違いは，特定の経済行動にフォーカスしたものであり，「オンラインミクロ個票データ」ともいうべき個人単位の極めて詳細なデータセットを作ることができる一方で，調査対象の選定から収集までを自力で行う必要があるということである。マサチューセッツ工科大学の Billion Dollars Project（BPP[4]）では，全世界の数十万種類の商品の小売価格を日々ウェブスクレイピングで収集し，オンライン価格による各国の消費者価格指数を作成するという試みが行われている。また，ホテルオーナーがオンライン口コミサイ

トで利用者になりすまし，自分のホテルに高評価を，ライバルホテルに低評価
をつける行動について分析するために，TripAdvisor や Expedia から口コミ
データを収集する海外の研究もある。

　ウェブスクレイピングによる「自家製経済統計」を作ることができなくて
も，世界中の個人や組織から提供されたデータが閲覧・利用できるオンライン
データアーカイブ，例えば「Kaggle」[5] には，これまで手軽に利用できなかった
個票レベルの社会・経済データが多数蓄積しており，個人や企業に関する経済
学理論を現実データによって検証するという用途に大いに活用できる可能性を
秘めている。

【注】

1　https://www.stat.go.jp/data/e-census/2021/kekka/pdf/k3_summary.pdf, 2023 年 9 月 30 日アク
　　セス。
2　https://www.stat.go.jp/data/kouri/doukou/qa-1.html, 2023 年 9 月 30 日アクセス。
3　Word Travel & Tourism Council によれば，2018 年の観光産業は世界全体の GDP の 10.4%，
　　サービス輸出全体の 30%を占め，世界の雇用の 10 人に 1 人が観光産業で雇用されている（日本銀
　　行経済統計研究会編 2000，1 頁）。
4　http://www.thebillionpricesproject.com, 2019 年 10 月 27 日アクセス。
5　https://www.kaggle.com/, 2019 年 10 月 27 日アクセス。

【参考文献】

World Travel & Tourism Council（2019）, *Travel & Tourism Economic Impact 2019*, https://www.
　　wttc.org/-/media/files/reports/economic-impact-research/regions-2019/world2019.pdf.
日本銀行経済統計研究会編（2000）『経済指標の見方・使い方』東洋経済新報社。

2 データによる統計分析

2.1 統計分析はもはや社会人の「身だしなみ」である

　ウェブや IT 技術の発展により，最近では私たちの行動はパソコンやスマホ端末を介してデータ化されている。例えばオンラインショッピングにおける品定めから購入決定の有無に至るまでの行動，人や車の動きの GPS 端末による追跡などである。世界中の人が考えていることは SNS への投稿とそれに対する他ユーザーの反応，製品レビューといったオンラインデータで知ることもでき，これらのデータはプライバシーの侵害がない範囲で利用することも可能である。このような「オンラインミクロ個票データ」の出現は，人間の経済行動についてさらに深い理解を提供するデータとなり得るのである。また，オンラインで顧客を獲得しようとする企業にとっても，このようなデータを活用しない手はないだろう。そこで必要となるのがこれらのデータから知見を見出だす統計分析のスキルである。このスキルが備われば，混沌とした社会や経済を見通す術を，その活動記録としてのデータによって得ることができる。企業や組織の実務家は，職場のコンピュータに眠っているデータを統計的に分析することで，これまで経験や勘に頼っていた事業への取り組み方に新しい方向性が見出せるかもしれない。

　ここでは「データを使った統計分析」に関する入門的理解を目的とするが，まずは理解してほしいのは，通常数値や文字で構成されるデータの数は莫大になることもあることである。莫大なデータを見通しよく整理し，手際良く内容を把握するための作業手順の基本的なところは，入門者から専門家や実務家に至るまで基本的に同じである。その方法を以下で説明する。

2.2 統計分析の2つの柱

2.2.1 データの特徴を捉える：記述統計

　データによる統計分析で私たちが最初に行うべきことは，収集したデータ全体の特徴を知るということであり，このための手法が統計学の柱の1つ「記述統計」である。記述統計では，まず「データの特徴が目で見て分かる」ようにデータを「集計」してグラフや表のようなかたちでまとめて表現することから始める。そして，データの特徴を端的に表す代表値を計算する。この計算方法にはさまざまなものがあるが，総称して「記述統計量」と呼んでいる。

　例として，厚生労働省が毎年実施する「国民生活基礎調査」の「世帯所得」を取り上げよう。全国約3万2千世帯を対象として，所得データが得られた約1万9千世帯の調査結果を図Ⅳ-2-1に示した。ここでは，世帯全体の所得データを「所得階級」という金額の区間でグループ化し，各グループに含まれる所得の個数を集計する。所得の値は世帯で細かな違いがあるが，より"粗い"階級ごとに集計することで，データ全体の特徴が明確になる。階級毎の集計値をデータの総数で割ると，階級に含まれる世帯の割合が得られる。これを相対度数分布と呼ぶ。世帯所得データ全体の特徴を，各所得階級に含まれる割合として知ることができるのである。図Ⅳ-2-1のように相対度数分布をグラフ化してみると，世帯所得の広がりや多くの世帯が属する所得階級が目で見て分かる。データをグラフによって視覚化することで，その特徴がさらに鮮明になることが多い。

　データの特徴を表やグラフで掴んだら，これを数字によって要約しよう。最も使われる記述統計量は，「平均」すなわち「データに含まれる各数値の総和を，データの個数で割ったもの」である。図Ⅳ-2-1では「545万7千円」である。「平均」は直感的にはデータに含まれる大きい値と小さい値のバランスを取った値であると考えてよい。図表Ⅳ-2-1では，400万円未満の世帯が約半数（46.9％）存在する一方で，1,500万円以上の高所得を得ている世帯も少なからず（3.7％）存在する。平均所得はこれらのバランスをとるために，最も多い所得階級より少し上に存在している。このように，「平均」は極端に離れたとこ

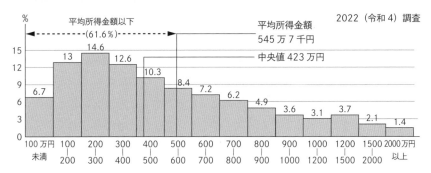

(出典) https://www.mhlw.go.jp/toukei/saikin/hw/k-tyosa/k-tyosa22/dl/03.pdf (2023年9月30日アクセス) 図9 (p.10) をベースに，筆者作成。

図Ⅳ-2-1　厚生労働省「令和4年度国民基礎生活調査・概要」

ろにある値の影響を受けやすいという性質がある。

　図Ⅳ-2-1 平均所得以下の家計は世帯の半数（50％）を大きく上回る割合（61.6％）で存在しているので，多くの国民は平均所得を過大に感じるだろう。データの特徴を表すもう1つの着眼点は，データのばらつき具合，すなわちデータの分布に注目するというものである。そのための記述統計量としてよく使われるのが，「中央値」と「最頻値」である。中央値とはデータを小さい順（昇順）または大きい順（降順）に並べたとき，中位（データの個数の50％の順位）に位置する値のことをいう。図Ⅳ-2-1 では中央値が423万円である。値の大きさから計算される平均と異なり，中央値は順序のみを考えるので，極端に大きい/小さい値の影響を受けないという性質がある。最頻値は，最も多くのデータが存在する区間として定義される。世帯所得の分布でいえば，「200万円以上300万円未満」が最頻値である。

　データのばらつき具合に関するもう1つ重要な記述統計量は「標準偏差」である。標準偏差の計算方法は，データの平均と個々の数値の差（偏差と呼ばれる）の二乗和の平均を計算した「分散」というもうひとつのばらつきに関する記述統計量を計算し，その平方根をとる。直感的には「データ全体の平均を中心として，個々の数値が散らばる平均的な範囲」である。この値が大きければデータはより広範囲に散らばっているという特徴がある。具体的に次の例を考えてみよう。2つのグループA，Bにテストを行った結果，ともに平均点は80

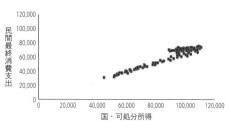

年	四半期	国民可処分所得	民間最終消費支出
1980	1月～3月	45,193	30,569
	4月～6月	51,923	31,448
	7月～9月	52,530	33,282
	10月～12月	61,138	36,948
:	:	:	:
2009	1月～3月	91,711	69,199
	4月～6月	89,365	70,137
	7月～9月	99,059	72,001
	10月～12月	92,947	69,350

（注）左に Excel に保存した 2 つの時系列データを，右にそれらの散布図を描いている。単位はいずれも 10 億円である。

（出典）内閣府「2009（平成 21）年度国民経済計算確報」(https://www.esri.cao.go.jp/jp/sna/data/data_list/kakuhou/files/h21/h21_kaku_top.html,2019 年 10 月 1 日アクセス）より筆者作成。

図Ⅳ-2-2　国民可処分所得と民間最終消費支出の散布図（1980 年から 2009 年，四半期）

点で，グループの得点データが次のようなものだったとする：

グループ A：[78，80，82]　グループ B：[60，80，100]

グループ A は平均点まわりに得点が密集しているのに対し，グループ B は出来不出来が相対的に大きいことが分かるだろう。標準偏差を計算すると，グループ A は 1.63，グループ B は 16.3 となり，グループ B の方が得点のばらつき方が大きいと分かる。

経済学では，複数の経済活動の時間的推移を観察して，それらの連動性の有無と程度を知りたいことが多い。図Ⅳ-2-2 は内閣府が算出している国民経済計算の中から，国民可処分所得と民間最終消費支出の 40 年分の四半期データを 2 列のデータとしてまとめたもので，日本国民全体が，自由に使えるお金のうちどの程度が消費に充てたかを時間を追って観察している。これらの所得と支出の推移の関係をグラフで表したのが右図であり，記述統計では「散布図」と呼ぶ。散布図を目視すれば，所得と支出にはおおむね右上がりの直線的な関係があることが分かる。

2 つのデータ系列の推移の直線的な関係性を把握することを，記述統計では「相関を調べる」という。一方のデータの値が大きいとき，他方のデータも大きい傾向にあるときは「正の相関がある」，他方のデータが小さい傾向にあるときは「負の相関がある」，特にそのような傾向がないときは「無相関である」と表現する。また，相関が直線的な関係であればそれだけ「相関は高い」と表

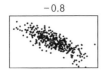 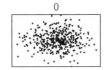

（注）各図の上部に相関係数の値が示されている。
（出典）筆者作成。

図Ⅳ-2-3　相関係数と散布図の関係

現する。これらの語法を用いれば，所得と支出のデータは「正の相関が高い」
ということができる。

　2つのデータの相関を調べるには図Ⅳ-2-2のような散布図を描くことが最初
のステップである。相関の符号や直線的関係の強さを数値として知りたい場合
には，「相関係数」という記述統計量を用いる。相関係数は−1から+1の間の
値をとり，完全な負の相関のとき−1，完全な正の相関のとき+1をとる。相関
係数の値が0に近いときは無相関，すなわち一方の動きに対して他方はバラバ
ラに動いている。図Ⅳ-2-3に相関係数の値と対応する散布図を示している。こ
の図から分かるように，相関係数はあくまで「直線的な関係の強さ」を明らか
にするものであり，右端図のような一定の関係がありそうだが直線的でない場
合には，無相関に近くなることに注意されたい。

　以上の説明をもとに，記述統計の基本的な作業の流れをまとめると次のよう
になる。データを入手したら，まずはそれを図や表の形で集計し，視覚的に
データの特徴をとらえる。次に平均，中央値，最頻値を用いてデータの特徴を
端的に表す「代表値」を求める。そして，データの平均周りのばらつきの程度
を把握する記述統計量「標準偏差」を求める。2つ以上のデータの間の相関関
係を知るためには，散布図と相関係数を用いる。なお，データを扱えるソフト
ウエアには，グラフ・表の作成を支援し，記述統計量をコマンド1つで計算し
てくれるものがほとんどである。例えばExcelでは平均を計算するための
Average関数，標準偏差を計算するためのSTDEVP関数，相対度数分布を作
成するための集計機能が備わっている。

2.2.2 一部のデータで全体を推測する：推測統計

　図Ⅳ-2-1 で紹介した 2018 年の「国民生活基礎調査」では 9 千世帯が世帯所得の調査対象である。日本の世帯数は，2018 年でおよそ 5,800 万世帯である。その一部のわずか 9 千世帯の調査を行う理由は何なのか。実はこの程度の世帯数でも十分な精度で全体の状況を推測することができる。この理論的基礎を与えるのが，統計分析の柱のもうひとつ，「推測統計」である。

　推測統計では，私たちがその性質を調べたい対象である“全体”を「母集団」と呼ぶ。世帯所得であれば日本の約 5,800 万の世帯である。時間や調査費用の関係からこれら母集団を調査するのは不可能なので，調査対象を一部分に限定する。この一部分のことを「標本（サンプル）」と呼ぶ。問題は，母集団のことを調べるために，どのように標本となる世帯や有権者を選べばよいのかということである。直感的に考えると，もし標本が母集団の内容をよく反映した「精巧なミニチュア」であれば，標本を調べれば母集団のことがかなり精確に分かるはずである。標本はこのアイディアのもとで収集されたものであり，具体的には「無作為抽出（ランダムサンプリング）」という手法によって行われる。無作為抽出はその名が示すとおり，特定の意図なく（作為なく）標本を母集団から収集する（抽出する）方法である。実際の調査時には，コンピュータを使って乱数という規則性のないでたらめな数字を発生させ，この数字を使って標本を選ぶという手法が一般的である。図Ⅳ-2-1 の世帯所得分布は右側に裾野が長い形をしている。これを構成する標本が無作為抽出で得られたものであるならば，日本の世帯全体の所得分布も同じ形状をしていることが期待できる。

　無作為抽出によって標本を得られたら，母集団の性質を推測する作業に入る。ここでは母集団の平均の推測に絞って説明しよう。まず，標本は精巧なミニチュアといえどもあくまで母集団のごく一部であり，得られたデータは今回の無作為抽出で「たまたま」得られたものであるという認識が必要である。この標本を使って計算した標本平均は，母集団の平均とぴったり一致する保証はない。では，どのように母集団の平均を推測すればよいのだろうか。

　推測統計では，この問いに対して「中心極限定理」という数学定理によって解決策を教えてくれる。標本サイズを n，データの総和を n で割った標本平均を m とする。母集団の平均を μ（ミュー），標準偏差を σ（シグマ）とすると，

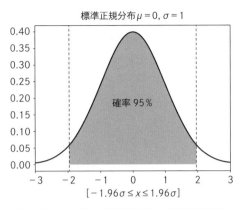

図Ⅳ-2-4　平均0，標準偏差が1の標準正規分布

中心極限定理は「標本平均 m は，平均 μ，標準偏差 $\sigma/\sqrt{n}$ の正規分布に従う」という内容である。正規分布とは推測統計で最もよく使われる「統計分布」のひとつで，図Ⅳ-2-4に示すように平均に関して左右対称な釣鐘型の形をしている。「標本平均が正規分布に従う」という文言は，仮に私たちが無作為抽出を繰り返して何度も標本平均を計算することができるならば，その値が特定の区間に現れる確率は正規分布の数学的性質を利用して計算できるということである。

　中心極限定理は統計学で最も重要な結果のひとつであり，その意味するところを実感するために，この定理の内容をコンピュータシミュレーションによって再現してみよう。図Ⅳ-2-5の左図では，世帯所得の平均が550万円，標準偏差が220万円の5,800万世帯の母集団の所得データをパソコンで人工的に生成している。母集団の分布は図Ⅳ-2-1の世帯所得分布に似せてある。この母集団から無作為抽出により標本世帯を得て，その標本平均を計算するという作業をコンピュータに5,000回繰り返してもらう。その結果が図Ⅳ-2-5の中央図と右図である。それぞれ標本サイズが90，9,000のときの標本平均の分布と，中心極限定理が示す正規分布が描かれている。この定理が教えるように，2つの図ともに母集団の平均550万を中心に標本平均が分布している。正規分布の形状は標本サイズが90のときは平べったく，標本サイズが9,000のときは母集団の平均の回りに集中している。後者では，標本平均の値は母集団の平均とほぼ同

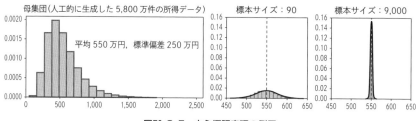

図IV-2-5　中心極限定理の例示

じになるケースがほとんどである。標本サイズが増えれば推測の精度が高くなることは，統計学のもうひとつの重要な定理「大数の法則」として知られている。

さて，図IV-2-4 にあるように，正規分布には「平均回りのばらつきの尺度である標準偏差×±1.96 の範囲に全体の95％が含まれる」という数学的性質が知られている。この性質と中心極限定理の内容から，母集団平均を95％の確率で含むことのできる範囲「標本平均$\pm 1.96 \times \dfrac{\sigma}{\sqrt{n}}$」を定義できる。この範囲を「95％信頼区間」と呼び，推測統計の目標となる。すなわち，私たちが無作為抽出で得た標本の平均 m からこの範囲を作ると，95％の確率で母集団平均を含んでいるのである。区間を構成する項$\dfrac{\sigma}{\sqrt{n}}$は「標準誤差」と呼ばれる。標本サイズ n を増やせば標準誤差は小さくなることから，推測の精度を表す指標と考える。$\sigma = 250$，$n = 9{,}000$ のとき $1.96 \times$標準誤差の大きさは5.17（万円）である。母集団平均は550万円なので，推測ではおよそ±1％の誤差を認めている。以上より，9,000世帯の所得の平均を計算した値は，95％の確率で±1％の誤差をもって5,800万の母集団の平均を推測していることになる。

現実社会では，母集団のばらつきの程度（標準偏差）が既知であるケースはほぼない。しかしながら，その場合の推測の方法は確立されており，しかも上の例と作業内容はほぼ同一である。

このように，推測統計では無作為抽出で得た標本に対して，正規分布をはじめとする数学的性質がよく知られた統計分布を活用することによって母集団の性質を推測するというのが一般的な流れである。

　データを用いた統計分析の手法は多岐にわたり，その理論的基礎を学ぶ比較的高度な数学を使うこともある。しかしながら，実際の分析では細かい計算はソフトウエアに大部分を任せ，私たち人間はソフトウエアの計算結果を読み解くという分業体制をとる。問題解決の具体的なケースに応じた読み解き方にさらに関心がある方は，例えば栗原・丸山（2017），東京大学教養学部統計学教室編（2018）を参考にされたい。

【参考文献】

栗原伸一・丸山敦史共著，ジーグレイプ制作（2017）『統計学図鑑』オーム社。
東京大学教養学部統計学教室編（2018）『統計学入門（第40刷）』東京大学出版会。

3　統計解析ソフトの使い方

3.1　統計解析ソフトとは

　統計学は，一部のデータ（標本）から全体のデータ（母集団）を推測したり，集めた観測データから全体のデータの性質を推測したりする方法を体系化したものである。実際のデータに統計学を適用し推測を行うには，数学的な処理が必要である。統計解析ソフトは，必要な数学的な処理を予めプログラムし，コンピュータを用いて，簡易に分析できるようにしたアプリケーションソフトウェアである。この節では，統計学の解説にはあまり触れず，主に統計解析ソフトを利用する際の全体的な作業の手順を紹介することとする。

3.2　経済学で利用される主な統計解析ソフト

　研究分野によって統計分析手法が異なるため，分析手法を使い易いように，機能を充実させた統計解析ソフトはさまざまなものがある。経済学の分野でよく利用される統計解析ソフトは，STATA（ステータ，スタータ），Rなどである。近年，利用が増えてきているものとしては，Pythonがある。初学者は，導入費用や習得する難易度，将来性などの情報をもとに，統計解析ソフトを選択すると思われるので，まず，これらのソフトについて特徴を述べることとする。

（1）　STATA（ステータ，スタータ）
　STATA社が開発し，幅広い分析手法が提供されている有償のソフトウェアである。学生版が3万円程度で販売されている。STATAはマウスで行いたい作業を選択するGUI（グラフィックユーザインタフェース）でも操作できるため，ソフトウェア固有の命令文（コマンド）を覚えなくとも，利用することが

できる。その点では，初学者にとって始めやすいソフトウェアである。ただし，他のソフトウェアと組合せて利用することが難しく，例えばインターネット上にあるデータを機械的に取得する（Webスクレイピング）などを行うには別のソフトウェアで行う必要がある。

(2)　R

　Rは統計解析に特化したオープンソースのプログラミング言語である。オープンソース・ソフトウェアで提供されているため，無料で使用できる。Rはグラフ描画に優れており，統計分析の機能も有償のものと遜色がなく，経済学以外の研究分野でも多く利用されている。また，拡張性に優れており，他のソフトウェアと組合せて使用することができる。研究者が開発した分析方法がプログラミングソースのまま公表されることも多く，最先端の技術を簡単に試すことができることも利点である。ただし，R（プログラミング言語）を覚える必要があり，プログラミングの経験がない人にとっては，少し難しく感じるかもしれない。

(3)　Python

　Pythonは文法がシンプルで読みやすい，オープンソースのプログラミング言語である。統計解析を目的として開発された言語ではないので，汎用性が高い言語である。そのため，Pythonは統計解析ソフトには分類されないが，Pythonは統計解析用の追加の機能（ライブラリ）が充実している。統計解析用のライブラリを導入することで統計解析ソフトと同等の機能が利用できる。機械学習を中心としたデータサイエンスの分野でPythonを用いた研究開発が進められており，そのライブラリも提供されることも多く，最先端の技術を簡単に試すことができる。機械学習などに興味がある人が，初めに習得するものとしては，Pythonはよい言語である。Rと同様に，Python（プログラミング言語）を習得する必要はあるが，Rに比べると初学者が習得しやすい言語になっている。

3.3　統計解析ソフトの使い方

　ここでは統計学や計量経済学の内容にはあまり触れず，統計解析ソフトを用いた分析で共通して行う全体的な手順について，R を例として紹介する。

3.3.1　データ処理とデータの読み込み

　データを用いた分析（実証研究）において，最も重要なことの１つが，研究テーマに関するデータを入手できることである。国や県などのマクロデータは，総務省が提供する「e-stat（政府統計の窓口）」などから，入手できる場合があるが，個人や企業などに関するミクロデータの入手は一般的に困難である。分析対象を決定する際には，データが入手可能かを考慮することも重要である。

　さて，分析対象に関する電子データが得られたとする。最初に行うのは，分析方法に沿った様式にデータセットを作成することである。データセットとは，分析に利用するデータのまとまりである。統計解析ソフトおよび分析方法によりデータセットの様式が決まっているので，利用する統計解析ソフトのマニュアルを確認し，様式に合わせ作成する。R や Python はファイル操作も行えるので，プログラム言語に慣れている人はデータを読み込んでからデータセットを作成を行う。STATA では，大幅な変更が必要なときは Excel などを利用したほうが比較的容易に整理できる。作成したデータセットは txt や csv など多くのソフトウェアに対応したファイル形式で保存を行う。表IV-3-1 は，識別番号（id），性別（sex），体重（weight），身長（height），のデータが入った「test」という名の csv 形式ファイルを Excel で表示した例である。

　データセットの整理ができたら，統計解析ソフトに読み込ませる。R の場合，csv ファイルを読み込むには次のコマンドを入力し，実行する。

```
x <- read.csv("C:/Users/***/***/test.csv", header = TRUE)
```

このコマンドは，データセットの１列目に列名（変数名）がある場合に，変数「x」に，「C:/Users/***/***」に保存されたファイル「test.csv」のデータを代入することを意味する。read.csv（）の中に書かれた「test.csv」や「header

表IV-3-1　test.csv

	A	B	C	D
1	ID	sex	weight	height
2	1	F	46.7	153.7
3	2	F	40.6	163.1
4	3	M	80.9	179.5
5	4	M	64.9	170.9
6	5	M	86.8	178.4
7	6	M	68.3	166.7
8	7	M	61.8	167.6
9	8	M	75.7	173.3
10	9	M	70.7	172.2

（出典）筆者作成。

表IV-3-2　データセットのR上での確認

```
> x
   ID sex weight height d_sex height_F
1   1  F    46.7  153.7     1    153.7
2   2  F    40.6  163.1     1    163.1
3   3  M    80.9  179.5     0      0.0
4   4  M    64.9  170.9     0      0.0
5   5  M    86.8  178.4     0      0.0
6   6  M    68.3  166.7     0      0.0
7   7  M    61.8  167.6     0      0.0
8   8  M    75.7  173.3     0      0.0
9   9  M    70.7  172.2     0      0.0
10 10  M    61.9  165.3     0      0.0
```

（出典）筆者作成。

＝TRUE」は引数と言い，コマンドの関数ごとに決まっている。ここで，次の「3.3.2　モデルへの適用」で用いるので，性別からF（女性）なら1，M（男性）なら0である「d_sex」（ダミー変数），女性と身長「height_F」，を作成し，R上で確認を行う。（表IV-3-2参照）。

　データセットの準備ができたら，記述統計などでデータの大まかな傾向を確認する。記述統計は，平均や最大値や最小値，ちらばり具合（標準偏差）など，簡易的なデータが示す傾向や性質を把握するための方法である（表IV-3-3参照）。また，極端に値が大きいなど「外れ値」を確認し，データの入力ミスなどの「異常値」であると判断できる場合は，修正または分析対象外とする。

表Ⅳ-3-3　Rのpsychパッケージを利用した記述統計

```
> describe(x)
         vars   n    mean    sd median trimmed    mad   min   max range  skew kurtosis   se
ID          1 200  100.50 57.88  100.5  100.50  74.13   1.0 200.0 199.0  0.00    -1.22 4.09
sex*        2 200    1.50  0.50    1.5    1.50   0.74   1.0   2.0   1.0  0.00    -2.01 0.04
weight      3 200   65.60 13.44   68.0   66.22  13.64  33.5  90.7  57.2 -0.42    -0.73 0.95
height      4 200  164.75  8.40  165.0  164.62   8.75 150.4 179.8  29.4  0.08    -0.96 0.59
d_sex       5 200    0.50  0.50    0.5    0.50   0.74   0.0   1.0   1.0  0.00    -2.01 0.04
height_F    6 200   78.84 79.09   75.2   78.16 111.49   0.0 164.9 164.9  0.00    -2.00 5.59
```

（出典）筆者作成。

3.3.2　モデルへの適用

　分析方法として最小二乗法による回帰分析を用いて，先ほど示したデータセットのモデルへの適用を考えることにする。回帰分析は，経済学のみならず他の研究分野でも頻繁に用いられる統計解析の基本となる分析方法の1つである。まず，体重を身長と性別で説明することとし，次のモデル(i)を考えることにする。

$$\text{weight}_{id} = \alpha + \beta_1\,\text{height}_{id} + \beta_2\,\text{d\_sex}_{id} + e_{id} \qquad\text{(i)}$$

　このモデルは，個々人の体重と身長は比例関係にあり，女性と男性は同じ身長であれば一定の体重の差があるというものである。ここで，体重を身長で説明するモデルあるため，計量経済学では，体重を「被説明変数」，身長を「説明変数」と呼ぶ。e_{id} は身長や性別では説明できない，食習慣や運動習慣など，体重を決定するその他すべの観測できない要因で「誤差項」と呼ぶ。この分析では，このモデルが正しいと仮定したときに，「誤差項の二乗の総和」を最小にするように係数 α, β_1, β_2 を求める。なお，Rでの最小二乗法による回帰分析を行うには，次のコマンドを入力する。

result <- lm(weight~height + d_sex, data = x)

　このコマンドは，「result」という変数に，体重を身長と性別で回帰分析を行った結果を代入することを意味する。この分析結果を解釈する前に，モデルが正しいかどうか，2つの観点から見る必要がある。1つ目は，モデルの変数選択である。このモデルは，体重を説明する変数として身長と性別を用いているが，女性と男性とで，体重と身長との比例関係に違いがある可能性がある。違いがある場合，次のようなモデル(ii)などが考えられる。

$$\text{weight}_{id} = \alpha + \beta_1\,\text{height}_{id} + \beta_2\,\text{height\_F}_{id} + \beta_3\,\text{d\_sex}_{id} + e_{id} \qquad\text{(ii)}$$

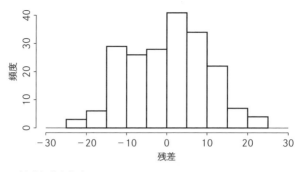

（出典）筆者作成。

図Ⅳ-3-1　ヒストグラム

　この例では，説明変数が3つしかないが，より多くの説明変数を試行する場合，一般的に経済学では，ベースとなるモデルに1つずつ変数を追加・除外し，「説明力」の比較を行う。具体的な方法については，次の「3.3.3　分析結果とその解釈」で説明する。

　2つ目は，分析方法の条件を満たしているかである。最小二乗法による回帰分析では，「誤差項」に不偏性，等分散性，独立性，正規性などを仮定する。例えば，正規性の仮定を満たしているか見るためには，被説明変数の観測値と分析結果から得られた推定値との差（残差）の確認が必要である。例としてモデル(ⅰ)の残差のヒストグラムを見ることにする（図Ⅳ-3-1参照）。このときの残差 ε_{id} は次式から求められる。

$$\varepsilon_{id} = \text{weight}_{id} - \hat{\alpha} - \hat{\beta}_1 \, \text{height}_{id} - \hat{\beta}_2 \, \text{d\_sex}_{id}$$

　ここで，$\hat{\alpha}$, $\hat{\beta}_1$, $\hat{\beta}_2$ は，回帰分析で求められた値である。求められた残差のヒストグラムが正規分布とみなすことができなければ，「誤差項」の正規性が満たされておらず，モデルに何等かの問題があると考えられる。この他にも，残差と説明変数・被説明変数の散布図を確認するなど幾つか確認を行う必要がある。

3.3.3　分析結果とその解釈

　モデルの分析結果をみるために，Rではコマンド $\boxed{\text{summary（変数）}}$ を入力する。( ) 内の変数は回帰分析を行った結果を代入したものを指定する。この

コマンドは，変数 result に入力された分析結果の要約を出力させるものである。表Ⅳ-3-4 はモデル（ⅰ）の分析結果の要約，表Ⅳ-3-5 はモデル（ⅱ）の分析結果の要約である。

分析結果の要約で見るべき項目は，まず，Coefficients にある係数 α，β_1，β_2 などの推定値（Estimate）および検定結果である。検定結果は，推定値が 0 で

表Ⅳ-3-4　モデル(i)の分析結果の要約

```
> summary(result)

Call:
lm(formula = weight ~ height + d_sex, data = x)

Residuals:
     Min      1Q   Median      3Q     Max
-23.3714  -7.6826   0.3202  7.1759  24.3712

Coefficients:
            Estimate Std. Error t value Pr(>|t|)
(Intercept)   6.9408    26.5235   0.262   0.7938
height        0.3940     0.1543   2.554   0.0114 *
d_sex       -12.4894     2.5866  -4.829 2.76e-06 ***
---
Signif. codes:  0 '***' 0.001 '**' 0.01 '*' 0.05 '.' 0.1 ' ' 1

Residual standard error: 9.823 on 197 degrees of freedom
Multiple R-squared:  0.4712,    Adjusted R-squared:  0.4659
F-statistic: 87.79 on 2 and 197 DF,  p-value: < 2.2e-16
```

（出典）筆者作成。

表Ⅳ-3-5　モデル(ii)の分析結果の要約

```
> summary(result2)

Call:
lm(formula = weight ~ height + height_F + d_sex, data = x)

Residuals:
     Min      1Q   Median      3Q     Max
-24.0601  -7.1505  -0.6077  7.8237  26.0815

Coefficients:
             Estimate Std. Error t value Pr(>|t|)
(Intercept) -97.9531    34.6050  -2.831  0.00513 **
height        1.0045     0.2013   4.989 1.33e-06 ***
height_F     -1.3155     0.2955  -4.451 1.43e-05 ***
d_sex       203.5617    48.6012   4.188 4.24e-05 ***
---
Signif. codes:  0 '***' 0.001 '**' 0.01 '*' 0.05 '.' 0.1 ' ' 1

Residual standard error: 9.385 on 196 degrees of freedom
Multiple R-squared:  0.5198,    Adjusted R-squared:  0.5124
F-statistic: 70.72 on 3 and 196 DF,  p-value: < 2.2e-16
```

（出典）筆者作成。

はない確からしさを表すt検定の結果を示している。Pr(>|t|) の隣にある「*」は，推定値の「確からしさ」の目安として0.1%，1%，5%水準をそれぞれ「***」,「**」,「*」で示しており，「*」の場合「5%水準で有意である」と表現したりする。次に，Multiple R-squared と Adjusted R-squared が重要となる。R-squared は推定したモデルが，被説明変数をどれだけ説明できているか，当てはまりのよさを見る指標である。2つの種類が表示されているが，R-squared は説明変数の数や標本が大きいほど当てはまりがよくなる性質がある。そのため，説明変数が増加したり，標本が大きくなったりした場合でも比較できるよう調整したものが，Adjusted R-squared である。表Ⅳ-3-4 と表Ⅳ-3-5 の Adjusted R-squared を比較すると，モデル(ii)の値が大きくなっており，説明力が大きいことがわかる。このケースでは，t検定の結果から見ても，数値が改善されているので，モデル(ii)を採用したほうがよいと考えられる。

3.4　おわりに．―正しく使うために―

これまで見てきたとおり，統計解析ソフトを利用するだけであれば，比較的容易に習得することができ，何かしらの結果を得ることができる。しかし，基本となる最小二乗法の回帰分析でも，確認すべき項目は多くあり，より複雑な分析手法やモデルになれば，確認すべき項目も増える。また，経済学が扱う経済・社会の状況や人の行動に関するデータは，互いに関連し独立性を確かめることが難しく，分析者の判断に委ねられる場合がある。どのデータを変数として用いるか，どのモデルを使い分析を行うかを知る1つの手がかりとして，先人により行われてきた研究から学ぶことが重要となる。正しい分析結果を得るには，統計学に関する知識を習得するとともに，経済学に関する理論的研究，データを用いた実証研究の研究成果を理解できる基礎的な力を身に着けることが重要である。

【参考文献】
兼子毅（2011）『Rで学ぶ多変量解析』日科技連出版社。
松村優哉ほか（2018）『Rユーザのための RStudio［実践］入門』技術評論社。
山本勲（2015）『実証分析のための計量経済学』中央経済社。

4 データサイエンスとビックデータ

　ここでは，データサイエンス（Data Science）とはどのような科学なのかを示し，コンピュータとインターネットを介して集められているビックデータとの関係をひも解いてみたい。データサイエンスとは，文字通りデータを対象とする科学であり，その背景としてコンピュータの高速化・高性能化とインターネットの爆発的な普及がある。このことは皆さんが便利なスマートフォンを一日中手放さず活用していることに関連している。スマートフォンは，言うまでも無く高性能な携帯型コンピュータであり，常にネットワーク（インターネット）に接続した状態で使われている。ほとんどの日本人はスマートフォンを持つようになったが，この状況はほんの15年ほどの間に起こったことである。このことがデータサイエンスという科学が生まれ，その重要性が認識されるようになった1つの理由でもある。

4.1　コンピュータとは

　データサイエンスを理解するためには，最低限のコンピュータ知識が必要となる。コンピュータの種類としては，スマートフォン，PC，業務用コンピュータ（サーバーと呼ばれる），他の機器に装着して使われるマイクロコンピュータ（マイコンと呼ばれる）がある。コンピュータを構成する基本的な部分は，マザーボード（基盤）と呼ばれており，さまざまな電子機器（デバイス）を装着できるようになった電気配線が施された板状のもの（半導体ではない）である。マザーボードには，必要な半導体装置（半導体チップ）が差し込まれ，さらにはキーボード，マウス，ディスプレーなどの装置を繋ぐコードを差し込めるコンセントのような差込口がある。

　半導体装置には，CPU（Central Processing Unit：中央演算処理装置）と呼

ばれるコンピュータの心臓部とも言うべき演算を司るデバイス，CPU に直結した一時的な記憶装置としての半導体メモリー，データを保存しておく記憶装置（ストレージとも呼ばれ，今はほとんど半導体で作られている），外部との通信を司るネットワーク・インターフェース・カードと呼ばれる半導体装置がある。

　ここに列挙した半導体装置はどれもトランジスターと呼ばれるスイッチとそのスイッチを繋ぐ配線の集合体である。トランジスターも配線も純粋な単結晶シリコン上に微細な構造として作り込まれている。例えば，現在使われている CPU には，このようなトランジスター（スイッチ機能を持つ）が100億以上も作り込まれている。8 GB のメモリーであれば，0 または 1 の情報を保持するための数個のトランジスターから構成される領域を 640 億も有している。これが電子機器として見たコンピュータである。

　このような電子機器を動かすためには，さまざまなソフトウェアが必要となるが，それらは全て記憶装置にファイルとして置かれている。ファイルの中身は 0 と 1 の列であり，ファイルはプログラムまたはデータのどちらかである。

　プログラムには，その機能に応じてたくさんの種類があるが，まずはコンピュータ（電子機器）を動かすための機械制御機能を持つ OS（Operating System）と呼ばれるプログラムがあり，この OS の制御下でユーザーが作成したプログラムが動き，データを読み込み，データを処理し，最後にデータの書き出しが行われる。プログラムのうち，ユーザーが利用できるプログラムのことをアプリ（application software の略）と呼び，コンピュータという電子機器を制御するための OS（Operating System）とは区別されている。

4.2　データとは

　データサイエンスなる科学が対象としているものはデータである。ここで言うところのデータとは，0 と 1 の列（デジタルデータ）からなり，ファイルとして名前が付けられて，コンピュータの記憶装置に保存されている。ファイルは，役割別にプログラムとデータの 2 種類に分けられる。データはプログラムによって読み込まれて初めて判読あるいは視聴可能な形になり，人間が利用可

能となる。

　このようなデータのうち，データサイエンスが対象とするものは，下記の
(1)，(2)，(3) の3種類のデジタルデータであり，

　　(1) 文字と数字からなる文章（数式も含む）　テキストデータ

　　(2) 画像（動画も含む）　イメージデータ

　　(3) 音（音楽，音声も含む）　オーディオデータ

全てデジタル化（0と1のビット列）され，名前をつけたファイルとなって，
コンピュータの記憶装置に保存されている。なお，信号（シグナルデータ）は，
通常，プログラムによって作り出されるデータではあるが，他の機械を制御す
るためにネットワーク通信により伝わっていくだけなのでデータサイエンスの
対象とはしない。また，エクセルファイルのような商用アプリのためのデータ
も対象とはしない。

　ファイルはフォルダーと呼ばれる特別のファイルに格納され，フォルダーに
は，さらに別のフォルダーもおくことが出来る。このようにフォルダーのツ
リー構造を作ることでさまざまなデータを種類別や使用目的別に分別管理する
ことができる。なお，情報科学においては，データ，情報，知識の階層構造の
概念としてデータという用語が用いられるが，その場合には「データ」と表記
して，ここで用いるデータと区別する。

4.3　プログラムの限界

　データサイエンスで重要な役割を担う道具は，プログラムである。人間が1
行ずつ書いたテキストデータのプログラム（プログラムは半角英数字で書く）
は，そのままではCPUが実行できないため，命令セットと呼ばれるCPUが認
識できる命令の集まりに変換され，一連の数珠つながりの長い命令となって実
行される。プログラムにはさまざまなコンピュータ言語で書かれたものがあ
り，コンピュータのOSに使われ，制御に適したC言語，流体解析などの物理
シミュレーションに適したFORTRAN言語，最近，データサイエンスで良く
使われているPython言語などがある。どのようなコンピュータ言語も，1行ずつ
順にコンピュータに処理させる内容をコンピュータ言語に則り書くことになる。

　人間は，さまざまなことを考え，場合によってはその考えを文章として記録する。文章は，それぞれの自然言語を使って1文字ずつ繋げたものであり，プログラムは，コンピュータに処理させることをコンピュータ言語に則り1行ずつ書く。両者は，1文字と1行の違いはあるが，共に1連の数珠つながりのテキストデータであり，両者共に直列的である。プログラムだけではなく，データも0と1が並んだものであり，テキストも画像も音も全て直列的に繋がった構造を持っている。

　一方，人間の考えは同時にさまざまなことを並行して思い浮かべ，曖昧で直感的で情緒的であり，突然とんでもない連想に飛ぶこともある。そのような考えを文章にするためには，書籍や新聞等の記事を読むなどして良い文章に触れながら文章作成の訓練を行わなければ良い文章は書けない。それでも文章そのものには曖昧な言葉使いが含まれている。同じように直列的構造を持つプログラムは，一切の曖昧さが許されず1文字違っただけでエラーを起こし，思い通りの結果を出すことができない。書き手も読み手も人間であれば，文章の行間を読んだり，うまく解釈したりするが，コンピュータは人間のように曖昧な部分を補いつつ適当に解釈するようなことはない。コンピュータは，与えられたプログラム通りに間違い無くいつまでもどれだけでもデータ処理と呼ばれる計算を繰り返す。

　コンピュータのこのような特性を生かし，情報システム（プログラム）を動かし，主にルーチンワークの代替として大量のデータを処理させたり，インターネットを介して必要な情報を提示し続けるメディアとしても利用されてきた。もちろん，数値計算手法を駆使して，気象予測などにも使われているが，大気の状態を説明する物理方程式に現在の測定結果を条件として与えることで次に起こることを計算で予測として示しているに過ぎない。

　いずれにしてもプログラム通りにしか動かないコンピュータを使って「人間に役立つ人工知能の機能をどのように実現するか」がデータサイエンスの課題である。

4.4　サイバー空間と知識処理

　人工知能を実現するために 1980 年代に日本が取り組んだ第五世代コンピュータプロジェクトで新世代コンピュータ技術開発として新しい言語開発に果敢に取り組みながらも大きな成果を上げることはできなかった。このことからもプログラム技術だけで人工知能を実現することは難しいと考えられるようになった。最近の機械学習，深層学習，生成系 AI は，プログラムのモデル開発だけではなく，インターネットの普及により，入手可能となった多様で大量のデータを使った人工知能実現の取り組みと見ることが出来る。

　強調したいのは，確率的モデルを使うことで，大量のデータをうまく学習することができるようになった点である。プログラムが，決められた通りに処理を行なっても，大量のデータに含まれている揺らぎやバラツキを反映できる確率モデルを使うことによって処理結果に揺らぎやバラツキが自動的に反映させられるようになった。このことにより，元のデータに内包されていた「何らかの法則のようなもの」を取り出すことが可能となった。「何らかの法則のようなもの」はデータが内包している「知識」とみなすことができるのではないか。後の節で手書き数字の機械学習の例を取り上げるが，画像としての手書き数字がどの数字に対応するかの判定では人間にほぼ近い結果を得ることができる。このような判定を論理的に記述することは難しいが，機械学習による判定によれば，あたかも人間が判定したかの如く見える。つまり，コンピュータが数字に関する知識を持って判定しているように見える。これは，従来の情報処理のように決まりきったルーチンワークを大量にこなすこととは次元が異なる。つまり，コンピュータの役割が情報処理から「知識処理」へと進化したとみなせる。人間の問いに答えることができる生成系 AI はさらに進化している。

　このような知識処理がなぜ成り立つかを考えてみる。それは我々の住む実空間とコンピュータとコンピュータ・ネットワークが作るサイバー空間の話である。今日，我々は，日々，スマートフォンや PC を使ってサイバー空間に対して「検索して情報を見る」ことや「データ」として情報を送り，コミュニケーションや検索結果を利用して生活している。このように利用されているサイ

バー空間は，実空間と分離して存在しているのではなく，ある意味で実空間の投影である。つまり，我々は，サイバー空間に対してさまざまな情報を送り続けている。それらは，何かに対する意見・批判や日常生活に役立つ情報から実空間での人々の活動記録や書籍の内容のような知識あるいは研究成果としての論文・報告書，行政機関が持つ統計情報や報告書，行政機関による告知，地図情報のような企業が提供する情報，音楽，写真・動画，イラストなどのコンテンツがある。もちろん，全てが正しいとは限らないし，個人情報，著作権侵害コンテンツ，意図的な偽情報，フェイクも溢れている。実空間にも同じようなことがあり，その投影であるサイバー空間も同じである。

　このようなサイバー空間から人間の活動に役立つ知識を取り出すことが「知識処理」であり，従来の使い方である情報処理とは大きく異なる。つまり，情報処理とは，サイバー空間にある情報を単に組み合わせを変えたり，単純な集計をしたりすることにより，新しいデータを作り出している。「知識処理」は，これとは異なり，サイバー空間に存在する大量のデータからコンピュータ自身が「判断」できるような「知識」に相当するデータをサイバー空間に作り出すことである。

　例えば，手書き数字の画像データから，それが0から9のどの文字に対応しているか判断できるパラメータ（数字の集まり）をデータとして作り出すことであり，これを機械学習と読んでいる。このようなパラメータは，「知識」に相当するデータとみなすことができる。つまり，情報処理の場合は，新たに作り出されたデータの内容を判断するのはあくまで人間であり，「知識処理」はコンピュータが判断するためのデータを作り出す。ここで言うところの「知識処理」はサイバー空間の知的活動であり，人工知能とはサイバー空間の知能である。

　このような「知識処理」は世界に点在する巨大なデータセンターで行われ，日々，コンピュータが判断するための「知識」がサイバー空間に作り出されている。このような「知識」を創造しているのは世界の中で一部の巨大企業であり，世界に「知識」の偏在が発生しつつあり，「知識」の偏りはますます大きくなっている。しかも，巨大なデータセンターが24時間休みなく稼働して「知識」を生み出していくことにより，実空間の知識にサイバー空間の「知識」が

追いつき，追い越す時が来ないとは言えない。

4.5　コンピュータの歴史[1]

　ビッグデータを語るために，コンピュータがどのような変遷を経て今日のスマートフォンに結実したかを述べることから始める。1946年に世界最初の汎用計算機としてENIACが登場した後，今日までを振り返るといくつかの段階を経てきていることが分かる。第一段階では，業務用のコンピュータとして専用のオペレータがいて，そのオペレータを介して大勢の人が1つのコンピュータを共同利用していた。この時代は，コンピュータが高価であり，利用できるのは大企業や大学・研究所に限られていた。第二段階では，パーソナルコンピュータが普及し，一人が一台のコンピュータを持ちながらも主な用途は，業務利用であった。しかし，次第に個人が家庭でも使えるノート型が普及し，インターネットの利用拡大とともに多くの人がコンピュータを使うようになった。第三段階では，2000年代初頭に携帯電話に代わるスマートフォンが爆発的に普及し，今までコンピュータとは無縁であった若年層，主婦，高齢者にまで利用者が拡大した。多くのスマートフォン利用者は，それがコンピュータであるとの認識すら持たないまま，便利で何にでも使えるメディアとして日常生活になくてはならないものとなった。

　この歴史は，コンピュータの劇的な低価格化・高性能化・小型化に並行してインターネットが普及し，無線通信の高速化が相乗作用を起こしながら進んだものである。もちろんコンピュータの特質である汎用性を持つハードウェアとそれとは独立に多様な機能を持つアプリと呼ばれるソフトウェアが開発され，同時にあらゆるデータが0と1によるデジタルデータになることでコンピュータが多様なメディアの代替となり，計算は当然としてさらに文章，画像，音声，動画，信号，通話・通信，投稿に加えて位置情報や温度・加速度などのセンサ情報の取得を1つのデバイス（スマートフォン）で扱うことが可能となったことによる。

4.6　ビッグデータの多様性

　スマートフォンの普及と研究開発が引き起こしたもう1つの効果は，小さく簡易なコンピュータに通信機能とセンサ機能を搭載したIoT機器が生まれたことである。いまやカメラとIoTの融合により街中に監視カメラが配置されるようになり，それにとどまらず従来は単独の機械と思われていた機器にもIoTが搭載され，通信により多くの機械が制御対象となり遠隔操作が可能となりつつある。近い将来には自動運転も可能になる技術開発が進んでいる。ドローンと連携した土木工事に遠隔操作が可能な重機を使うための研究開発や農作業にもドローンと連携した作育監視と自動農作業機材の導入も始まっている。それにとどまらず小売業，流通業，金融・決済にも，従来の情報システムとスマートフォンやIoTとの連携も日常風景となった。専門技術者のみがコンピュータを使っていた時代は過去のものになった。

　上記のことは，ビッグデータという言葉が生まれてきた背景である。世の中のデータがデジタル化されたことにより，そのデータはコンピュータ上で処理が可能となり，コンピュータ間の通信で世界を巡り始めている。コンピュータ上に存在し，コンピュータで処理され，コンピュータ間で通信されるデータには世界のあらゆる事象が蓄積され，その中には，スマートフォンやICカードのデータなど個人の行動履歴や嗜好性も含まれている。このようにダイナミックなデータの飛び交うコンピュータと通信が作り出す世界をサイバー空間と呼び，我々が存在している実空間と区別されている。また，サイバー空間では，SNS（ソーシャル・ネットワーキング・サービス）を介して誰もが投稿により参加・関与できることは，従来の一方向のマスコミュニケーションとの違いとして特質される。

　ビッグデータという言葉が生まれる前，我々の周りにある情報や知識は主に書籍・雑誌，絵画，写真，映画，テレビ，音楽などのコンテンツとして存在し，作成者は作家，学者，映画監督，プロデューサー，アーティストであり，出版社やマスコミなどの専門企業を介して有料で世の中に提供・配給されてきた。これらの作品は著作権で守られ，再利用が制限されている。

　一方，サイバー空間には，従来のコンテンツがデジタル化されて掲載されているものに加えて，個人が登録することで利用できる新たな情報空間が出現している。YouTube，SNS としての Twitter，Facebook，LINE，Instagram やブログに個人が意見や感想，日常の風景などを投稿・掲載し，共有できるようになった。それはスマートフォンが主要なメディアとしての位置を確立したことでもあり，スマートフォンを通した呼びかけが「アラブの春」のきっかけとなったことや，一国の大統領選挙にも影響を与えるまでになっている。この情報空間に出現した巨大なデータをビッグデータと呼び，単にデータサイズが巨大であるだけではなく，従来のコンテンツとの違いとして，作成者がマスコミの記者などの特定の専門家ではなく誰でも参加でき，文書，画像，動画，音声など多様で形式が定まっていないこと，さらに秒単位でデータ更新が行われるスピード感がある。これが可能となるサービスを提供するグローバルな企業をプラットフォーマと呼び，代表的なプラットフォーマとして GAFA（Google，Apple，Facebook，Amazon の 4 社を指す）がある。

　プラットフォーマではないが，意識しないうちに集められているビッグデータもある。ポイントカード，POS データ，交通系 IC カードなどの購買履歴のデータもビッグデータである。医療機関にかかった時に社会保険料の支払いに関連して診療報酬明細書（レセプト）も医療ビッグデータと呼ばれている。通信で繋がっている監視カメラや自動車などさまざまな機器についている IoT が作りだすデータもビッグデータと見なしても良いほど大量に使われ，蓄積されている。

4.7　ビッグデータとは何か

　ビッグデータという言葉は，1990 年代半ば頃に大量の画像処理を行うコンピュータに関連して使われ，2008 年に UC バークレー大学のコンピュータ学科の Joe Hellerstein 教授はコンピュータが生み出す大量のデータという意味で"Big Data"を使っている[2]。その後，オバマ政権の科学技術政策として 2012 年 3 月にビッグデータの活用を目的とした研究開発イニシアティブが発表されたことで注目を集め，日本では，2012 年 7 月 5 日に開催された文部科学省の情報

科学技術委員会の資料に「ビッグデータ時代におけるアカデミアの挑戦」として取り上げられた。2012 年には，トロント大学名誉教授ジェフリー・ヒントン博士により，深層畳み込みニューラルネットワークというディープラーニング技術により画像認識が飛躍的に向上することが発表された。同教授は 2009 年には同様の技術を使って，音声認識技術の劇的な性能向上を実現もした。ビッグデータから価値ある情報を取り出すためには，データ分析技術が必要であり，そのための機械学習システムの技術としてディープラーニングが使われ，機械学習システムの性能を引き出すためは大量のデータから特徴量を抽出しなければならない。両者の間には相互依存があり，その中で進化を続けている。現在の人工知能（AI）ブームの発火点となったのもディープラーニングの成功であり，この技術は，スマートフォンの音声応答，自動運転車の実証実験，医療用画像の自動診断などに広く使われるようになった。

　ビッグデータとは何かを知るために，大量のデータについて公開/非公開の軸と構造化/非構造化の軸で分類したものが図Ⅳ-4-1 である。

　ここでいうところの構造化とはデータについてあらかじめ項目を決めて収集したデータであり，形式としては表形式を思い浮かべてもらえばよい。ただし，通常は，表形式を拡張したリレーショナル・データベースに格納される。

	主に表形式のデータ	文書，音声，画像，動画，信号など多様な形式のデータ
公開	（オープンデータと呼ばれているデータ）	
	e-Stat（政府統計）	Web 上のデータとして Wikipedia，Google map，GitHub，SNS 白書，法律・条令，特許データなど
非公開	（データベースに格納され，関連する 組織内で利用されるデータ） 企業の経理データ・取引データ POS データ 診療報酬明細書（レセプト） 税金徴収など行政機関が持つデータ	（ビッグデータと呼ばれているデータ） ネット上での訪問・閲覧履歴，購買履歴 IoT 機器のセンサデータ 監視カメラの画像データ 電子メールのフィルタリングデータ 交通系 IC カードなどの利用履歴 蓄積されたテキスト，画像・音声・動画データ
	構造化データ	非構造化データ

（出典）筆者作成。

図Ⅳ-4-1　大量データとビッグデータ

それに対して非構造化データとは，さまざまな文章やテキスト，音声，画像，動画のような web に載っているようなデータであり，機器に搭載されたセンサのデータも含まれる。ビッグデータと呼ばれているデータは，このような非構造化データであり，「ネット上での訪問・閲覧履歴，購買履歴」は GAFA が収集し，ビジネスに活用していることは良く知られている。ちなみにアマゾンの利用者は日本国内だけでもすでに 5,000 万人，楽天の利用者は 4,800 万人を超えている。

　ネット上だけではなく，私たちの日々の生活に関連している分野でも，Suica などの交通系 IC カードについては，2019 年 4 月に一日当たりの利用件数が 800 万件を超えたことが発表されている。日々利用しているコンビニエンスストアでの買い物の履歴も確実に購買履歴として補足されている。2018 年の全コンビニエンススストアの年間来店客数は 174 億 2,665 万人で一回当たりの平均購買金額は，629 円と日本フランチャイズチェーン協会から発表されている。これらのデータは，日本で 1980 年代から使われている POS（Point of Sales: 販売時点情報管理）と呼ばれる小売店の購買情報管理システムで，コンビニエンスストアではリアルタイムで店頭の購買情報として収集され，何を仕入れ，陳列棚のどこに何を何列置くかを決めるために利用し，店頭の販売機会を増やすための仕組みとして活用されている。

　医療機関に受診すると必ず作られるレセプト（診療報酬明細書）データは，2009 年〜2016 年診療分で約 128 億 8,400 万件にもなり，限定的ながら医療・保険行政に関わる研究者にも提供されている。診療行為，投薬，検査等の情報が含まれるが，同一人を特定する方策を講じた上で，匿名化のため，患者の氏名，生年月日の「日」，保険医療機関の所在地及び名称，カルテ番号，被保険者証の記号・番号は削除されてデータベースに収集されている。

4.8　ビッグデータの活用

　このようにビッグデータという膨大に集まるデータをどのように分析し利用しているかを次に示す[3]。

(1) クリックストリームデータ分析

　webサイトを訪問した利用者のマウスクリックから，顧客の分類（すぐに購買に結び付く顧客なのか，それとも，あまり購買に結び付かない顧客なのか），顧客行動を分析

(2) 迷惑メールのフィルタリング

　電子メールとして大量に送られてくる迷惑メールを自動的に判断するデータ処理基盤のために大量の迷惑メールをフィルタリング（分別）処理

(3) センチメント分析

　TwitterやFacebookといったSNSのデータから，各企業活動の動向，個人の意見や嗜好に関する情報，個人と個人の関係性などを分析し，企業や個人の関係性などを抽出

(4) センサデータの取り込み

　産業機械，自動車，航空機などに組み込まれたセンサデータを取り込み，障害予測，自動制御に活用

(5) 非構造化データのパターン分析

　人間の顔の表情を映し出した画像データや，防犯カメラの映像から不審人物の行動を分類し，犯罪行為などのパターンを特定

(6) 地理データを使った最適化

　巨大建造物のレイアウトの最適化，GPSデータなどを組み合わせた配達経路の最適化などに利用

(7) コールセンターオペレータの返答候補の提示

　コールセンターのオペレータから収集された，顧客との過去の会話ログなどを分析し，オペレータが返答すべき文言の候補を提示

　(8) ログ解析

　大量に存在するwebサーバーへのアクセスログから，webコンテンツと顧客の興味の動向に関する相関分析

4.9　データ分析

　世界には17億6千万を超えるwebサイトがあり，PC，スマートフォン，IoT

機器などのネットワークに接続できる機器の数は173億個（2016年）と言われている。これらの機器が生み出す膨大なビッグデータを蓄積し，分析するために多数のコンピュータによる並列分散処理が可能となるシステムが使われるようになった。このようなシステムを知的情報処理基盤と呼び，データ分析には機械学習が使われている。

　知的情報処理基盤として利用されている機械学習とは何か。機械学習は，教師あり学習，教師なし学習，強化学習に分類される。ここでは代表的な技術として教師あり学習による文字認識，その中で最も基本的な手書きの数字を認識させる方法を概観する。

　手書きの数字を認識させる機械学習とは何か。手書きの数字を認識するためは，①その特徴を学習するための大量のデータ（トレーニングデータと呼ぶ），②学習がうまくできているかを調べるデータ（テストデータと呼ぶ）が必要となる。これらのデータは，学習したり，テストしたりしやすいように手書き数字の画像とそれが本来はどのような数字であるかを示すデータ（ラベルデータと呼ぶ）が組になったデータである。

　図Ⅳ-4-2を参照頂きたい。これはオープンデータとして公開されている代表的な手書きの数字のデータであり，機械学習のためのサンプルデータとしてMNISTデータセット[4]と呼ばれている。手書き数字を28×28画素の画像とし，必ず1つの画像には1つの手書き数字が書かれている。トレーニングデータとして6万件の画像データと性能検証ためのテストデータとして1万件画像デー

トレーニングデータ（28×28画素で左上の数字はラベルデータ）

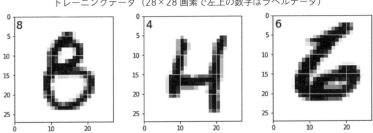

（注）MNISTデータセットを用いた。
（出典）筆者作成。

図Ⅳ-4-2　手書き数字認識のためのトレーニングデータ

タが含まれている。それぞれの画像データには，その画像データに書かれた数字を表す0から9をラベルデータとして付けられている。各画素は，色の濃さを数値で表現するために，真っ白の0から，真っ黒の255まで，色の濃さに対応した数値が与えられている。つまり，手書き数字が書かれた画像は，28×28=784個の数からなり，各数は濃淡に応じて0から255の値となっている。ラベルデータの値は，0から9であるが，機械学習に利用しやすいように，各ラベルの値を10個の数に変換しておく。つまりラベルが0の時は（1000000000），4のときは（0000100000）のように変換される。

　次に，画像を認識するためにはデータだけではなく，数学的統計的なモデルが必要となる。画像認識のモデルとして大いに成功を収め，広く使われているものとしては，先に取り上げたディープラーニングモデルが有名である。ここではその原型である2層フィードフォワードニューラルネットのモデルを取り上げることにする。

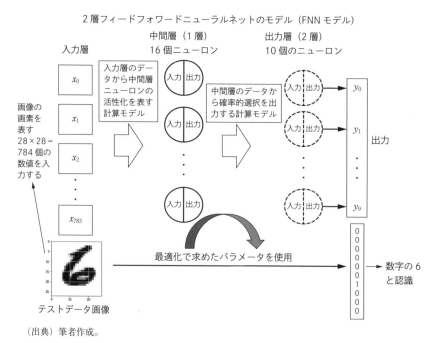

（出典）筆者作成。

図Ⅳ-4-3　2層フィードフォワードニューラルネットのモデル

　図IV-4-3を見てもらえれば，ニューロンが2層に並んでいるようなモデルであり，数学的統計的計算式でニューロン間をつなぐ形になっている。計算式には，多くのパラメータが含まれていて，この計算式の入力は，画像の数値データ28×28=784個の数値で，出力が10個の数からなるラベルデータになるようにパラメータを求める。実際には6万枚の画像について最も相応しいパラメータを求めること（最適化と呼ぶ）を機械学習と呼んでいる。

　図IV-4-4に示すように，求めたパラメータを代入した計算式のモデルにテストデータを入力し，出力がラベルと一致しているかを調べ，100枚の画像の内93枚が正解であれば認識率が93%と呼ぶことになる。ディープラーニングモデルは，図IV-4-3の中間層のニューロンの層が多いモデルであり，場合によっては数100層にもなる。中間層のニューロンは，人の脳細胞を模擬したモデルで，下層のデータからの入力をすべて加重総和し，その値を何らかの活性化関数を通して出力する。この時，加重総和の重みとしてのパラメータと活性化関数が各ニューロンの特性であり，手書き数字の特徴量を抽出していると考えられる[5]。

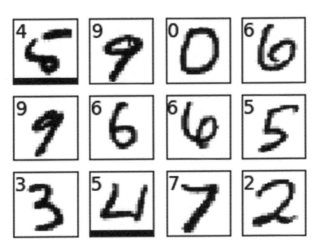

　（注）画像の左上の数字は，手書き数字の認識値を表す。画像の下辺
　　　　にバーを付けたものは誤認識を表す。誤認識画像は2個ある
　　　　（MNISTデータセットを用いた）。
　（出典）筆者作成。

図IV-4-4　FNN モデルによる手書き数字認識結果

　手書きの数字を認識させる機械学習を例として概要を示したが，大量の良いサンプルとしてのトレーニングデータやテストデータを集め，それにラベルを付けることは労力を要する地道な作業ではあるが，モデル開発と同時にこのような作業なしには機械学習は成り立たないことは知っておくべきことと考える。

4.10　ビッグデータ時代の課題

　ビッグデータは，知識情報処理基盤の源泉となるデータであり，機械学習のモデルを進化させ，さまざまな知的情報処理システムを生み出している。音声の認識を発展させることにより言語の理解深め，自動翻訳を進化させている。画像認識による自動運転システムの実用化や医療用画像の自動診断など多くの可能性を秘めている。一方で，監視カメラが町中に設置され，顔認証システムによる監視がプライバシー侵害を引き起こしているのではないかという問題やフェイクニュースにより世論の誘導が行われ，公正な民主主義が脅かされているとの指摘もある。また，GAFA に代表されるプラットフォーマによるデータの独占が市場を歪めるのではないとの懸念もある。これらの問題や懸念は，情報化社会が引き起こす社会構造の変化が産業界だけではなく市民社会にも影響を与えていることを示し，人工知能が引き起こす既存職業の盛衰とも関連し，社会変革の波が来ているのではないかと考える。

　コンピュータの進歩を最初は便利な機械の登場として我々は受け入れてきた。例えば電卓であり，インターネットであり，スマートフォンである。しかし，コンピュータは開発当初からただの計算機ではなく，知能をもつ機械の可能性を持つと考えられていた。最初の人工知能に関する国際会議「ダートマス会議」は，1956 年に開催されている。現状の AI は，人間の持つ知能とは似ても似つかないと言われている[6]。確かに，人間が苦労しないと新たな知的システムを生み出すこともできないし，今の AI は目的別に別々のシステムを必要としている。しかし，計算機能は，知能の一部ではないのか。音声をテキストに変換するのは知能ではないのか。現在のコンピュータは，人間の知的作業の一部を代替するようになっていることは間違いない。人間のような知能でなくとも機械学習のような仕組みを使うことで，人間に役立つ知的作業の一部を人

間より高速に飽きることなく，電源のある限り続けることができる。ここで注意が必要なのは，あくまでコンピュータは人間の知的作業を支援し，最終判断は人間が下すという前提があることである。さらに「最終判断は人間が下す」ということが覆ったときにどうするかという問題が自動運転に関連して提起されている。自動運転に関わる社会的受容性の根幹は，自動運転中に引き起こされた事故の責任をだれが負うべきかという問題である[7]。バスに乗っているときに事故が起きれば，バスの運転手は責任を問われるが，乗客は単なる被害者でしかない。自動運転システムが「バスの運転手」と同じであると規定することは，人間中心の法体系に収まらないという問題に行きつく。

このように技術の進歩が既存の社会システムの持っている調和を崩す例は人類が幾度と経験してきたことである。今，我々はそれに立ち会うことにならざるを得ない。

【注】

1 Patterson, David A. and John L. Hennessy (2009), *Computer Organization and Design*, 4th edition, ELSEVIER.（成田光彰訳『コンピュータの構成と設計（上）』第4版，日経BP社，2012年。）

2 Hellerstein Joe, *Parallel Programming in the Age of Big Data*（https://gigaom.com/2008/11/09/mapreduce-leads-the-way-for-parallel-programming/，2019年9月30日アクセス）

3 古賀政純（2018）『ビッグデータ分析基盤の構築事例集 Hadoop クラスター構築実践ガイド』株式会社インプレス，16頁。

4 THE MNIST DATABASE of handwritten digits（http://yann.lecun.com/exdb/mnist/，2019年9月30日アクセス）

5 伊藤真（2018）『Python で動かして学ぶ！機械学習の教科書』翔泳社。

6 新井紀子（2018）『AI vs. 教科書が読めない子どもたち』東洋経済新報社，14頁。

7 稲谷龍彦（2019）「人工知能搭載機器に関する新たな刑事法規制について」『法律時報』91巻4号，4月，54頁。

5 メディア情報から知る世界経済

5.1 米国紙・ヨーロッパ紙

5.1.1 海外主要紙を読む利点とポイント

われわれは毎日数多くの情報に囲まれている。それらの情報は，政治経済，社会，地域，文化など多岐にわたり，海外情報も豊富である。

しかし，われわれが受け取る情報のほとんどは日本語であり，そこには海外の言語を日本語に翻訳した会社や個人の主観が入っている。翻訳する情報の取捨選択，翻訳するに際して使用する日本語の用語などである。また，われわれが目にする海外情報の多くは，米国やイギリスなどの主要国の情報，あるいは元が英語や中国語といった主要言語での情報であり，それ以外の国々の情報が日本で紹介されることは格段に少ない。

海外主要紙特に米国紙とヨーロッパ紙を読む大きな利点はここにある。すなわち，日本では入手しにくい情報の入手が可能となる点である。また，日本で報道されている情報であっても，直接海外主要紙を読むことで，その情報が海外ではどのような視点で取り扱われ，把握されているのが分かることも大きな利点である。英語，場合によってはドイツ語，フランス語といった言語で読むことで，日本語に訳された言葉の原語も知ることができ，海外情報の理解がさらに深まるのみならず，みずからの海外言語語彙力が増えるとともに海外の人々との意思疎通や情報共有が進むことにもなる。

米国紙とヨーロッパ紙を直接読む利点はさらにある。現在，多くの分野で米国と欧州主要国が世界をリードしている。近年では，中国なども重要な地位を占めている。世界的に耳目を集める情報について，主導的立場の国々がどのような見解を持ち，それらの国の人々がどのように理解しているのか，そしてどのような論点が議論になっているのかを知ることも，グローバルな世界に生き

ているわれわれにとっては重要である。

　海外主要紙を読むに際しての大きなポイントとしては，それぞれの主要紙の特徴を事前に理解しておくことが重要である。大衆紙かクオリティ・ペーパー（知識層を読者とする質の高い新聞）かで，取り上げる情報の種類やその分析内容は大きく異なるし，書かれている文体や表現にも大きな違いがある。また，新聞によって保守系やリベラル系といった主義・主張が日本以上に明確であり，立脚する視点を理解しておくことも重要である。

5.1.2　米国主要紙の特徴

　米国には数千の新聞社が存在する。ただし，全国紙とされているのは数少なく，ウォール・ストリート・ジャーナル（Wall Street Journal，発行部数約390万部（23年8月現在で印刷版56万部と電子版約340万部の合算，以下同））とUSAトゥデイ（USA Today，発行部数167万部（22年時点で印刷版15.9万部と電子版50.4万部））が2大全国紙とされている。もっとも，地方紙の最大手のニューヨーク・タイムズ（New York Times，発行部数760万部（20年末現在で電子版680万部））を全国紙とする見方もある。

　このうち，ウォール・ストリート・ジャーナルは経済専門の日刊クオリティー・ペーパーで，発刊しているのはダウ平均株価で有名なダウ・ジョーンズ社である。経済金融情報を詳しく把握するには，ウォール・ストリート・ジャーナルがお薦めである。USAトゥデイは日刊の大衆紙で，1982年創刊とその歴史は新しい。ニューヨーク・タイムズはニューヨークに本社がある日刊朝刊のクオリティー・ペーパーで，ニューヨーク市の多くの市民同様リベラル色が強い紙面となっている。

5.1.3　ヨーロッパ主要紙の特徴

　ヨーロッパは多くの国で構成されており，各国に全国紙がある。しかし，英語で読む場合にはイギリスの全国紙ということになる。特に，経済金融を専門にしているクオリティー・ペーパーがフィナンシャル・タイムズ（Financial Times，電子版が約100万部（22年3月））である。創刊は1888年であるが，2015年に日本経済新聞社によって買収された。新聞は2つに分冊されており，

第一分冊の経済，金融や政治外交関係のニュースは論評を含めてレベルが際立って高く，読み応えがある。また，第二分冊の企業と金融市場関連のニュースも詳細で充実しており，名実ともに，世界を代表する経済金融専門のクオリティー・ペーパーとなっている。

　その他ヨーロッパのクオリティー・ペーパーとしては，フランスのル・モンド（Le Monde），ドイツのフランクフルター・アルゲマイネ・ツァイトゥング（Frankfurter Allgemeine Zeitung），スペインのエル・パイス（El Pais），イタリアのコリエーレ・デラ・セーラ（Corriere della Sera），ラ・レプッブリカ（la Repubblica）などが挙げられる。いずれも，基本的にはそれぞれの国の言葉で読むしかないが，主要国あるいは世界についての質の高い情報を提供している。

5.2　中国紙

5.2.1　中国主要紙を読むポイント

　中国の主要な全国紙といえば，「人民日報」，「参考消息」，「経済日報」，「中国日報」，などたくさんあるが，その多くはニュースサイトも運営しており，より多彩なコンテンツを提供することで紙面の内容との差別化をはかっている[1]。2000年以降の中国では，ブロードバンドの普及により通信の大容量化と高速化が進み，既存の紙媒体にとらわれないインターネット上で配信する情報の流れが膨大なものになってきた。こうした背景に鑑み，ここでは電子版のサービス・コンテンツを中心に中国語で読む経済専門紙を紹介する[2]。

　経済・社会ニュースへの報道は執筆者や新聞社の価値判断に左右されることが多い。同じ経済事象に関する報道であっても，データの見せ方そして結論が異なることは多々ある。したがって，立場の異なるメディアへ積極的にアクセスし，情報収集・分析することによって，ようやく物事の全体像が浮かび上がる。最近のニュースから一例を取り上げてみよう。2019年8月5日に，中国の通貨・人民元の対米ドル相場が，1ドル＝7元台に下落した。2008年5月以来の11年ぶりの元安が各メディアで大きく報道された。中国の新華社通信は，中国経済のファンダメンタルズが良好であるため，近年元高傾向が続いており，今回の元安があくまでも米国の貿易保護主義政策に影響された一時的な市場現

象であり，中長期的には人民元の相場が安定するだろうと指摘した[3]。他方，イギリスの「Financial Times」は，元安がトランプ米大統領の制裁関税への報復策で，中国政府が通貨を武器とし貿易戦争がさらに長引くことに備えているという兆しであり，貿易戦争の次に通貨戦争が起こるのではないかという憂慮する記事を掲載している[4]。同じ経済現象について解説しているが，着眼点が異なることが良く理解できるだろう。

5.2.2　インターネット上で閲覧する経済情報

「中国経済網（http://www.ce.cn/）」は，「経済日報」が運営するニュースサイトである。1983年に創刊された「経済日報」は，国務院の管理下に置かれており，中国共産党中央委員会や中央政府の経済政策を発信する経済専門紙である。その特徴は，最新の政策動向を正確に伝えることである。創刊された当初は，改革開放の政策を国内向けに解説し，社会から賛同を得るための役割を果たしていた。現在は，国内外向けに最新の政策を発信すると同時に，中国の経済発展の状況や国際経済情勢に関する記事を掲載している。

「中国経済新聞網（http://www.cet.com.cn/）」は，「中国経済時報」が運営するニュースサイトである。「中国経済時報」は，1994年から国務院発展研究センターによって刊行されており，経済学者の知見をわかりやすく発信するという特徴を持つ。国務院発展研究センターは，マクロ経済状況を分析し，中央政府向けに政策提案をする公的シンクタンクである。「中国経済時報」は，その研究チームのサポートがあるため，専門家の調査・研究成果や質の高い論評を掲載している。

「経済参考網（http://jjckb.xinhuanet.com/）」は，「経済参考報」が運営するニュースサイトである。1981年に創刊された「経済参考報」は，国有通信社の新華社によって刊行されている。新華社は，中国国内だけでなく海外にも多くの報道拠点を持つ中国最大のメディアである。「経済参考報」は，新華社の報道ルーツを活用し，国内外の景気動向から，経済政策の解読，産業・企業情報，独自調査の結果などまで，経済情報を網羅的に提供している。

「21経済網（http://www.21jingji.com/）」は，「21世紀経済報道」が運営するニュースサイトである。「21世紀経済報道」は，2001年に創刊されたビジネ

ス新聞である。広州を拠点とする南方報業メディアグループによって刊行されており，マクロ経済動向や産業・企業情報といった経済関連の内容のみならず，社会，文化など広範にわたる情報発信をしている。時事性が高く，とくにトップ企業の最前線を独自取材している専門記者による記事が評価されている。

　「経済観察網（http://www.eeo.com.cn/）」は，「経済観察報」が運営するニュースサイトである。「経済観察報」は，2001年に創刊されたビジネス新聞（週刊）であり，「21世紀経済報道」と同じく，広範にわたる情報発信をしている。ただし，「経済観察報」は，時事性を求めるより，専門記者そして独自取材による深く掘り下げた分析記事を積極的に掲載する特徴を持つ。多くの記事は，経済ニュースの背後にある社会問題の提起や解決方法の模索をし，洞察力があると評価されている。

5.2.3　SNSで経済情報を知る

　中国におけるSNSに関しては，中国版LINEと呼ばれているWechat（「微信」）が中国国内で圧倒的な市場シェアを占めている。Wechatはコミュニケーションツールではあるが，情報伝播のための公式アカウント（「訂閲号（購読アカウント）」）を開設することができるため，すでにメディアや政府機関などの情報発信の重要なルートとなっている。前述した経済専門紙およびそのニュースサイトのすべてがWechatで公式アカウントを運営している。最近では，主にパソコンで閲覧するニュースサイトの内容に比べて，各メディアが公式アカウントの運営により力を入れている傾向がある。スマートフォンで閲覧できる利便性だけでなく，配信内容の豊富さや画面・デザイン上の読みやすさといった側面でもSNSのほうが優れている。ただし，SNSである以上，誰でも情報発信ができるので，フェイク情報を選別・排除することは難しい。情報の真偽を見極めるために公信力のある発信元からの情報であるかどうか確かめるのも1つの方法である。

5.3　韓国メディアから得られる経済情報

　韓国経済についての情報を得る際，韓国の各種メディアを参照することは非

常に有用である。韓国の日刊新聞のほとんどが英語や日本語のサイトを提供しており，その多くは無料である。

『韓国経済新聞』には，英語版のニュースサイト『The Korea Economic Daily Global Edition』（https://www.kedglobal.com/）がある。韓国の経済界に関するさまざまなニュースを一目で見ることができるので，定点観測的に随時参照すると有益である。英語で論文を書く場合に，一般的なニュースを引用したい場合には，英字紙の『The Korea Times』（https://www.koreatimes.co.kr/）や『The Korea Herald』（https://www.koreaherald.com/）のニュースを引用すると，米欧の研究者にはなじみが深く，便利であろう。

韓国社会は保守と進歩（国際派と民族派）の対立が激しい。また，世代により政治に求めるものが大きく異なる。同じニュースでも新聞社毎の取り上げ方や論評がかなり異なる（それだけ政治的立場が表に出ている）ため，日刊紙を読む場合はいくつかの新聞を並行して読み，その違いから韓国社会の動きを把握することが重要である。

有力な日刊紙であり，政治的立場が比較的中庸であるとされる『中央日報』は英語，日本語，中国語で最新のニュースを提供している（https://japanese.joins.com/）。保守的だとされる『東亜日報』も英語，日本語，中国語のページがある（https://www.donga.com/jp）。同様に保守的だとされる『朝鮮日報』も英語，日本語，中国語でニュースを提供している（https://www.chosunonline.com/）。進歩的だとされる『ハンギョレ新聞』の英語，日本語，中国語のページがある（https://japan.hani.co.kr/）。

韓国内の思想的分断は時折行われる世論調査に反映されている。韓国の世論調査については詳しくは国立国会図書館のホームページに「韓国の世論調査及び日韓共同世論調査」と題する有益な情報が掲載されているので参照されたい（https://rnavi.ndl.go.jp/jp/guides/theme-asia-166.html）。

5.4　ロシアのメディア情報

1991 年末のソ連邦崩壊を経て成立した現在のロシア連邦は，当初，言論の自由を尊重する風潮が強く，新たに創設された多数の新聞，テレビ，ラジオの中

には政府に批判的な立場のものも数多くあった。また，インターネットの普及に伴い，政府機関や企業，個人によるウェブ上での情報発信も格段に増加した。

　しかし，2000年にプーチン大統領が就任して以降，体制に批判的なメディアに対する圧力が徐々に強まり，廃刊や放送停止あるいは政府系企業等による買収が相次いだ。2023年時点で存続しているメディアは，政権に迎合的であるか，比較的中立に近い立場にあるかのどちらかであると考えた方がよい。したがって，ロシアのメディア情報に接する際には，「行間を読む」意識を持つ必要がある。

　以下では，英語でロシア情報を入手できるウェブサイトを中心に紹介していく。

　非政府系メディアで老舗といえるのは，旧ソ連時代の1989年から活動している「Interfax」（https://interfax.com/）である。設立時から，旧来のソ連共産党の宣伝紙とは一線を画し，信頼性の高い通信社として国際的な評価を早々に確立した。現在でも，事実関係を端的に伝える姿勢を続けている。

　「The Moscow Times」（https://www.themoscowtimes.com/）もロシア政府の影響を受けないメディアである。1992年に外資系の英字新聞として発行を開始し，のちにオンライン発行のみとなった。

　他方，政権による国外向け宣伝色が強いメディアの代表格として「RT」（旧Russia Today）（https://www.rt.com/）がある。また，旧ソ連時代から続く「TASS」（https://tass.com/）も国営の通信社である。

　ロシアにもいわゆる経済紙が存在する。代表的なのは，「Kommersant」（https://www.kommersant.ru/）および「Vedomosti」（https://www.vedomosti.ru/）である。両紙とも比較的政治色は薄いが，残念ながらロシア語なので，翻訳ソフトを利用して読む必要がある。

　メディア以外での情報源としては，いくつかの政府サイトが有用である。大統領府のサイト（http://en.kremlin.ru/）には，大統領の動静情報や大統領令などの公文書が掲載されている。公開の場での発言は，基本的にすべて短時間で英語に翻訳されているので，メディア記事などでは省略されている部分を確認することができる。また，経済関係を中心とした統計情報は，連邦統計庁（https://eng.rosstat.gov.ru/），中央銀行（https://www.cbr.ru/eng/），財務省

（https://minfin.gov.ru/en/）に掲載がある。

　2022年のウクライナ侵攻後，ロシアのメディア環境やインターネット事情は悪化した。例えば，政権に批判的だった「ノーヴァヤ・ガゼータ」紙は廃刊に追い込まれた（その後，記者らが代替紙発行）。このほか，前述の「The Moscow Times」は拠点を国外に移して活動している。また，国際クレジットカードでの決済ができなくなったため，各メディアの有料記事を読むことも困難になった。政府系のサイトでは，一部の省庁のサイト全体あるいは一部ページが外国からのアクセスがブロックされて，閲覧できなくなった。

【注】

1　地方紙，専門紙などについては，国立国会図書館・アジア情報室がまとめた「中国：新聞・ニュースサイト」を参考されたい。
2　本節は，これから中国経済について勉強する方々の学習に役に立つと期待する。そのため，研究者向けに学術的情報や統計データを提供している情報サイトを割愛した。じっくり深堀りしたい方々には，「中国経済信息網」，「国務院発展研究センター信息網」，「北京大学国家発展研究院」などを検索すれば良いだろう。
3　Xinhuanet. 2019. Renminb7 'sliding' below 7 to dollar: normal market fluctuations with limited impacts（In Chinese）. August 5, 2019.
4　Financial Times. 2019. China shows its strength by allowing the renminbi to slide. August 6, 2019.

索　引

執筆者紹介 (五十音順)

青木知一郎 (あおき・とみいちろう) ·· 第Ⅲ部 4

所　　属：新潟県立大学国際経済学部准教授

学　　位：修士（国際経済学）

最終学歴：青山学院大学大学院国際政治経済学研究科国際ビジネス専攻修了（2003 年 3 月）

職　　歴：1980 年 4 月日本長期信用銀行入行，調査部，営業第一部，（公財）国際金融情報センター出向などを経る。2004 年 4 月県立新潟女子短期大学国際教養学科助教授，2009 年 4 月新潟県立大学国際地域学部准教授，2020 年 4 月より現職

主要業績：『変動する世界の金融・資本市場　上巻（日・米・欧編）』金融財政事情研究会，1999 年（共著）；「リーマンショック以降の若年女性の就業状況～日米比較の視点から～」『国際地域研究論集』第 8 号，2017 年

秋山　太郎 (あきやま・たろう) ·· 第Ⅰ部 1・2・3・4・7

所　　属：新潟県立大学国際経済学部教授

学　　位：経済学士

最終学歴：東京大学大学院博士課程単位取得退学

職　　歴：1979 年横浜国立大学講師，1981 年同助教授，1998 年同教授（至 2019 年 3 月），経済学部長，大学院国際社会科学研究院・学府長などを務める。2019 年 4 月新潟県立大学国際産業経済研究センター教授，2020 年 4 月より現職

主要業績："Intellectual Property Rights and Appropriability of Innovation," *Economics Letters,* Vol. 103, No. 3, 2009（共著）；"Private Defense of Intellectual Properties and Economic Growth," *International Journal of Development and Conflict conomics Letters,* Vol. 1, No. 3, 2011（共著）

荒井　恒宣 (あらい・つねのぶ) ·· 第Ⅳ部 3

所　　属：新潟県立大学情報基盤センター助教

学　　位：博士（経済学）

最終学歴：横浜国立大学大学院国際社会科学研究科博士課程後期グローバル経済専攻

職　　歴：文部科学省初等中等教育局非常勤職員，横浜国立大学成長戦略研究センター産学連携研究員，横浜国立大学先端科学高等研究院研究戦略マネージャーなどを経て，現在，新潟県立大学情報基盤センター助教

主要業績：「Lucas Model における情報構造が及ぼす実質効果への影響」横浜国立大学修士論文，2004 年；「後方利他性を持つ経済の分析」横浜国立大学博士論文，2012 年

新井洋史 (あらい・ひろふみ) ·· 第Ⅳ部 5.4

所　　属：新潟県立大学北東アジア研究所教授

学　　位：工学修士

最終学歴：東京大学大学院工学系研究科修士課程修了

職　　歴：1990 年新潟県庁入庁，環日本海経済研究所（研究員，研究主任，主任研究員，調査研究部長など）を経て，2023 年 4 月より現職

主要業績：『ロシア企業の組織と経営：マイクロデータによる東西地域比較分析』日本評論社，2018 年（編著）；"New Instruments Attracting Investment into the Russian Far East: Preliminary Assessment," *Spatial Economics,* Vol. 15, No. 1, 2019

石塚　辰美（いしづか・たつみ）…………………………………………………………… 第Ⅳ部 4

所　　属：新潟県立大学国際経済学部教授
学　　位：理学修士（北海道大学大学院）
最終学歴：北海道大学大学院理学研究科数学専攻博士課程中退
職　　歴：2001 年株式会社富士総合研究所産業技術研究室長・参与。2004 年みずほ情報総研株式会
　　　　　社シミュレーション・プロダクト開発センター所長。2009 年横浜国立大学成長戦略研究センター
　　　　　教授。2017 年 4 月新潟県立大学国際産業経済研究センター教授，2020 年 4 月より現職
主要業績："Application of lattice Boltzmann model to multiphase flows with phase transition,"-
　　　　　Computer Physics Communications, Vol. 129, 2000（共著）;『コンピュータの基礎と数値計算（機
　　　　　械工学基礎コース）』丸善，2002 年（共著）

Enkhbayar, Shagdar（えんくばやる・しゃくだる）………………………………… 第Ⅲ部 5.5

所　　属：新潟県立大学北東アジア研究所教授
学　　位：博士（経済学）
最終学歴：新潟大学大学院現代社会文化研究科
職　　歴：モンゴル農業・産業省局長，環日本海経済研究所主任研究員などを経て，2023 年 4 月よ
　　　　　り現職
主要業績：『北東アジアの経済成長：構造改革と域内協力』日本評論社，2018 年（共著）;*"Mitigation
　　　　　of Climate Change: The Breakthrough to Come from Northeast Asia（ERINA Booklet No.7）."*
　　　　　2017（共著）

鎌田伊佐生（かまた・いさお）………………………………………………………… 第Ⅱ部 2・3・5

所　　属：新潟県立大学国際経済学部教授
学　　位：Ph.D. (Economics)
最終学歴：ミシガン大学大学院経済学研究科博士課程修了
職　　歴：海外経済協力基金，国際協力銀行にて開発援助実務に従事した後，米国にて学位取得。
　　　　　ピッツバーグ大学助教授，ウィスコンシン大学助教授，神戸大学大学院経済学研究科准教授を経
　　　　　て，2018 年 4 月より新潟県立大学国際産業経済研究センター教授。2020 年 4 月より現職
主要業績：「企業の異質性と国際貿易―メリッツ・モデルと国際貿易研究の新展開」木村福成・椋寛
　　　　　編著『国際経済学のフロンティア』東京大学出版会，2016 年（第 1 章）; "Foreign Direct
　　　　　Investment and Labor Market Flexibility in Host and Source Countries," RIETI Discussion
　　　　　Paper Series 23-E-033, Research Institute of Economy, Trade and Industry, 2023（単著）

黒岩　郁雄（くろいわ・いくお）……………………………………………… 第Ⅱ部 7，第Ⅲ部 1

所　　属：新潟県立大学国際経済学部教授
学　　位：Ph.D.（Regional Science）
最終学歴：ペンシルベニア大学大学院博士課程修了
職　　歴：1987 年アジア経済研究所（現日本貿易振興機構アジア経済研究所）に入所。その後，海
　　　　　外経済協力基金 (現国際協力機構) 経済アドバイザー（在ジャカルタ），シンガポール国立大学客
　　　　　員研究員，アジア経済研究所開発研究センター長，バンコク研究センター副所長，上席主任調査
　　　　　研究員を経て，2020 年 4 月より現職
主要業績："Value Content and Production Networks in Southeast Asia: Application of AFTA and
　　　　　ASEAN-Plus-One FTA Formula," *Developing Economies,* Vol. 47, No.2, 2009;『東アジア統合の

経済学』日本評論社，2014 年（編著）

Gorshkov, Victor （ごるしこふ　びくとる）
所　　属：新潟県立大学国際経済学部准教授
学　　位：博士（経済学）
最終学歴：京都大学大学院経済学研究科博士後期課程修了（2014 年 3 月）
職　　歴：2014 年 6 月開智国際大学リベラルアーツ学部総合経営学科専任講師・准教授，2017 年 4 月開智国際大学国際教養学部准教授・教授・学部長を経て現職
主要業績：「ロシア銀行制度における国家主導性の検証」溝端佐登史編著『国家主導資本主義の経済学』文眞堂，2022 年，第 5 章；"Cashless Payment in Emerging Markets: The Case of Russia", *Asia and the Global Economy*, 2, 2022, 100033（単著）；"Chapter 4. Fundamentals and Recent Trends in Russian Banking," In. S. Rosefielde (ed.) *Putin's Russia: Economy, Defence and Foreign Policy*, World Scientific, 2020, pp. 73-93.

坂口　　淳 （さかぐち・じゅん）
所　　属：新潟県立大学国際経済学部教授
学　　位：博士（工学）
最終学歴：新潟大学大学院自然科学研究科環境科学専攻修了
職　　歴：1997 年県立新潟女子短期大学生活科学科講師，2004 年県立新潟女子短期大学生活科学科助教授，2007 年県立新潟女子短期大学生活科学科准教授，2009 年新潟県立大学国際地域学部教授を経て，2020 年 4 月より現職
主要業績：「学校施設における環境配慮方策に関する調査研究」『日本建築学会環境系論文集』75 巻 650 号，2010 年 4 月（共著）；日本風工学会「7.3.1　住宅の通風・換気」『風工学ハンドブック』朝倉書店，2007 年 4 月（共著）

田村　龍一 （たむら・りゅういち）
所　　属：新潟県立大学国際経済学部准教授
学　　位：博士（経済学）
最終学歴：京都大学農学研究科生物資源経済学専攻博士後期課程単位取得退学
職　　歴：日本学術振興会特別研究員（DC1, PD），筑波大学人文社会研究科準研究員，横浜国立大学成長戦略センター産学連携研究員，一橋大学イノベーション研究センター特任講師，文部科学省科学技術・学術政策研究所客員研究官，稚内北星学園大学情報メディア学部准教授を経て，2020 年 4 月より現職
主要業績：The Effect of High-speed Railways on Knowledge Transfer: Evidence from Japanese Patent Citations," Public Policy Review, 2017 年 11 月（単著）；"Localized knowledge spillovers and patent citations: A distance-based approach," *The Review of Economics and Statistics*, 2014 年 12 月（共著）

塚田　尚稔 （つかだ・なおとし）
所　　属：新潟県立大学国際経済学部准教授
学　　位：博士（経済学）
最終学歴：一橋大学大学院経済学研究科博士後期課程単位取得退学
職　　歴：2011 年独立行政法人経済産業研究所研究員，2013 年政策研究大学院大学准教授，2016 年

文部科学省科学技術・学術政策研究所主任研究官，2019 年新潟県立大学国際産業経済研究センター准教授などを経て，2020 年 4 月より現職

主要業績："Determinants of International Research Collaboration: Evidence from International Co-Inventions in Asia and Major OECD Countries," *Asian Economic Policy Review*, Vol. 10, Issue 1, 2015（共著）; "Role of public research institutes in Japan's National Innovation System: The Cases of AIST, RIKEN, and JAXA," *Science, Technology and Society*, Vol. 20: 2, 2015（共著）

天龍　洋平（てんりゅう・ようへい）……………………………………………… 第Ⅰ部 6・8

所　　属：新潟県立大学国際経済学部准教授

学　　位：博士（経済学）

最終学歴：京都大学大学院経済学研究科経済学専攻博士課程修了

職　　歴：京都大学経済研究所研究員（科学研究），日本学術振興会特別研究員 PD，九州国際大学経済学部特任准教授，現代ビジネス学部教授を経て，2021 年 4 月より現職

主要業績："The Role of the Private Sector under Insecure Property Rights," *International Review of Economics*, 64（3），2017（単著）; "Dynamic Voluntary Advertising and Vertical Product Quality," *Economics Bulletin*, 33（1），2013（共著）

董　　琪（とう・き）………………………………………………………………… 第Ⅱ部 6

所　　属：新潟県立大学北東アジア研究所准教授

学　　位：博士（農学）

最終学歴：東京大学大学院農学生命科学研究科博士課程単位取得退学

職　　歴：環日本海経済研究所研究員を経て，2023 年 4 月より現職

主要業績："Comparing Technical and Allocative Efficiency between Family Farms and Agricultural Corporations: Evidence from Japan's Rice Sector", *Studies in Agricultural Economics*, 2023, Vol. 125, pp. 45-59（単著）; "Recalculating the Agricultural Labor Force in China", *China Economic Journal*, 2018, Vol. 11.2, pp. 151-169（共著）

中島　厚志（なかじま・あつし）……………………………… 第Ⅰ部 10，第Ⅱ部 4，第Ⅳ部 5.1

所　　属：新潟県立大学国際経済学部教授

学　　位：法学士

最終学歴：東京大学法学部卒業

職　　歴：1975 年株式会社日本興業銀行入行。パリ駐在員事務所駐在員，国際営業第一部課長，パリ支店長，パリ興銀社長，みずほコーポレート銀行執行役員調査部長，みずほ総合研究所専務執行役員調査本部長などを経て，2011 年独立行政法人経済産業研究所理事長，2020 年 4 月より現職

主要業績：『大過剰』日本経済新聞出版社，2017 年（単著）;『統計で読み解く日本経済』ディスカヴァー・トゥエンティワン，2013 年（単著）

中島　朋義（なかじま・ともよし）……………………………………………………… 第Ⅱ部 8

所　　属：新潟県立大学北東アジア研究所教授

学　　位：MA（Economics）

最終学歴：ボストン大学大学院修士課程修了

職　　歴：東海総合研究所副主任研究員，環日本海経済研究所主任研究員を経て，2023 年 4 月より

現職

主要業績：『韓国経済システムの研究：高パフォーマンスの光と影』日本評論社，2014 年（編著）；「中国の TPP 加入申請とアジア太平洋」『ERINA REPORT PLUS』No. 167，環日本海経済研究所，2022 年 8 月（単著）

藤井　誠二（ふじい・せいじ）……………………………………………… 第Ⅰ部 1・3・5

所　　属：新潟県立大学国際経済学部准教授

学　　位：Ph.D.（Economics）

最終学歴：2006 年カリフォルニア大学アーバイン校大学院経済学研究科公共選択専攻博士課程修了

職　　歴：2007 年中央大学科研費研究員，2008 年中央大学研究開発機構専任研究員，2009 年新潟県立大学国際地域学部専任講師，2014 年新潟県立大学国際地域学部准教授を経て，2020 年 4 月より現職

主要業績：*The Quality of Life in Asia: A Comparison of Quality of Life in Asia, Springer*, 2013（共著）；“Political Shirking - Proposition 13 vs. Proposition 8,” *Japanese Journal of Political Science*, 10（2），2009（単著）

細谷　祐二（ほそや・ゆうじ）……………………………………………… 第Ⅲ部 2・3

所　　属：新潟県立大学国際経済学部教授

学　　位：MA（Economics）

最終学歴：東京大学経済学部経済学科卒，イェール大学大学院修士課程修了

職　　歴：1981 年通商産業省入省。通商調査室長，通商産業研究所研究部長，近畿経済産業局総務企画部長，(独)経済産業研究所研究調整ディレクター，(独)中小企業基盤整備機構理事，経済産業省地域政策研究官等を歴任，2020 年 4 月より現職

主要業績：『グローバル・ニッチトップ企業論—日本の明日を拓くものづくり中小企業—』白桃書房，2014 年；『地域の力を引き出す企業—グローバル・ニッチトップ企業が示す未来—』ちくま新書，2017 年

三村　光弘（みむら・みつひろ）………………………………………………… 第Ⅳ部 5.3

所　　属：新潟県立大学北東アジア研究所教授

学　　位：博士（法学）

最終学歴：大阪大学大学院法学研究科博士後期課程修了

職　　歴：2001 年環日本海経済研究所入所（研究員，研究主任，主任研究員，調査研究部長など）を経て，2023 年 4 月より現職

主要業績：『現代朝鮮経済』日本評論社，2017 年（単著）；『コリアの法と社会』日本評論社，2020 年（共編著）

李　　佳（り・か）……………………………………… 第Ⅱ部 8・11，第Ⅳ部 5.2

所　　属：新潟県立大学国際経済学部准教授

学　　位：博士（学術）

最終学歴：名古屋大学大学院国際開発研究科博士後期課程修了

職　　歴：中国人民銀行の行員を経て，2001 年に来日。2008 年博士号取得後，愛知大学国際中国学研究所研究員，新潟県立大学国際地域学部助教，講師を経て，2020 年 4 月より現職

主要業績：『現代の開発経済学：理論と実証』ミネルヴァ書房，2014 年（共著）；"General

equilibrium evaluation of deregulation in energy sectors in China," *Journal of Chinese Economic and Business Studies,* 2015（共著）

李　　春霞（り・しゅんか）·· 第Ⅱ部 9
　所　　属：新潟県立大学北東アジア研究所准教授
　学　　位：博士（経済学）
　最終学歴：専修大学大学院経済学研究科博士後期課程修了
　職　　歴：専修大学経済学部助教，公益財団法人環日本海経済研究所研究主任を経て，2023 年 4 月
　　より現職
　主要業績：『中国の産業発展とイノベーション政策』専修大学出版局，2018 年（単著）；『高所得時代
　　の中国経済を読み解く』東京大学出版社，2022 年（共著）

若杉　隆平（わかすぎ・りゅうへい）··· 編者，第Ⅱ部 1・12
　編著者紹介参照

編著者紹介

若杉隆平（わかすぎ・りゅうへい）

1947 年生まれ。71 年東京大学経済学部卒業。経済学博士（東京大学）。横浜国立大学教授，慶應義塾大学経済学部教授，京都大学経済研究所教授，新潟県立大学教授などを経て，2017 年 4 月より新潟県立大学学長。京都大学名誉教授，横浜国立大学名誉教授。専門は国際経済学，産業組織論。

編著書：

『技術革新と研究開発の経済分析』（東洋経済新報社，1986 年）

『貿易・直接投資と日本の産業組織』（東洋経済新報社，1989 年）

『国際経済学』（岩波書店，1996 年（初版），2001 年（第 2 版），2009 年（第 3 版））

『現代の国際貿易―ミクロデータ分析―』（岩波書店，2007 年）

『グローバル化と国際経済戦略』（藤田昌久と共編著）（日本評論社，2011 年）

『グローバル・イノベーション』（伊藤萬里と共著）（慶應義塾大学出版会，2011 年）

『現代日本企業の国際化―パネルデータ分析―』（岩波書店，2011 年）

Internationalization of Japanese Firms: Evidence from Firm-level Data（Springer, 2014）

『基礎から学ぶ国際経済と地域経済』（文眞堂，2020 年（初版））

基礎から学ぶ国際経済と地域経済 ［第 2 版］

2020 年 4 月 10 日　第 1 版第 1 刷発行	検印省略
2024 年 3 月 1 日　第 2 版第 1 刷発行	

編著者　若　杉　隆　平

発行者　前　野　　　隆

発行所　株式会社　文　眞　堂

東京都新宿区早稲田鶴巻町 533
電　話 03（3202）8480
ＦＡＸ 03（3203）2638
http://www.bunshin-do.co.jp/
〒162-0041 振替00120-2-96437

製作・美研プリンティング

©2024

定価はカバー裏に表示してあります

ISBN978-4-8309-5246-3　C3033